# LA
# POLITIQUE DE L'HISTOIRE.

*Franciser* l'Europe, *européaniser* la France.
INTRODUCTION.

# LA POLITIQUE DE L'HISTOIRE,

PAR

## ERNEST CHARRIÈRE,

Auteur de la CHUTE DE L'EMPIRE
et des CONSIDÉRATIONS SUR L'AVENIR DE L'EUROPE; éditeur de la CHRONIQUE DE DU GUESCLIN
et de la DESCRIPTION DES HORDES ET STEPPES DES KIRGHIZ-KAISSAKS.

**PREMIÈRE PARTIE.**

**HISTOIRE.**

Paris,
LIBRAIRIE DE CHARLES GOSSELIN,
Éditeur de la Bibliothèque d'Élite,
9, RUE SAINT-GERMAIN-DES PRÈS.

M DCCC XLI.

# PRÉFACE.

C'est au commencement de l'année 1836 que nous avons émis pour la première fois les idées dont nous essayons aujourd'hui la démonstration complète et définitive. C'était, si l'on s'en souvient, une de ces péripéties, semblable à celle qui a éclaté récemment, une de ces complications qui paraissent sur le point de compromettre la paix du monde, en mettant aux prises les intérêts rivaux tenus en échec depuis plus de dix ans et qui se dénouent toujours contre l'attente universelle. Leur avortement tient à des causes supérieures que nous avions indiquées alors, et la crise qui nous ramène au développement de notre œuvre, sera pour nous l'occasion de les présenter avec une évidence nouvelle confirmée par l'autorité d'une expérience déjà faite.

Comme une pensée de quelque valeur porte avec soi sa raison d'être, nous ne rappelons ces circonstances que pour expliquer le sentiment qui nous a dicté cet ouvrage et celui qu'il a rencontré dans le public. Malgré plus d'une cause de défaveur qui aurait pu lui faire négliger ce fragment, la gravité des idées qu'il exprimait n'a pas échappé à l'attention de la critique. De brillantes appréciations lui sont venues de la part d'écrivains éprouvés comme penseurs et comme publicistes ; il leur a donné lieu de développer des aperçus que nous estimons infiniment plus que les nôtres, et que nous serons toujours heureux d'avoir inspirés. Ce livre a dû surtout à leurs remarques, avec la sanction qui lui manquait, le mérite de la contradiction, cette première prise de possession par laquelle tout système qui précède l'expérience est tenu de s'introduire dans l'opinion publique. C'était beaucoup, car indépendamment du désavantage qu'il y a toujours à heurter les idées reçues, nous avions de plus celui de blesser sur quelques points des préjugés respectables que nous avions partagés nous-même, et qui n'avaient cédé qu'à des réflexions plus approfondies. Mais le plus grand obstacle à nos idées venait de la forme arbitraire que nous avions prise, forcé, par le temps et l'espace qui nous manquaient à la fois, de nous réduire à une épreuve insuffisante dont la concision supposait une foule de sous-entendus auxquels l'intelligence du lecteur devait suppléer.

En effet, comme la démonstration la plus directe et le moyen le plus palpable d'établir le vice d'une situation politique partout en désaccord avec la nature des choses, nous avions employé l'artifice littéraire qui consiste à bâtir Byzance en face de Chalcédoine; et ceci justifie sans doute la distraction des honorables critiques qui ont cru devoir rappeler, à propos d'un ouvrage conçu d'après des données toutes pratiques, ces vagues utopies dont l'esprit de dénigrement a fait de tout temps un argument facile contre l'intelligence. Certes on peut s'égarer sans rougir à la suite des Platon, des Morus, des Fénelon, des Rousseau, des Saint-Pierre, comme l'ont tenté, avec une hardiesse souvent heureuse, les réformateurs de nos jours. Mais notre but était tout autre, et, avant de rien donner à l'imagination, nous avions pris soin de n'avancer qu'appuyé sur les déductions de l'histoire, en suivant une méthode directement contraire à celle qui a produit jusqu'ici l'instabilité des jugements portés par la philosophie et la politique. La singularité des vues qui nous étaient propres tenait à une expérience particulière des choses, et en nous répondant par les faits que nous reconnaissions, mais dont nous contestions les conséquences, on faisait ce qu'on appelle en langage de l'école une pétition de principe. Après les nouvelles épreuves que nous en apportons, et surtout l'application qui devra tracer les limites où nous avions entendu renfermer notre pensée, on voudra bien ne pas nous contester la connaissance des faits les plus vulgaires qui sont à la portée de toutes les intelligences, et ne pas y chercher une objection sérieuse à une théorie dont ils forment la base, quoique le système qu'elle expose apparaisse pour la première fois dans l'histoire de l'homme et des sociétés.

Toute conviction forte sait faire la part du temps, et nous avions compté sur lui pour justifier nos prévisions. Le commentaire est venu des événements, et il a été aussi expressif et aussi complet que nous pouvions l'attendre. Quand nous remontons par la pensée au point de départ de notre idée, nous sommes aussi charmé que surpris du chemin qu'elle a fait. C'est avec un plaisir singulier que nous avons vu passer dans la langue politique de l'Occident des définitions que nous avions données pour la première fois, et des idées dont la notion n'existait nulle part avant nous. Il ne tiendrait qu'à nous de revendiquer l'interprétation qui a fait sortir de l'application de l'alliance anglaise à un traité alors tout récent et pour un objet circonscrit, la révélation d'une politique occidentale devenue de plus en plus l'expression du sentiment universel et contre lequel se redressent en vain aujourd'hui les intérêts qui s'y sont associés avec l'arrière-pensée de s'y soustraire. L'unité slave, que nous avions constituée historiquement, a rendu sensible, par le seul effet du contraste, l'opposition radicale d'intérêts que la politique en vigueur revêt de noms et d'attributs différents; elle a fait toucher du doigt une puissance qui se déploie à quelques journées de nos frontières, qui embrasse une masse de plus de cent millions d'hommes, et malgré cela reste ignorée; lorsque par une contradiction dont nous donnons le mot nous connaissons les choses qui se passent à mille lieues de nous, et qu'il semblerait si facile de s'assurer de celles qui nous touchent d'aussi près. Le nom même de slave est entré dans la terminologie reçue, quoique ceux qui l'emploient ne se rendent pas toujours un compte bien exact de sa signification; il fournit des aperçus à la polémique journalière; la tribune l'accueille, tout en excitant encore quelquefois le scepticisme des auditeurs; le pouvoir subit l'évidence des intérêts qu'il représente; il arrache à des hommes formés à une autre expérience une création récente qui l'intronise dans la science officielle ; et naturalisé dans le haut enseignement du pays, il constate par la voix d'un illustre proscrit l'émancipation d'une race relevée de sa double annulation historique et politique. Du côté de l'Orient nous avions indiqué une relation qui se développe par les événements telle que nous l'avions fait pressentir, et ses progrès nous permettront d'aborder aujourd'hui cette troisième vue de notre sujet restée incomplète, car nous en avions laissé à dessein une partie dans l'ombre pour ne pas effrayer les esprits par des appréciations trop vastes et trop multipliées. Enfin, l'Allemagne nous a renvoyé une sorte de contrefaçon de nos idées sous une dénomination que nous avions introduite, et une *Pentarchie*, à la façon allemande, est venue embrouiller, selon l'usage, une déduction que nous avions pris à tâche de faire sortir simple et lucide du creuset de la pensée française.

Sans doute il y aurait une illusion puérile à nous attribuer uniquement ce résultat; nos observations étant le fruit d'une expérience personnelle et d'impressions recueillies sans intermédiaire en présence des choses, nous avons pu prédire sans être prophète ; d'ailleurs, toute vérité près d'éclore et arrivée à son point de maturité, a un effet rapide et instantané qui la propage d'elle-même ; car alors chaque événement la développe, l'intelligence de tous la féconde, et les idées passent en circulation, souvent sans porter avec elles le titre de l'ouvrier qui les avait frappées, mais qu'importe ? si le résultat est acquis à l'humanité. Le monde, sans changer réellement au fond, existant à chaque siècle, par une interprétation nouvelle, quelquefois la pensée destinée à faire une révolution dans les esprits dort invisible dans quelque livre ignoré de la foule, jusqu'à ce que l'heure de la mettre en pratique ait sonné ; et l'on sait ce qui arrive à celles qui la devancent de trop loin. Mais en abdiquant le merveilleux de notre rôle, et en déclinant la puissance d'invention dont on nous faisait honneur ironiquement, c'est à la condition d'obtenir en échange le mérite d'une observation exacte et consciencieuse. Nous tâcherons de justifier aussi, dans l'application précise de nos principes, notre prétention au titre d'écrivain pratique, cette suprême recommandation à une époque que sa défiance pour les idées a forcée de se retrancher dans la matérialité des intérêts comme dans une forteresse inexpugnable contre les déceptions morales.

On nous pardonnera de mêler à ce sujet notre personnalité, à nous qui faisons un livre contre les excès de la personnalité dont l'abus n'est nulle part plus sensible qu'à notre époque. Mais quoi qu'il fasse pour s'effacer, un écrivain donne autant à la société qu'il en reçoit, et nous ne réclamons la priorité dans l'impulsion qui a déterminé ce grand et fécond changement, qu'afin d'obtenir par la justification de notre première tentative une pleine autorité pour celle que nous essayons aujourd'hui. Sur beaucoup de points le doute existait encore dans notre esprit, et nous n'avons rien épargné pour nous éclairer. Forcé par ces nécessités qui dominent les volontés et les vocations individuelles, de nous détourner de notre voie, nous n'avons jamais, en nous livrant à d'autres travaux, perdu de vue notre sujet : nous avons saisi toutes les occasions de chercher partout la confirmation de nos idées, soit en faisant concourir à la constatation de cette vérité nos études sur des documents du passé et sur des parties inexplorées de notre histoire, soit en y rattachant la publication de travaux étrangers destinés à éclairer les intérêts de la politique contemporaine, dans le conflit que semblait annoncer l'expédition de la Russie marchant vers le centre de l'Asie au-devant de celle de l'Angleterre. Si nous entrons dans ces détails, c'est qu'ils expliquent pourquoi nous n'avons pu présenter encore que sous la forme de fragments incomplets, une conception qui voulait être saisie dans son ensemble.

Aujourd'hui même nous ne livrons ici que la première partie de notre travail, et il dépendra surtout de l'accueil que lui fera le public, de nous donner les moyens d'atteindre à la réalisation d'une idée poursuivie par nous avec constance, mais disputée aux obstacles qui arrêtent de nos jours toute œuvre dont la composition exige de la suite dans les efforts et de l'étendue dans les vues.

Ce volume, qui contient le système historique d'où sortira notre système politique, forme le péristyle de l'édifice que nous devrons élever, et il permet déjà d'en entrevoir le dessin. Nous n'avons pas voulu donner à cette partie de notre travail une forme scientifique plus rigoureuse, en l'embarrassant dans une mêlée de preuves et de citations qui aurait, d'une part, envahi le terrain dont nous pouvions disposer, et enlevé, de l'autre, à la déduction toute sa liberté et sa puissance. Il est de mode aujourd'hui de montrer dans un livre l'échafaudage, les étais, la charpente, avec autant de soin qu'on en mettait autrefois à les dissimuler, précaution qui n'offre du reste que bien peu de garantie contre l'erreur. Comme nous n'avons pas la prétention d'introduire un seul fait nouveau, mais d'en tirer des conséquences nouvelles, déterminées par un sentiment général, c'est à établir la cause première et non les causes secondes que nous devons nous attacher. Nous disons, dans l'exposé de nos principes, quelle valeur les faits ont pour nous et jusqu'où nous les admettons. Quant à l'expression qu'ils prennent dans les sources contemporaines, ou celle qu'ils ont reçue des préjugés nouveaux ou des expériences différentes des écrivains postérieurs, il y aurait toujours une discussion préalable à faire sur chacun d'eux, afin de distinguer nettement ce qu'ils reflètent de l'impression générale de l'époque de ce qu'ils doivent au degré d'intelligence de l'individu, et cet examen nous entraînerait au-delà des bornes de notre sujet. Nous sommes forcé d'abandonner à l'impartialité du lecteur la plupart des faits sur lesquels repose notre induction, bien certain que pas un seul ne peut être sérieusement retourné contre nos principes.

Il coûte peu à l'amour-propre d'avouer ici l'insuffisance des moyens qui, pour être à la hauteur de l'œuvre que nous n'avons pas craint d'aborder, supposeraient une réunion de connaissances que nous n'avons pas. Dans un sujet qui prend l'envers de l'histoire pour mettre en relief ce qu'elle a dissimulé à dessein, qui s'attaque à l'ensemble de la science humaine pour la convaincre tout entière d'une déviation systématique de la vérité, il aurait fallu la posséder complètement, afin de pouvoir édifier le monde de la réalité en face du

monde conventionel qu'elle a élevé depuis tant
de siècles. Une telle impossibilité aurait dû nous
arrêter dès les premiers pas, si cette demi-igno-
rance dans laquelle vivent les sociétés n'apparaissait pas bientôt, comme la condition même de
la science de l'homme, qui ne peut avoir qu'une
présomption des choses, mais jamais une notion
parfaite. Cette restriction est entrée dans les vues
de la nature, puisqu'elle donne en effet une partie
de sa force à la pensée qui perd de son ressort aussitôt qu'elle entrevoit une vérité trop nue où elle
n'a plus rien à mettre d'elle-même. Dès-lors, nous
avons pu avancer avec confiance, assuré du moins
que nous ouvririons une voie qui pourrait être
suivie par d'autres, quand de nouvelles expériences viendront confirmer ce qui n'était pour
nous qu'à l'état de conjectures, et en voyant vérifié
par elles tout ce que nous aurons pressenti, on
voudra bien ne pas trop se prévaloir de quelques
erreurs de détails qui auraient pu nous échapper,
surtout si la rectification du fait ne contredit pas
l'observation qu'il a suggérée.

Ce livre, comme l'indique son épigraphe, ne
s'adresse pas seulement à la France; il sera même
plus rapidement compris au-dehors, quoique la
théorie qu'il renferme n'existe nulle part autrement qu'à l'état de sentiment vague et indistinct.
Mais les faits qui ont dicté nos impressions, et

au milieu desquels vivent les étrangers, les frappent plus directement ; et si leur signification est restée jusqu'à ce jour aussi obscure pour eux qu'elle l'est encore pour la France, c'est qu'ils n'ont pas reçu d'elle ce rayon qui s'échappe toujours de son sein quand le temps est venu ; car, malgré toutes les prétentions contraires, nous prouverons qu'il n'est pas donné à l'Europe de s'organiser en-dehors de son mouvement, comme il deviendra évident qu'elle ne peut avoir que par la sienne le sentiment de sa propre nature. Un grand pas vers la solution que nous pressons sera fait quand ce sentiment existera sans contestation des deux côtés ; il ne dépendra pas de nous qu'il ne soit complet et que nous ne fassions cesser le malentendu par lequel l'Europe se trouve, à l'égard de la France, dans la même contradiction où nous la montrons avec elle.

Le désir d'influer sur une décision importante au pays aurait pu nous faire regretter, pour notre livre, de ne pas la devancer, si la situation politique qu'il tend à éclairer pouvait avoir un dénouement. Mais quelque explication que l'on ait hasardée sur elle, la véritable n'a pas été articulée et ne pouvait l'être. L'isolement de la France tient à des causes qui sont ailleurs que dans les incidents diplomatiques qui l'ont produit en apparence, et il ne cessera pas, quelque issue que l'on cherche aux complications qui l'ont suivi. Les difficultés resteront les mêmes, le lendemain comme la veille de la décision, parce qu'il n'est pas donné aux pouvoirs actuels de rien terminer, ni aux hommes de faire tout le bien qu'ils s'attribuent, ni tout le mal qu'on leur suppose. Du reste, notre explication ne met obstacle à aucune solution, et elle peut les accepter toutes parce que, ne croyant pas à leur efficacité, elle ne leur prête pas les conséquences, bonnes ou mauvaises, que l'on veut y voir. Nous dirons où est heureusement la véritable solution qui ne permet pas à ceux qui guident les sociétés, de les égarer long-temps dans les voies où les entraînent des convictions mal dirigées, et le but où tend l'humanité, vers lequel elle avance autant par la clairvoyance habile de quelques uns, que par les fautes et les méprises du plus grand nombre.

En opposant une doctrine immuable, toute de raison et de réalité aux systèmes de fantaisies et de personnes que nous voyons se succéder sous nos yeux, nous voulons jeter une ancre au milieu de cet océan de rêves et de variations où notre époque s'agite comme dans les hallucinations de la fièvre. Notre foi dans la puissance de la pensée est entière, en rappelant tout ce qu'elle a détruit et tout ce qu'elle a fondé, mais pour plus de certitude encore, nous ne demanderons pas aux institutions plus qu'elles ne peuvent donner, ni aux hommes plus que ne comporte leur nature. Nous les acceptons tels qu'ils ont toujours été, avec leur faiblesse qui est une force quand on sait l'apprécier, avec leur moralité équivoque, leur besoin de changement, en nous gardant surtout de mettre leurs principes en contradiction trop ouverte avec leurs intérêts. Dans la recherche d'une formule sociale dont l'universalité embrassât toutes les spécialités possibles, nous avons peut-être, par le besoin de lui donner l'autorité du passé, laissé lieu de douter qu'elle pût s'appliquer au présent : nous prenons l'engagement de prouver qu'il n'y a pas une des idées dominantes, pas un des intérêts en vigueur dans la société, pas une de ses institutions ou des doctrines avouées par elle qui ne mènent implicitement à la solution que nous avions énoncée. De plus, nous montrerons la facilité d'un changement qui peut se faire sans coûter la moindre altération à notre ordre social, ni à nos institutions dans leur esprit et leur mesure actuelle. On verra qu'il n'existe en réalité que deux systèmes possibles, celui qui subsiste en dépit du sentiment de l'égalité humaine et qui arguant contre elle de sa nécessité avec une orgueilleuse satisfaction, triomphe de toutes les tentatives faites pour le transformer, parce qu'elles ne font que reproduire les mêmes inconséquences; et celui que nous exposerons, qui seul contient la vérité absolue, destinée à corriger toutes les imitations que la vérité relative a essayées de son type éternel. C'est en voyant l'incohérence de toutes les idées, leur incompatibilité radicale avec la réalité dans l'application, que nous avons été conduit à chercher la raison de cette inconséquence, et le seul terme de conciliation qui doive mettre la civilisation en rapport avec la nature des choses. Quel que soit notre succès, nous aurons obéi à l'un de ces devoirs impérieux qui dominent les consciences humaines, et l'on nous saura gré du moins d'une tentative qui a pour objet de mettre à la disposition de la France, dans la situation où les rivalités des gouvernements l'ont placée, une force morale d'une portée incalculable, bien supérieure à toute cette force factice que le système matériel lui donne à si grands frais.

# INTRODUCTION.

## PRINCIPES ET OBSERVATIONS GÉNÉRALES.

### I.

#### Définition et méthode de la politique de l'histoire.

La politique est la science souveraine de notre temps ; elle domine tous les esprits, car elle a des séductions pour les intelligences les plus hautes comme pour les plus humbles. En vain l'art pur et la philosophie ont voulu se créer un domaine à part ; convaincus d'impuissance dans leur isolement, ils ont appris par leur expérience combien la pensée, livrée à une contemplation solitaire, reste stérile, repliée sur elle-même, loin du monde matériel dans lequel elle doit circuler comme la vie. Alors la politique est venue les rappeler à la réalité en les absorbant dans cette forme impérieuse et unique que le sentiment général imprime aux créations d'une époque.

En effet, à chaque siècle son expression particulière, mais absolue dans ses variétés les plus infinies, car l'humanité ne peut vivre que sous la loi d'une seule impulsion à laquelle obéissent ceux mêmes qui semblent s'y soustraire, ceux mêmes qui se révoltent contre elle, et qui lui empruntent pour la combattre ses idées et son langage. Dans la période de l'action violente et irréfléchie, l'art sera instinctif, l'inspiration naïve, la pensée vaste et sans efforts, parce qu'elle est simple et que les grands problèmes de l'humanité n'ont tous pour elle qu'une solution : c'est le règne de la théologie, où l'homme est absorbé dans l'idée de Dieu. A cette période primitive succède le temps où le doute commence, où la foi qui maintenait la société s'altère, où la loi générale qui gouvernait les hommes et les choses subit des infractions qui démentent son infaillibilité; alors l'esprit s'accommode à cette situation; l'art, comme la pensée, procède de la réflexion : ils deviennent philosophiques. Cette seconde forme, plus savante, est aussi moins puissante que la première : en faisant relever des jugements de l'homme tout ce qui semblait résolu d'avance par la loi divine, dont le joug, plus absolu, était cependant plus léger à porter, elle le diminue en proportion de l'importance qu'elle donne à la raison individuelle, et s'il gagne sa liberté à cette séparation, il perd du même coup toute la puissance surnaturelle, réfléchie autrefois dans ses actes.

Aux deux extrémités de cette double épreuve, qui se renouvelle inévitablement à chacune des grandes évolutions de l'humanité, il se fait une trêve qui concilie pour un temps et pacifie, du moins extérieurement, cette guerre intérieure que l'homme porte en lui-même. Après l'aveu volontaire ou forcé de leur insuffisance réciproque, les esprits, lassés et revenus de leur illusion, sont heureux de rencontrer une de ces situations négatives qui permet d'ajourner le débat et laisse vivre sans s'exclure, et pourtant sans se reconnaître, les deux puissances rivales et les intérêts qu'elles représentent. Ces temps d'arrêt de l'esprit humain ont surtout l'avantage d'éteindre l'ardeur des vieilles dissensions, en remplaçant peu à peu par d'autres générations celles qu'elles ont agitées, et en apportant de nouvelles lumières aux conclusions précipitées de la raison fondées sur des notions imparfaites. Dans cette abdication d'elles-mêmes et de leur vie antérieure, les âmes se détendent, leur ressort s'affaiblit, et l'homme cherche dans les jouissances matérielles les émotions qu'il recevait autrefois de la passion ou de l'intelligence. De là un développement prodigieux de la société plus civilisée et plus perfectionnée en apparence, et cependant plus malade et plus faible, plus près de sa décadence à mesure qu'elle est plus forte et plus florissante. Du sein de ces époques de langueur et de marasme sortent les grandes crises dans lesquelles l'homme s'affranchit des règles sociales convenues, reprend possession de lui-même et recommence la barbarie pour revenir, par l'exercice des sentiments naturels, à un état nouveau de civilisation avec une âme plus saine dans un corps plus robuste. Ce sont des alternatives qu'aucune prudence humaine ne peut conjurer, dans lesquelles l'homme va de l'anarchie au despotisme, et qui le placent toujours entre l'exagération ou la négation de ses principes.

La pensée, travaillée par ces influences diverses, et formée par des expériences contraires, a cherché de tout temps une conciliation qui fît entrer la foi et le doute, l'instinct et la réflexion dans un même système d'idées, et transportât dans l'ordre moral cette loi de la nécessité qui tient enchaînés dans l'ordre matériel les intérêts les plus hostiles. Comme la force a précédé partout le droit, le fait instinctif et brutal la théorie raisonnée, elle a été pratiquée bien longtemps avant d'être réduite en science positive et régulière. A côté des Auguste et des Tibère, des Borgia et des Louis XI, des Richelieu et des Louis XIV, on peut citer les Tacite, les Commines, les Machiavel et les Montesquieu, qui ont cherché à fixer par l'histoire et par la déduction philosophique les règles de cette science fondée sur l'examen des actes et des causes morales qui les produisent. Mais, à l'exemple de toutes les doctrines émises jusqu'à ce jour, cette théorie nouvelle pèche par le défaut de sanction, et se réduit à des appréciations toujours contestables parce qu'elles sont arbitraires. En voyant comment le crime et la scélératesse étaient souvent plus utiles à la société que la vertu et l'héroïsme ; comment la perfidie et la trahison réussissaient mieux que les convictions généreuses et l'élan de l'enthousiasme ; enfin comment la tyrannie profitait plus à ses intérêts que la liberté, il fallait, pour les justifier, calomnier systématiquement l'humanité tout entière, ou chercher la cause de cette inconséquence dans une loi supérieure, intelligente ou aveugle, mais également inflexible.

Ces phénomènes moraux manifestés de tout

temps et reproduits de nos jours dans des proportions plus grandes et d'un intérêt plus général, ont fait naître en histoire deux écoles qui procèdent du besoin et des tendances que nous avons signalées. Malgré un antagonisme apparent et tout en partant de principes opposés, elles sont au fond identiques par la ressemblance de leur méthode qui les rend également irrationnelles. Elles s'accordent à chercher d'une manière absolue la justification des faits, l'une dans une loi providentielle, comme Bossuet, de Maistre, et tous les écrivains religieux ; l'autre, comme Vico, Herder, et tous les écrivains philosophiques, dans un développement nécessaire et fatal de l'humanité qui marche au même but par le bien et par le mal. Ce double fatalisme providentiel ou philosophique aboutissant aux mêmes conclusions, ne repose que sur une acception incomplète des choses, parce qu'elle s'en détache d'abord pour les juger et les subordonne à une loi préconçue, qui les modifie arbitrairement avant d'avoir été démontrée. Ainsi, n'ayant d'autres garanties que ses affirmations, cette science ne sort pas de la sphère paradoxale où s'agitent toutes les notions susceptibles d'être remplacées éternellement par d'autres. Dans l'état des connaissances actuelles, et après les expériences déjà faites, y a-t-il lieu à la recherche et à l'examen d'une doctrine qui, tenant compte des deux natures que nous avons décrites, s'efforcerait de les concilier en les résumant? C'est ce que nous avons cru, c'est ce que nous avons tenté du moins dans ce livre, que nous intitulerons : *La Politique de l'Histoire*, pour ne pas laisser d'incertitude sur notre pensée et sur les éléments qui entrent dans sa composition.

En réunissant ces deux mots, que l'habitude prise des classifications arbitraires a séparés mal à propos, nous voulons établir avant tout que l'histoire n'existe réellement que par l'interprétation de la politique qui en est à chaque époque le commentaire animé et toujours nouveau; qu'à son tour la politique n'a pas une idée qui ne relève immédiatement de l'histoire, sous peine de n'avoir qu'une valeur théorique et une action trompeuse et passagère. Au-dessus d'elles nous faisons planer le souvenir et la conscience de l'humanité qui s'est formée peu à peu des expériences de chacune, et qui, les rectifiant l'une par l'autre, les arrache insensiblement à leur préoccupation exclusive. Mais pour découvrir à l'esprit cette terre promise de l'intelligence, où tous les dissentiments disparaissent, où toutes les contradictions trouvent la loi qui les justifie, nous devrons nous séparer de la politique qui transforme en axiomes la pratique obscure de l'individu et tire de ce point de vue intéressé des conclusions abusives contre les lois générales ; nous rejetterons également cette histoire vulgaire où le fait matériel écrase l'intelligence, en dépit du sentiment qui proteste contre lui ; mais en les considérant comme les deux modes nécessaires de la pensée, leur concours pourra nous servir à démontrer que si la raison a dépouillé une partie de sa force en proclamant son indépendance de la nature, elle recouvre un nouveau degré de puissance en l'acceptant au lieu de la nier, mais avec une conviction éclairée et intelligente, bien supérieure à la foi instinctive. Notre méthode différera donc de toute autre en ce qu'elle ne cherchera pas des lois arbitraires pour expliquer la génération ou la moralité des faits, mais qu'ils se transformeront eux-mêmes en lois organiques. Si dans leur exposition le sentiment qui les conçoit et l'observation qui les juge se trouvent confondus, c'est que cette démonstration, en quelque sorte vivante, nous a paru plus concluante et plus expressive que la déduction logique la mieux établie. La vérité n'étant que la rectification de l'erreur, comme la lumière fait disparaître jusqu'à l'existence de l'ombre, nous nous attacherons à retrouver le sens des choses perdu ou altéré, et en les replaçant dans le jour de leur réalité, nous serons dispensés par le fait de combattre tout ce qui le contredit et que l'évidence aura convaincu d'erreur. Nous restons par là fidèles à la pensée de l'identité des deux sciences que nous confondons, pour montrer qu'elles ne procèdent pas seulement l'une de l'autre, mais qu'elles sont une forme particulière de la même chose, considérée si l'on veut dans le passé ou dans le présent, mais régie par les mêmes lois et soumise à la même impulsion que nous essaierons d'apprécier pour la traduire en règles positives.

Si dans cette définition la politique est la science du présent et l'histoire celle du passé, c'est que nous pensons que le premier renferme le second tout entier, depuis ses grands traits généraux jusques à ses nuances particulières les plus fugitives. On peut dire avec certitude qu'à chaque époque donnée le genre humain, subsistant dans son ensemble, contient toutes les générations précédentes qui ont vécu, sans en excepter une seule. Ce grand corps éternellement vivant est constitué dans ses rapports intellectuels comme le monde physique, composé de couches successives déposées par les âges. La même loi de filiation et d'enchaînement qui existe pour lui, et qui développe dans une succession continue les formes passagères de la matière, sans que celle-ci s'altère ou se perde avec elles, se retrouve dans les phénomènes moraux qui ont déposé comme un sédiment indestructible dans le fonds commun où s'élabore l'intelligence générale pour rayonner ensuite par les mille intelligences particulières dans lesquelles se reflète la conscience humaine. Sans cela, d'où viendrait à l'homme cette connaissance plus sûre et plus vaste du passé à mesure qu'il s'éloigne de lui ; que ses traits confus et indéterminés pour les contemporains, se débrouillent des nuages dont la passion et l'erreur, l'ignorance naturelle ou de parti pris, les enveloppaient à leurs yeux ; que sa signification précise se dévoile dans les effets postérieurs dont il est devenu la cause? D'où lui viendrait cette faculté merveilleuse qu'il semble partager avec Dieu de recomposer les sociétés disparues, comme l'architecte reconstruit avec les débris épars du monument le plan primitif de l'édifice, comme le naturaliste ressuscite des espèces éteintes avec leurs organes et leurs habitudes à l'inspection du plus faible vestige? Quoique de nos jours on ait abusé de cette faculté, que cette œuvre n'appartienne pas à toutes les intelligences et ne soit réservée qu'aux esprits d'élite, la nier ou la contester, ce serait ébranler dans ses fondements toute la certitude humaine, enlever aux faits la sanction qu'ils prennent de l'assentiment général, et priver la pensée du levier avec lequel elle soulève le monde.

Mais ce n'est pas assez pour l'homme d'être doué du pouvoir de faire vibrer toute la chaîne électrique qui s'étend à travers les siècles jusqu'aux âges les plus reculés, de sentir et de connaître par les faits qui le touchent ceux qui ont affecté des générations lointaines sans qu'elles aient même laissé de traces visibles ; il aspire encore à recomposer, d'après le type qu'il porte en lui-même, ce monde qui ne vit que par son témoignage. Si trop souvent cette ambition est trahie par ses forces, l'insuffisance de l'homme ne préjuge rien contre l'excellence de la méthode ni contre la vérité du système. Évidemment notre époque est dans le vrai quand elle considère chaque siècle, chaque peuple, chaque génération, non plus comme des accidents aveugles ou fortuits, mais comme les parties intelligentes et sensibles d'une harmonie générale que chaque jour explique et développe davantage. Ce sentiment devenu vulgaire et passé à l'état de croyance, ne trouve de mécompte que dans les conclusions précipitées qu'on en tire, soit en les faisant servir à des combinaisons intéressées et partielles qui excitent la défiance, ou bien à des généralités qui ne répondent plus à rien par leur étendue, et qui, rejetées dans le vague des éventualités futures, n'excitent plus qu'une incrédulité moqueuse. C'est qu'à toute synthèse hardie il faut l'épreuve qui doit la faire passer de l'état de sentiment avoué, mais indistinct, à celui de science lumineuse et irréfragable.

Nous avons dénié aux deux écoles religieuse et philosophique, au naturalisme et à la raison pure, enfin à l'histoire et à la politique, le pouvoir de résoudre isolément le problème, de trouver à la certitude une base fixe et invariable, parce qu'elles laissent éternellement dans l'ombre une des faces de la vérité; enfin de faire sortir une science exacte d'une science conjecturale et flottante, sans principes et marchant au hasard. Toutes les deux se placent en dehors de l'humanité pour la juger et lui trouver une loi supérieure créée en dehors d'elle-même. Nous pensons au contraire qu'il faut se mettre au cœur de ses éléments pour en comprendre les lois et en saisir les rapports, en conciliant par le jugement l'éternelle et féconde contradiction qu'établit la lutte des deux principes que chaque homme reproduit, âme et corps, intelligence et sens, liberté et fatalité. Ce n'est pas pour en déduire une règle abstraite dont l'application reste ensuite douteuse, mais une vue impartiale et nette de l'humanité, de sa destinée future et des conditions qui doivent la préparer dans le présent; ce sera à la fois une esthétique nouvelle de l'homme et de la société idéalisés dans leur enveloppe matérielle; une doctrine philosophique à l'abri de toute affirmation contraire, grâce au joug des faits acceptés par l'intelligence et imposés par un véritable éclectisme ; enfin une histoire dégagée du conflit des systèmes, rendue à sa véritable signification sans qu'il soit possible de l'en détourner désormais par une interprétation arbitraire, et terminant toutes les contestations qui arrêtent l'esprit humain dans une agitation stérile et sans résultat.

Pour trouver les éléments de cette science qui doit résumer en elle tous les rayonnements de la pensée et les appliquer à une seule direction, œuvre de tous et de chacun en particulier, il faut considérer le présent et les symptômes que révèle son examen. Ce qui frappe au premier abord, c'est l'état précaire et transitoire des sociétés qui se cherchent sans se trouver, qui vont d'un principe à l'autre sans se fixer à aucun ; c'est l'instabilité radicale des institutions, quelle que soit d'ailleurs leur origine ; c'est l'impuissance réciproque des pouvoirs qui aspirent à maîtriser la société et des opinions qui prétendent les réformer ; c'est l'incohérence des constitutions fondées sur la violation des lois naturelles et l'abus de la force qui les vicie et qui perpétue un état révolutionnaire flagrant. Quoique ce sentiment ait existé à d'autres époques, il n'a jamais été aussi intense que dans la nôtre, où nul n'a foi dans sa durée, et où l'ordre artificiel de la société ne semble subsister que par un accord et une tolérance tacite des intérêts individuels qui le supportent sans l'accepter. Et comme cette situation serait intolérable pour l'homme qui a besoin de croire en lui-même et à sa perpétuité, un pressentiment contraire fait présager à tout le monde le prochain avénement d'une unité politique résultant d'une uniformité de lois et d'intérêts entre les peuples.

Ce détachement de toutes les formes partielles et cette aspiration vers un état général senti de tous, mais non encore perceptible pour tous, caractérisent, comme nous l'avons dit, les époques où la politique domine et où elle cherche une conciliation possible et définitive par les idées entre les éléments hostiles et rivaux condamnés à une trêve et à une immobilité temporaire par la marche des faits ou la voix supérieure des intérêts.

Mais jusqu'ici la politique a été immorale, aussi bien dans ses appréciations des actes humains que dans les mesures qu'elle adoptait pour le salut de la société. Comme elle se plaçait en dehors d'elle pour la juger, elle ne pouvait avoir ni l'enthousiasme de la foi agissant au nom de Dieu, ni cet autre enthousiasme de la raison militante et animée du fanatisme de ses propres idées. Appelée au secours des intérêts ébranlés, la politique, sorte d'idéalisation du monde matériel dans ses influences les plus cupides et les plus abjectes, procédait par la négation ironique ou brutale de tous les sentiments généreux, et aboutissait inévitablement au système qui en est le seul moyen d'action, le despotisme et tous ses attentats contre la dignité et la liberté humaine. De là ce mauvais renom qui a entaché les plus beaux génies dans la pratique qu'ils ont faite de la politique, et qui n'a pas épargné les penseurs qui se sont occupés à la réduire en règles et en principes avec le désintéressement de la science ou la passion de l'humanité. Mais ce reproche d'immoralité auquel échappent les opinions sincères dans leurs violences même les plus criminelles, tenait à l'insuffisance des idées qui ne pouvaient opposer à leurs excès que des principes négatifs fondés sur l'utilité présente, et des moyens tyranniques ou corrupteurs dont le succès devait absoudre ceux qui les employaient.

Aucune doctrine sociale ne pouvait satisfaire à tous les intérêts au point de remplacer le chaos par l'harmonie. Quel que fût l'état des sociétés, étendues ou restreintes, elles ont été fondées par la force et sur la violation des lois naturelles. Que l'on considère un empire embrassant une portion du monde ou circonscrit au territoire d'une ville, vous le trouverez toujours inévitablement établi sur l'exclusion violente et compressive de la plus grande partie de ses membres. En voyant la même conséquence se reproduire sous toutes les formes, dans toutes les sociétés et sous toutes les constitutions, force a été de conclure que l'oppression de l'idée par le fait est de l'essence des choses, et qu'il est inutile de leur trouver une autre solution. D'ailleurs, où chercher les éléments d'une conviction contraire, sinon dans l'histoire du passé, en remontant à l'origine de cette première violation, en découvrant la nécessité de cette cause dans le développement successif de ses effets, en montrant son action sur l'esprit de l'homme en particulier et sur les sociétés en général ; son influence constante et éternelle quoique cachée, et quoique attribuée souvent à des causes toutes différentes ?

A cette déviation radicale qui prend l'homme à son point de départ, qui a fait surtout l'instabilité de ses créations, il fallait pouvoir opposer un ordre et un ensemble de faits qui en fût la rectification complète. Mais cette connaissance ne pouvait venir qu'après l'épreuve de l'insuffisance et de toute la fausseté des applications et des formes secondaires adoptées successivement par la pensée humaine ; il fallait démêler dans cette pensée sa double force d'instinct et d'inconséquence raisonnée, pour découvrir la loi de l'humanité dans sa violation même, pour voir que lorsque la politique s'en est écartée, elle a manqué à son institution et fait le malheur des sociétés, tandis qu'elle a été dans une voie régulière quand elle l'a suivie instinctivement ou qu'elle s'est rencontrée avec elle dans les résultats qu'elle cherchait.

L'histoire offrait donc en effet la matière de cette appréciation ; mais si le champ existait, l'instrument, c'est-à-dire la méthode manquait pour l'exploiter. L'histoire est, comme les différentes manifestations de la pensée, vaste ou circonscrite, stérile ou féconde, selon la mesure de l'intelligence. Variée et multiple, elle se plie à toutes les doctrines, à toutes les oppositions de sentiment et d'intérêt. Tour à tour religieuse et fataliste, absolue ou indépendante, elle répond à tous les besoins de l'esprit comme à tous les caprices de l'imagination. Cette flexibilité, qui fait sa fécondité, mais aussi son incertitude, elle la partage avec les autres sciences qui ont l'homme même pour sujet, telles que la poésie, les arts, la philosophie, la morale, la religion, la politique, enfin tout ce qui a pour principe et pour étude notre être *ondoyant et divers*, selon l'expression de Montaigne.

On a cru échapper à son inconséquence, lorsque par une vue étroite et fausse de l'histoire, on a voulu la séparer de l'homme, lui interdire toute interprétation théorique, en faire une science exacte et positive, à déductions logiques, et pour ainsi dire rectilignes. Mais cet attentat contre le libre arbitre, cette matérialisation des actes humains d'où la pensée reste absente, a été punie par sa tentative. Elle n'a produit que des œuvres dénuées du souffle créateur, sans vie et sans réalité, et convaincues d'arriver à l'erreur par les apparences de la vérité, plus sûrement encore que par l'abus opposé. Il y avait donc une nouvelle méthode à créer, en présence de cette histoire apparente de préjugés et de préventions qui a égaré les politiques de tous les temps, et qui, faisant reposer leurs combinaisons sur des influences déclarées absurdes au bout de quelques années d'épreuves, les remplaçait aussitôt par d'autres non moins inconséquentes. C'est le sort de tout ce qui procède de la passion dont la philosophie s'est attachée à régler les instincts par les voies ordinaires du raisonnement; mais à son tour celle-ci n'oppose à la puissance des inspirations passionnées que des notions abstraites, des généralités vagues conçues d'un point de vue partiel et toujours contestable.

La même acception que nous avons faite des deux termes opposés signalés par nous dans la constitution de l'humanité, nous la ferons dans l'emploi des moyens dont elle se sert pour les exprimer. Mais ce sera en les renouvelant tous les deux par le système conciliateur à qui nous en faisons l'application, et que nous avons résumé sous le titre de *la Politique de l'Histoire*. Ainsi, en reconnaissant à la philosophie le droit d'examen et de révolte contre les faits qu'elle a modifiés successivement, nous ne lui demanderons pas une solution qu'elle ne peut donner à elle seule, nous reconnaîtrons une loi d'organisation supérieure qui a dominé l'homme jusqu'ici, tout en le laissant libre de s'y soustraire. Et s'il ressort de notre démonstration que la félicité du genre humain est dans la réalisation du plan primitif de la nature ; que la raison n'atteint à la vérité que quand elle le reproduit de près ou de loin dans ses créations, nous l'amènerons à subir sans murmure le joug accepté par l'intelligence de ses lois générales toujours subsistantes, malgré les infractions partielles que nous essaierons de signaler.

## II.

#### Principes et éléments de la politique de l'histoire.

Quels seront les éléments de la science que nous voulons établir ? La société considérée dans son principe et sa fin va nous aider à les démêler.

L'unité est la première expression de la société; elle doit être aussi le dernier mot de la civilisation. Qu'on la prenne à son berceau, on verra qu'elle procède d'après cette loi fatale de l'esprit humain, qui du premier effort atteint à la vérité, et n'arrive néanmoins à l'exprimer qu'après bien des détours et des erreurs sans nombre. L'homme ayant fait la société à son image, elle a dû participer de l'inconséquence de sa nature. Au dessein ferme et précis d'un ordre général dont il était lui-même le symbole, il substitue une foule de combinaisons secondaires où la perception première s'efface et se perd. Seulement, et de temps à autre, il la recouvre par des secousses soudaines qui le remettent violemment dans la voie qu'il avait quittée, et le rappellent au sentiment de l'idée primitive.

Au contraire, qu'on parte des sociétés modernes pour remonter à leur formation, et on verra que, partout débris d'un ordre général antérieur, elles ont dû leur existence à l'esprit de spécialité développé dans un espace circonscrit, et qui a constitué de petites sociétés dans la grande Cette croissance individuelle parvenue à son terme, un nouveau besoin se révélait en elles, celui de répandre au-dehors leur vie intérieure, et d'y faire entrer les autres peuples restés à leur égard dans une infériorité relative. A cette époque, qui est celle de leur grandeur, et qui est également signalée par leurs progrès dans les arts, les institutions civiles et la guerre, il se trouve toujours à point nommé un de ces hommes providentiels qui s'emparent de ces éléments et les font servir à la reconstruction d'un ordre général obéissant à une seule impulsion.

Aussi l'histoire n'est elle que le récit des tentatives faites successivement par chaque peuple pour arriver à l'unité, flambeau qu'ils semblent se passer de main en main. Toutes ces tentatives ont eu le même sort; après des succès brillants et partiels, elles ont avorté : formées dans des temps de civilisation incomplète, les faits qui se produisaient en dehors du cercle borné qu'elles avaient embrassé étaient pour elles autant de principes de dissolution.

Mais ce n'est là pour ainsi dire que la vue extérieure des choses, leur expression abstraite qui les déguise plutôt qu'elle ne les éclaire, et qui insensiblement se substitue dans l'esprit à la chose elle-même. L'histoire est presque toujours un composé d'effets sans causes, ou du moins, comme on s'arrête aux apparences, on les cherche là où elles ne sauraient être. Après nous être conformé à ses définitions, nous essaierons de pénétrer sous l'enveloppe qu'elles recouvrent, pour retrouver à sa naissance le fait réfléchi dans l'idée.

A quelque point qu'on les prenne, les sociétés présentent toujours deux âges distincts, l'âge naturel appelé barbare dans toutes les histoires par opposition à l'âge civilisé et dont le caractère a été réciproquement méconnu. Quoique l'homme soit tout par lui, l'âge civilisé a pour principe de nier ce qu'il emprunte à ce premier développement de son instinct. Il décide pourtant de l'esprit et de la direction d'une société, qui reçoit de lui sa langue, ses mœurs, ses institutions traditionnelles, en un mot la matière première mise en œuvre dans le second âge.

Mais cet ascendant ne prouve pas que l'un finit quand l'autre commence : au contraire ils continuent d'exister simultanément et ils ne peuvent ni s'exclure ni s'annuler, parce qu'ils sont les deux termes nécessaires de la nature de l'homme. A l'âge civilisé appartient la forme extérieure, le mouvement ostensible, les intérêts variables de la société : l'histoire et la science sont les manifestations de cette forme. De même, quoique la langue, dans sa création, appartienne à l'âge naturel, son emploi sous une expression littéraire rentre dans l'action de l'âge civilisé, et par cette première invasion de la pensée sur l'élément qu'elle façonne plus la civilisation qu'elle y infuse est brillante, plus sa croissance éclipse le fonds qui la développe. Mais dès qu'elle décline, il reparaît, et en se ranimant il communique une nouvelle vigueur à la société près de s'éteindre.

Dans l'examen de la configuration du globe, on aperçoit d'abord des causes physiques agissant uniformément sur la génération des faits historiques. Il offre partout des zones tranchées et parallèles; les grandes plaines suivies et développées en vastes continents, et sur leurs flancs des îles, des péninsules, des territoires étroits et entrecoupés. Cherchez le théâtre et le foyer des civilisations, vous le trouverez là; puis à côté de ce mouvement, vous rencontrez l'immobilité, la masse passive en face de l'individualité active et inquiète, subissant son action, mais conservant une force latente indestructible qui survit toujours à l'autre.

Cependant l'instinct de la civilisation est partout de se grandir aux proportions de la force contre laquelle elle lutte. La Grèce, de son nid de rochers aigus, aspire à dominer l'Orient; Rome, de son aire de brigands et de son littoral étroit, voudra devenir le monde méditerranéen. Ainsi, dans les temps modernes, l'Angleterre, de son repaire de pirates; la Hollande, du fond de ses marais submergés, le Portugal, l'Espagne, de leur cadre borné, chercheront l'immensité et l'infini loin de leurs rivages, et tireront des mondes du sein de leur petitesse.

Les civilisations qui ont le plus de chances de durée sont celles qui joignent l'activité individuelle à la forme continentale. Ce qui a fait la supériorité de la France à diverses époques, c'est qu'elle a réuni ces deux avantages, qu'on retrouve dans la civilisation de l'Inde et de la Chine, et qui apparaît de nos jours dans les États-Unis. Dans le continent américain, la dualité physique que nous avons signalée se dessine par un littoral accidenté, long-temps le siége de l'activité européenne : à l'intérieur de vastes et profondes solitudes attendent le développement d'un grand peuple, qui reprendra le caractère américain, quelle que soit son origine, pour le substituer à celui de l'Europe, plus prononcé tant qu'il reste circonscrit à ses rivages.

A cet ordre de causes toutes physiques, correspond un autre ordre semblable et qui en répète également les divisions fondamentales. C'est la différence des races générales qu'on peut réduire à trois, celles qu'on en a distraites n'étant évidemment que des variétés dégénérées des trois grands types primitifs. Posées sur le continent de l'Ancien-Monde dans une relation parfaite avec les zones qu'elles occupent et vis à vis d'elles-mêmes dans un antagonisme dont nous ferons ressortir l'action et le dessein, l'existence des races générales, n'a pas besoin de démonstration, car la nature a pris soin de l'inscrire en caractères irrécusables sur le front de l'homme, et d'ailleurs l'histoire et la science sont d'accord pour la confirmer par leur témoignage.

Mais ici se présente une distinction non moins radicale et non moins importante, dont l'observation nous appartient et que ce livre tend à introduire définitivement dans les idées. Comme nous avons établi une race générale qui fait contraster une portion de l'humanité avec une autre de la même étendue, telle que la race blanche avec la race jaune ou noire, nous discernons dans chacune d'elles la race spéciale, second terme qui reproduit intérieurement et à nombre égal la lutte extérieure des grandes masses humanitaires.

C'est à proprement parler un système en petit, répété dans le grand, un monde complet, organisé d'après les mêmes lois que la nature semble du reste avoir suivies dans toutes ses conceptions générales. Pour l'Europe et l'Asie, où il est seul possible de l'étudier, il présente ce nombre ternaire dont la mystérieuse obscurité se reflète dans toutes les théogonies, et qu'on retrouve aussi dans les systèmes philosophiques inspirés à l'origine des choses par le sentiment et le spectacle de la vie primitive.

Ce terme, nous le savons, pourra être contesté, parce qu'il a été dépassé jusqu'à présent par les peuples et leurs institutions, restées toujours au-delà ou en deçà. Néanmoins nous ferons ressortir son action perdue ou effacée dans celle de la civilisation. On verra comment elle est descendue par degrés d'une application universelle, comme celle de la race générale sur l'humanité, à des expressions plus circonscrites et aux nuances que celle-ci renfermait dans ses variétés. C'est ainsi que dans le sein de la race spéciale elle a développé un nouveau degré intermédiaire, la variété de l'espèce, qui, dans le système civilisé, s'est traduit par la nationalité des temps modernes.

La progression continue de la civilisation doit faire conclure qu'elle est destinée à reproduire successivement tous ces termes. Dès son début, et à sa première action, elle part de la molécule la plus infime, la cité, et de cette expression la plus individuelle, elle s'élève sans transition à l'action générale sur l'humanité : c'est le rôle de la civilisation antique.

Dans la seconde forme, celle des temps modernes, elle a pris le degré intermédiaire le plus rapproché de la cité, c'est la variété, dont elle a composé l'état ou la nationalité, et de cette expression donnée à l'individualité, elle est encore passée de nouveau à l'action universelle.

Il lui reste, et c'est sa mission présente, à imprimer la forme individuelle à la race spéciale dont la conception lui donnera le moyen d'embrasser avec une nouvelle force l'universalité, ce but définitif de toutes les conceptions de l'homme.

L'enchaînement des causes générales et particulières, conduit toujours à distinguer une réaction de l'universalité contre le principe même qui l'a produite. C'est que tout système développe inévitablement en regard de lui un nouvel ordre d'idées qui s'élève contre l'application précipitée d'une forme sociale incomplète, et le principe sorti de la contradiction qu'elle a fait naître tend aussitôt à la remplacer. Ainsi l'Orient absorbe la Grèce en réagissant sur elle après la conquête d'Alexandre et Rome disparaît par la pression du Nord, qu'elle fait entrer dans son mouvement; ainsi nous voyons aujourd'hui l'Amérique refluer contre l'Europe et la race slave peser à la fois sur l'Orient et sur l'Occident.

Par cette réaction, la civilisation est ramenée forcément à l'intelligence du degré intermédiaire qu'elle avait franchi, et elle recommence son œuvre sur cette nouvelle base. Entrons dans la définition de ce terme resté inconnu jusqu'ici, parce que son temps n'était pas venu dans l'histoire, et auquel nous donnons dans l'état naturel la race spéciale pour fondement.

L'homme applique toujours à l'ensemble des choses l'idée dont il procède. Le sentiment d'universalité, qui est le mobile des sociétés et la source de leur progrès, tant qu'il n'avait pour terme opposé que l'état moléculaire de la tribu ou de la cité, ne devait s'élever qu'à la conception de la race générale, collection de toutes les familles organisées d'après un même type naturel. Tous les degrés intermédiaires échappaient à l'appréciation, et ne pouvaient devenir le point de départ d'une nouvelle perception des choses qu'après l'épreuve et la réalisation successive de leur formule sociale. Ainsi la nationalité des temps modernes, autant par ce qu'elle a de puissant comme force civilisée que par ce qu'elle a de violent et de faux contre l'état naturel, devait seule fournir l'idée que nous exprimons par la race spéciale.

L'existence lumineuse de cet élément dégagé des obscurités qui l'enveloppent ne peut avoir lieu qu'après un exposé des faits qui le démontrent, et que ces observations générales ne doivent pas devancer. Cependant nous devons prévenir une confusion que l'on fait d'ordinaire par l'habitude de ne voir dans le mouvement des races qu'un instinct de la force brutale, agissant à l'aveugle, et produisant néanmoins des résultats intelligents, comme le hasard donné quelquefois pour cause à l'univers, et qui fait naître par un enchaînement merveilleux l'ordre le plus parfait que la raison puisse concevoir.

C'est que dans la réaction des races les unes sur les autres, il ne faut pas confondre celle qui s'exerce sur des peuples semblables et de souche commune avec cette autre propagande plus vaste, qui répond à l'action générale de la civilisation, et s'applique également à toutes, sans distinction d'origine ou de couleur. Tandis qu'à la première se rapportent le travail intérieur des peuples, leur organisation d'après une communauté de mœurs, de religion et de lois, la seconde, fondée sur des conquêtes ou des relations commerciales et indifférente aux rapports moraux, n'a en vue qu'une domination matérielle. Bizarre échange de position qui donne à l'influence la moins éclairée le résultat le plus intime et le plus durable et ne laisse à l'autre qu'une effet superficiel et passager! Mais cette contradiction même contribue à les dénaturer dans l'histoire et empêche d'apprécier leur action réciproque.

Sans doute il ne serait pas moins absurde

qu'inutile de chercher, par exemple, entre l'Angleterre, l'Inde et l'Océanie, entre l'Espagne et l'Amérique du Sud, des rapports de race autres que ceux que l'homme conserve avec son espèce sous toutes les latitudes. Mais qui ne voit que ces deux peuples représentent dans ces termes la plus informe des propagandes, celle de la race blanche en général sur toutes les autres races humaines? Qui ne voit aussi que cette infusion violente ne préjuge rien dans la question, et que, la race anglaise se fût-elle substituée dans l'Inde à toutes les autres, la question de la nationalité ou de la coordination de cet état n'en reste pas moins la même, comme en se substituant aux indigènes de l'Amérique du Nord elle n'a pas changé celle de la personnalité de ces contrées, qui se trouve réalisée aujourd'hui par l'affranchissement des États-Unis.

Ceci est donc indépendant de la réaction primordiale dont nous parlons, résultant pour l'Europe de la cohabitation et de l'accroissement successif des peuples avec des relations continues et des intérêts demeurés toujours semblables, et qui dérivent, soit des nécessités naturelles de territoire et d'origine, soit des nécessités factices créées par une civilisation commune. Or, cette question, qui reparaît, comme on le voit, pour des continents peuplés de races étrangères, est, à plus forte raison, vivante dans les entrailles d'une société qui n'a pas cessé un seul instant de s'appartenir et d'obéir à la même impulsion sortie tout entière de son sein.

Aussi, de nos jours, la société se débat entre ces deux mouvements contradictoires qui ont plus ou moins travaillé les anciennes sociétés. Par ses opinions, par ses besoins, par ses intérêts d'avenir, elle tend invariablement à l'unité, tandis que le présent, appuyé sur des intérêts artificiels qu'il craint de voir périr dans cette transformation, lui oppose une répulsion secrète. Ce qui arrête le plus les vérités dans leur marche, c'est l'impossibilité apparente de l'exécution. L'homme, jusqu'à épreuve du contraire, est porté à croire que les mêmes choses ne peuvent se produire que de la même manière; et les progrès de la civilisation ayant pour effet d'annuler chaque jour davantage la puissance de l'individu sur les masses, on doute qu'on puisse voir s'opérer par elles ce qui jusqu'ici a été dû à l'action d'une volonté unique. Mais désormais l'unité ne viendra plus par un homme, incarnation vivante d'un système : elle sera le résultat de la raison universelle.

Et d'abord, ce mot d'unité, pris dans son acception la plus large, n'emporte-t-il pas un sens trop absolu? Comme toutes les choses de ce monde, elle a ses limites qu'il importe de définir. On sait que le vice de la plupart des systèmes a toujours été l'absence de bornes précises qui les reléguait au rang des idées chimériques et impraticables. De ce nombre est l'idée de monarchie universelle, attribuée mal à propos à des hommes dont le premier mérite fut de porter dans les projets de leur ambition une sûreté de vues et une rectitude de jugement supérieures à leur temps. Notre premier soin sera de dessiner en quelque sorte le cadre où l'unité de civilisation doit se produire pour rester en rapport exact avec la nature.

En examinant la marche progressive de cette idée dans les applications qu'elle reçoit de l'histoire, nous devrons remonter bien haut, car nous croyons nécessaire, pour en fixer la limite, de prendre les peuples de l'Europe à leur point de départ, et d'y chercher la synthèse puissante qui se fait sentir en eux à travers les siècles.

Il y a, comme nous l'avons dit, une histoire antérieure à toutes les autres, à laquelle on n'a pas accordé assez d'attention, faute de moyens pour l'étudier. Avec nos habitudes d'érudition, nos idées ne remontent guère au-delà de la conquête romaine, qui seule nous offre les monuments écrits de l'existence des peuples qu'elle a soumis. A nos yeux, les vainqueurs ont remplacé les vaincus, sans songer au petit nombre des uns et à la multitude des autres, sans réfléchir surtout combien les révolutions les plus complètes en apparence changent peu au fond les grandes masses d'hommes.

Selon nous, c'est dans cet état primordial et constitutif de l'Europe que se trouve écrit d'avance en quelque sorte tout son avenir. L'histoire, prise de ce point de vue, présente un dessin régulier qui, envisagé différemment, ne laisse à sa place qu'un chaos inexplicable. Si la multiplicité des traits particuliers a pu obscurcir à nos yeux leur relation générale, à travers les transformations successives de la société, et sous la face changeante des choses humaines, on sent une immobilité fondamentale qui entraîne tout par son poids, pareille à la force secrète qui retient les mers dans leurs bassins. Qu'on cherche le principe de cette stabilité, on le trouvera dans ces deux grandes lois de la nature, la simplicité et la perpétuité des races.

Nous aurons ailleurs l'occasion de discuter la question des origines, mais nous devons exprimer un fait qui nous semble hors de contestation, c'est que partout, du moins dans leur forme actuelle, l'homme et la terre sont contemporains : c'est-à-dire que, dans chaque continent, et dans des zones tranchées, se trouvent cantonnées des races dont l'organisation est en rapport direct avec le sol et les accidents de la nature. L'Européen fut créé originairement pour l'Europe, aussi bien que le nègre pour l'Afrique; et l'Indien, que nous avons trouvé disséminé sur le continent américain, l'avait été pour le Nouveau-Monde. Puisque la nature a pris la peine de former chez les Lapons et les Esquimaux une race d'hommes spéciale en compagnie du renne et de l'ours blanc, il est à croire qu'elle n'a pas été moins libérale pour des climats plus favorisés. Ainsi tombent tous les systèmes qui recomposent la famille humaine, en placent le berceau dans l'Asie, et font venir les premiers habitants de l'Europe par des émigrations dont on note les voyages, les stations et les établissements.

Nous insisterons sur un résultat qui devra ressortir de notre examen surtout en ce qui concerne l'Europe, pour laquelle cette vérité a été plus particulièrement méconnue. Nous prouverons qu'on a pris l'effet pour la cause, et confondu généralement les races émigrantes avec les races indigènes. Le principe de la civilisation des races était dans leur inégalité, car si elles s'étaient développées simultanément, elles seraient restées étrangères l'une à l'autre, ou plutôt leur enfance se serait perpétuée à jamais. C'est de leur croisement et par suite du mélange de leurs qualités que devait résulter la perfectibilité du genre humain.

De cette inégalité qui prend l'homme et la société à leur berceau, on doit inférer que la civilisation a toujours existé sur la terre : c'est à dire qu'à toutes les époques une civilisation relative est venue personnifier cette inégalité, arme par laquelle la nature donnait à l'individu le pouvoir d'agir sur la masse. C'est donc là un antécédent fondamental, constitutif de la société et corrélatif de la race dont il n'est pas plus possible de marquer le commencement que celui de tous les autres faits du même genre. Son origine va se perdre dans cette nuit mystérieuse et féconde d'où sont sorties, toutes formées, les langues, les idées, les constitutions sociales, et si la religion peut soulever le voile qui la recouvre, ni la science, ni la philosophie ne l'expliquent par les moyens dont elles disposent. Quant à la civilisation elle se présente partout telle qu'on peut encore l'observer de nos jours, agissant sur l'état sauvage et posée dans les mêmes termes qu'à l'aurore de toutes les sociétés. La civilisation, et le mot seul l'indique, a pour base la cité, création étrangère et fortuite que la nécessité a dû inspirer à des peuplades nouvelles transplantées dans des régions inconnues, ans relation avec leurs habitants. A toutes les époques et sous toutes les latitudes, on lui trouve ce caractère d'origine étrangère qui lui était nécessaire pour en acquérir les propriétés. Si on remarque dans quelques contrées, comme la Chine, l'Inde et l'Égypte, les traces ou l'apparence d'une civilisation indigène, elles sont restées plus spécialement stationnaires et privées du mouvement progressif inhérent à la civilisation de seconde main.

Ainsi, pour arriver à l'intelligence complète de l'histoire, il faut tenir compte de ces deux principes permanents au fond des sociétés : la civilisation, ordre nouveau d'idées, de mœurs, d'habitudes venues du dehors, implantées par la conquête ou propagées par l'imitation ; l'indigénat, état primitif des races au degré immédiat au-dessous de l'état de cité, qui suppose la vie nomade, l'absence de villes, ou du moins de monuments durables par lesquels la cité dessine sa personnalité, et la transmet d'âge en âge à travers la mobilité qu'elle introduit dans les institutions. Si les races indigènes n'ont point cet avantage, elles doivent leur perpétuité à leur nombre, comparativement supérieur ; et quoique la face de l'Europe ait changé bien souvent, on peut dire qu'au fond elle est restée matériellement la même.

Cette distinction admise, il en ressortira pour

notre temps une vérité qui deviendra chaque jour plus sensible. Gouvernements, états, délimitations de territoires, tout cela, fait en dehors des races, a bien pu avoir une force positive, une durée de compression et de violence, mais se trouve annulé invinciblement du jour où, mis en présence de la réalité, elle les transforme en fictions dangereuses. C'est par là seulement qu'on peut expliquer l'atonie incurable dont sont atteints la plupart des gouvernements, depuis que les institutions tendent partout à rendre la parole à des intérêts long-temps muets et étouffés, et à ramener les peuples à leur instinct natif, mais avec l'expérience de plus : cercle inévitable dans lequel tourne l'humanité. En effet, toute l'histoire peut se résumer en quelques lignes : unité résultant de la faiblesse et de la simplicité des races, suivie de l'action violente de ces races les unes sur les autres, et par suite anarchie et fractionnement ; alors recomposition par la force individuelle, tantôt de l'unité qui outre-passe ses limites, tantôt reste en-deçà, imperfection qui amène des révolutions nouvelles ; enfin, et c'est la période où nous sommes entrés, renaissance par la diffusion des lumières dans les masses de leurs rapports originaires, et organisation des états d'après les idées constitutives de la famille humaine. C'est là le grand travail de notre époque, entravé autant par l'hostilité des gouvernements que par les préjugés de ceux mêmes qui ont pris pour mission d'éclairer les peuples. A mesure que nous avancerons dans l'exposition de notre système, on reconnaîtra mieux à quelle fin nous cherchons ici à restituer à l'humanité ses titres perdus ou effacés.

On objecte, il est vrai, que ce principe, plus fictif que réel, est un anachronisme. Il paraît d'autant plus difficile de le compter dans l'organisation des sociétés, qu'il est à peine possible de constater son existence dans l'histoire. Mais c'est précisément de ce malentendu que résultent, comme on le verra, toutes les difficultés insolubles de la politique. Il provient surtout du sens général donné à l'histoire, qui ne tient pas compte de ce qu'il y a de plus essentiel dans l'homme, relève une foule de détails insignifiants, et ignore ou ne paraît pas apercevoir ce qui constitue l'homme lui-même. De plus les races ne pouvant se constater avec une précision mathématique comme les faits matériels, elles donnent lieu à des interprétations contradictoires. C'est ainsi qu'on soutient qu'elles sont mortes ou annulées par l'effet de la civilisation qui les a mêlées ou confondues ; et cependant il arrive que c'est à mesure que la civilisation se généralise que la question des races peut seulement se concevoir et se faire jour.

Sans doute, si on applique ce nom aux variétés dont le mélange a contribué à former les nationalités modernes, elles peuvent, jusqu'à un certain point, passer pour annulées partiellement, sinon pour mortes ou disparues à jamais ; car la preuve qu'elles vivent toujours, c'est qu'elles renaissent aussitôt par leur rapport avec une généralité dont elles ont été violemment détachées dès qu'elles s'y retrouvent en contact. Quant à l'existence des généralités ou races proprement dites, telles que nous les établirons dans ce livre, nier leur existence ou leur nécessité, ce serait vouloir contester les lois en vertu desquelles l'humanité agit, pense et manifeste extérieurement sa volonté.

A le bien prendre, l'humanité vit sur trois ou quatre grandes idées élémentaires qui se modifient à la distance de plusieurs siècles, mais qui conservent toujours le même sens, parce que la nature ne saurait changer. Nous avons cherché ces lois génératrices d'abord dans une disposition particulière du sol qui lie l'une à l'autre des contrées par des rapports géographiques et physiques sans cesse agissants sur l'organisation de l'homme, quel qu'il soit, indigène ou étranger ; ensuite dans une relation primordiale entre lui et les races existantes qui a toujours subsisté ouvertement ou d'une manière latente à l'insu de sociétés qui contredisent ce principe; enfin dans une affinité générale et particulière établie et prouvée entre les variétés de ces mêmes races par des traditions, des mœurs, des idées religieuses communes, et une relation semblable dans leurs langues, qui, dérivant de la même source, les rattache à une race mère ou type.

Ce petit nombre de lois sont pour les peuples ou les grandes masses de la famille humaine ce que les organes physiques sont dans la nature matérielle et les idées et les passions qui en dérivent dans la nature intellectuelle de l'homme. De même que cinq sens, quatre ou cinq idées générales, autant de passions mères se retrouvent dans l'homme, à quelque race, à quelque latitude qu'il appartienne, et enfantent toutes les autres manifestations de son individu, ainsi les lois organiques déterminent invinciblement la direction des sociétés, sans nuire cependant à la liberté de leurs actes. En effet il arrive qu'ils sont souvent en contradiction avec elles, mais ils en prouvent d'autant mieux l'influence, soit par une dérogation accidentelle, soit par un retour à leur principe, forcé ou volontaire.

Par la même raison ces lois n'empêchent pas les rivalités, l'hostilité entre les variétés des races dont elles semblaient cimenter l'union et la fraternité; loin de là, puisqu'elles les favorisent, comme les liens de famille et du sang développent des passions contraires au but apparent de la nature. Ces lois étant d'une espèce identique, on en voit la nécessité, soit pour le développement des sociétés, qui ne peut avoir lieu que par une dérogation même à leur principe, que l'on appelle civilisation, soit par l'instabilité qu'elle lui communique et qui forme le progrès ou mouvement des choses vers un ordre toujours nouveau, et de plus en plus justifié par les relations originaires.

Elles forment donc une constitution naturelle supérieure à toutes les inventions humaines, qui la réfléchissent imparfaitement, et par cela même transitoires et périssables. Il s'agit de la constater *historiquement*, en montrant la perpétuité de son influence sous les faits qui la dissimulent ou la combattent; et *politiquement*, en prouvant qu'elle seule offre la base des sociétés, et qu'elles sont entrées dans le plan de la nature et dans ses prévisions pour offrir aux sociétés ce que la science toute seule, philosophique ou sociale, n'a pu leur donner encore, les moyens de s'unir logiquement et rationnellement.

## III.

#### Action de ces principes dans les choses.

Comme on le voit, il y a pour nous un état primordial divin, dont l'état humain est la reproduction presque toujours incomplète, et d'autant plus fragile et périssable qu'il est en contradiction plus directe avec lui. C'est l'influence de ce premier état qui forme la fatalité apparente ou la nécessité absolue des choses. Toute la science de la politique consistant à s'en rapprocher, elle doit tendre à y conformer le monde artificiel qu'elle régit, en cherchant par l'histoire le côté où il déroge au plan suprême. Mais le mouvement de l'histoire est parallèle à celui de la politique, toutes deux prises dans leur acception vulgaire L'histoire proprement dite est précisément le récit de cet état antinaturel qu'elle méconnaît nécessairement, puisqu'elle ne commence que par sa négation. Marchant pas à pas avec la civilisation, elle grandit avec elle, subit ses fluctuations, se déplace, change indistinctement de pays et de latitude, quitte les lieux qu'elle a éclairés et où elle n'est plus, pour ceux où elle va briller, et qu'elle ignorait encore tout-à-l'heure, mobile et conventionnelle comme elle, tandis que l'homme, laissé à lui-même, retourne infailliblement à sa nature, impérissable comme la race à laquelle il appartient.

Ce qui a donc préoccupé l'histoire exclusivement ne sera pour nous que l'expression secondaire de cette force qu'elle méconnaît quand elle lui est supérieure accidentellement, mais dont elle n'est qu'une modification superficielle, puisqu'elle ne réussit pas à la changer. C'est sous cette réserve que nous accepterons d'elle les faits qu'elle enregistre minutieusement, et auxquels elle attribue une influence exagérée, démentie par l'expérience ; car s'ils trompent par leur multiplicité, ils ne sont que des notions partielles remplacées bientôt par d'autres tout aussi périssables, après avoir prévalu pendant quelque temps. Nous ferons passer avant eux les traits qui pourront nous servir à manifester la perpétuité de l'ordre divin dans la représentation extérieure de l'ordre humain et à établir la connaissance de l'homme naturel sous l'homme social et de convention. On voit que l'histoire est renouvelée par cette distinction, qui montre l'homme tel que la nature l'a fait dans ses instincts et le milieu où elle l'a placé, afin d'arriver par elle à discerner comment il s'est modifié dans l'homme social.

D'une autre part tout concourt à rendre cette méprise perpétuelle. Les peuples barbares n'écrivent pas, ils n'ont que des traditions, et dès qu'elles cessent d'être orales, elles perdent leur existence spontanée, elles se fixent en corps et en systèmes, qui prennent aussitôt le caractère de la vie civilisée, et ce changement correspond à une révolution semblable dans la société. La loi mosaïque ne sort écrite en caractères ineffaçables que lorsque le temple immuable a remplacé l'arche voyageuse. L'Évangile apparaît bien longtemps après que la voix du maître s'est tue. Les poëmes d'Homère, comme les chants de l'Edda et ceux d'Ossian, sont des compilations d'une science rétrospective. Le Koran, écrit sur des feuilles éparses, ne devient une loi fixe que lorsque la conquête du monde a découlé de ce système. Ainsi toujours et partout la civilisation s'est emparée du fait créé en dehors d'elle et l'a subordonné à son point de vue exclusif. C'est à cette condition seulement qu'elle l'a subi en l'accommodant à son expérience.

Considérée comme l'ensemble des idées et des intérêts qui dominent dans une époque, la civilisation est en même temps la mesure des connaissances sur lesquelles ils reposent, et qui forment la science des générations de cette époque. L'histoire ne s'étant occupée des peuples que dans leurs rapports avec elle et à proportion qu'ils entraient dans son mouvement, elle laisse dans l'ombre tous les points où ses intérêts ne s'agitent pas. Mais en devenant le centre du mouvement et de l'impulsion d'une époque, les sociétés civilisées se trouvaient avoir contre elles tout ce qui ne subissait pas leur influence directe. De là cette condition précaire au milieu de leur force et de leur éclat, et en même temps cette infatuation grossière qui leur faisait ranger sous une dénomination générale de barbares tout ce qui n'était pas elles, et dont l'application changeait à mesure que le foyer de la civilisation se déplaçait. Ainsi la Grèce transmit à Rome ce préjugé après l'avoir fait peser sur elle pendant long-temps ; ainsi nous-mêmes en avons hérité à notre tour, après l'avoir subi pendant des siècles. Le temps n'est pas encore éloigné où notre dédain pour nos voisins les plus proches entretenait notre ignorance de leurs mœurs et de leur histoire, et, formant la limite du monde moral par celle de nos idées, nous méritait en effet l'appellation flétrissante sous laquelle nous les rangions généralement.

A une répulsion long-temps systématique succède une tendance nouvelle, qui devient encore une occasion d'erreur et de confusion. La force des choses, qui fait entrer dans le courant général ces affluents qui se perdaient autrefois loin de lui, étant déterminée par une introduction récente de la civilisation chez ces peuples, ou une aptitude qui les attire vers elle, il s'ensuit qu'en leur donnant une place et une participation à son système, on se trouve porté à les juger par les points où ils se rattachent à lui, sans se préoccuper de leurs dissemblances. De cette manière elle porte long-temps confondus dans son sein des éléments souvent antipathiques avec lesquels elle se crée des relations factices qui lui font illusion à elle-même. Ce n'est qu'après une succession d'expériences qui lui en révèlent les lois organiques qu'elle aperçoit leurs rapports naturels avec un ordre d'idées développées en dehors des règles qui lui sont applicables. De là résulte également dans l'histoire une évolution perpétuelle qui en déplace les causes, et qui, la rendant plus propre à comprendre leur génération, la ramène à l'intelligence du plan de la nature, où chaque peuple a son rôle marqué, chaque élément son action prévue et nécessaire.

En considérant la civilisation comme la réflexion du système naturel dont elle émane, nous la faisons reposer sur un ordre d'idées qui n'a rien de fictif; car nous en avons démontré la réalité en cherchant à chacune de ses définitions abstraites le fait naturel correspondant qui la justifie ou la condamne, selon qu'elle l'exprime d'une manière plus ou moins exacte. Cependant par quelle bizarre confusion ce qui est la réalité même est-il mis en doute, tandis que ce qui en est la forme extérieure nous frappe seul, et substitue l'image au modèle ? C'est que dans cette œuvre de sa volonté et de sa raison, où l'homme est l'ouvrier, sa personnalité mise en jeu est plus apparente pour lui que la loi primordiale et le type divin qu'il reproduit dans sa création. Pour qu'il pût l'y conformer d'une manière absolue, il fallait qu'il pût embrasser l'ensemble du système dont il n'était qu'une des parties et sans cesse un nouvel aperçu, une perspective imprévue et inexplorée, venait déranger le sentiment qu'il en avait reçu incomplétement.

A l'époque où le fait naturel règne presque seul, sa perception est aussi facile pour l'intelligence que les éléments du fait lui-même sont simples et peu complexes ; alors l'esprit de race agit dans toute sa force et dans toute son étendue ; il est clair et intelligible pour ses variétés les plus éloignées, et il donne naissance à ces mouvements instinctifs qui portent les peuples les uns vers les autres, qui les rendent ennemis ou alliés, qui déterminent dans des directions différentes ces migrations dont les unes sont des évolutions des races sur elles, et les autres une expansion violente sur les races extérieures. Mais quand le fait civilisateur est né ;

qu'il a introduit peu à peu la domination, d'abord partielle et contestée, puis subie universellement, d'un ordre artificiel emprunté toujours à une imitation étrangère, les relations primitives s'effacent, ou du moins n'ont plus les mêmes causes ; elles prennent une expression différente, et cet instinct de déplacement que la nature avait mis dans les races pour opérer leur rapprochement et leur connaissance mutuelle, se transforme en conquête suivie et systématique des gouvernements. Le goût d'aventure qui entraînait les masses, réduit à l'intérêt personnel des individus, se convertit en activité commerciale. Ainsi, partout le fait naturel est transformé en institution sociale, et disparaît dans cette expression nouvelle, jusqu'à ce que celle-ci, venant à s'altérer, laisse reprendre l'ascendant à la force qu'elle dissimulait.

De là jusqu'ici, une négation perpétuelle de leur existence réciproque qui ne pouvait se constater, parce qu'elle s'annulait mutuellement. Mais de ce conflit des deux influences rivales, exclusives et absolues pour les contemporains qui les subissent sans les juger, il se formait peu à peu une troisième puissance née du sentiment de la continuité et du souvenir, et qui, rassemblant les épreuves successives déjà faites, les jugeant à distance par leur résultat, en découvrait les rapports, et arrivait à cette expression conciliatrice et souveraine qui, dans l'ordre des idées, prend le nom d'opinion publique. Impalpable et pourtant réelle sous cette forme, elle se personnifie dans les choses par une institution correspondante. Ainsi, entre le patriciat et la plèbe antique s'interpose la dignité impériale ; ainsi, au moyen âge, la suzeraineté plane entre la seigneurie et la vassalité ; ainsi la royauté, un peu plus tard, tient la balance entre la noblesse et la bourgeoisie ; ainsi, de nos jours, dans nos sociétés démocratiques, entre le gouvernement et le peuple, se pose la puissance qui représente le plus directement l'opinion publique, nous voulons dire la presse.

On verra comment ces transformations diverses de la même idée se sont produites, et comment elles ont procédé, tantôt d'une influence et tantôt de l'autre. Mais, quoique provoquée souvent par l'inspiration naturelle, presque toujours son expression émanait directement de l'influence contraire grâce aux moyens matériels qu'elle seule avait inventés de rendre fixe et durable ce qui ne vivait autrefois que par le sentiment et la tradition. Par là elle s'est identifiée avec la civilisation dont elle a partagé la destinée, comme elle en a eu les préjugés, l'ignorance, les passions et la nature mobile et changeante. Néanmoins son action, de plus en plus caractérisée et distincte, est susceptible d'arriver à s'individualiser complétement en regard des deux termes qu'elle doit juger et concilier, par une notion nettement établie de leur existence séparée de la sienne.

Mais pour que cette confusion cesse et pour que les faits ne soient pas absorbés l'un par l'autre, il importe de les montrer par l'histoire agissant avec toutes les propriétés de leur nature, quoique toujours mêlés ensemble. Cette démonstration doit être entière pour produire la conviction, et suivie jusqu'au bout pour être comprise : car ici l'apparence offusque presque toujours la réalité. Ainsi, pour rendre sensible l'existence de l'ordre naturel perpétué sous l'ordre civilisé, il faut faire violence en quelque sorte aux sentiments nés de l'habitude, et qui ont remplacé toutes les autres perceptions. Il faut démontrer que la société jugée par nous du point de vue des villes, cesse au-delà de leur rayon, où la vie générale recommence et retrouve l'instinct naturel dans la campagne ; que les États développant le principe de la nationalité exclusive trouvent dans l'inégalité de leurs voisins des attractions extérieures qui les arrachent malgré eux à l'égoïsme de leur institution, par l'intérêt supérieur de l'humanité ; enfin que le sentiment d'unité, qui des idées aspire à passer dans les faits, n'attend pour cette transformation que la connaissance précise des éléments qui doivent la composer, et des degrés qui doivent lui subordonner les rapports existants.

La première condition de cette connaissance, c'est de discerner ce qui peut être en vertu des lois éternelles de ce qui est par la force des conjonctures présentes; d'avoir une notion aussi complète de la race dans l'idée abstraite de l'unité que nous avons celle de peuple dans l'idée de nationalité, et la conscience acquise de ces deux termes nécessaires nous donnera du même coup celle de la politique qui doit les concilier. La même cause qui a fait prévaloir dans les choses la forme de la nationalité, empêche de démêler le fait primitif qu'elle a effacé, surtout dans l'Occident, où nous le verrons méconnu dès l'origine de son histoire. Néanmoins il reste assez de signes pour le reconnaître et le saisir dans l'opposition constante qui est au fond de toutes les idées reçues. Si, d'une part, la campagne développe son influence contre celle de la ville, toutes deux réagissent à leur tour contre l'état qui pèse sur elles, et dont l'unité absolue est battue incessamment par les mille variétés locales vivantes sous son oppression. A côté de la société existante, on distinguera toujours une autre société possible et un gouvernement naturel à côté du gouvernement civilisé. Que les moyens du premier soient plus en rapport avec l'enfance de la société, ils sont par cela même toujours à la portée des masses, et ils diminuent pour elles l'importance du système civilisateur, lorsqu'il devient oppressif et qu'il ne se maintient plus que par l'idée d'une nécessité absolue. Partout le gouvernement naturel a des éléments prêts à le constituer; ses moyens sont, pour l'impôt, la prestation en nature; pour la force publique, la levée en masse; pour la propriété, le partage et la communauté de biens; pour le commerce, l'industrie territoriale; enfin pour signe monétaire, le système d'échange. Cette organisation, à toutes les époques, a réagi contre les conceptions générales du gouvernement civilisé, fondé au contraire sur la fiscalité et les impôts en argent, sur l'industrie étrangère et le commerce international, enfin sur la propriété fixe et l'armée permanente.

Une observation semblable s'applique aux langues dans lesquelles on peut facilement distinguer la suprématie factice d'un dialecte sur un idiome, et par la persistance des variétés, remonter avec elles à un système général où viennent s rejoindre des langues particulières réputées étrangères entre elles En les trouvant au contraire dérivées de la même source, on est surpris de voir qu'elles confondent dans une même origine les peuples qu'elles semblaient séparer. A cette identité du langage correspond toujours celle des mœurs, et en jugeant de ces ressemblances à travers tant de modifications chez les peuples qui nous touchent de près, et chez qui la distinction des nationalités nous empêchait de les reconnaître, on comprendra mieux toute la puissance qu'elles ont gardée chez les peuples plus éloignés de nous, où la civilisation n'a pas créé ces distinctions ou les a rendues moins profondes.

Cette loi des contrastes, qui, avec celle de l'analogie, éclaire l'intelligence quand la preuve matérielle fait défaut, remettra en lumière les deux ordres élémentaires qui devront former les bases de la société future et les principes de la science qui doit la fonder. Elle est d'autant plus inévitable dans notre sujet, que la plupart du temps il n'existera que par elle. Tous les historiens admettent bien le point de départ des sociétés à peu près tel que nous l'établirons; mais bientôt il leur échappe, et la vie de convention opérant sur leur esprit comme sur la société elle-même, éclipse pour eux la vie naturelle et les empêche d'apercevoir la permanence de la société primitive, non seulement dans ses traits généraux, mais dans ses influences locales les plus circonscrites. Ainsi, quand, malgré nos révolutions, les types de nos provinces sont indélébiles ; que les caractères nationaux persistent en dépit de tout ce qui tend à les effacer, on n'ose admettre cette pérennité des races en dehors de la vie civilisée ; et de ce que la société se tient immobile sous cette loi artificielle, on en conclut que celle-ci s'est substituée aux influences premières. Mais ce qui ne serait vrai à la rigueur que pour certaines parties de l'Occident cesse de l'être à mesure qu'on s'éloigne de lui, et devient plus loin complétement faux. Une fois le principe admis pour ces États, on ne tarde pas de s'apercevoir qu'il s'applique aussi bien à ceux à qui il semblait étranger, et qu'il réagit sur le système entier de la civilisation.

## IV.

#### Action de ces principes dans les idées.

Quelque nouveauté que nous supposions à notre théorie, elle ne peut être la vérité qu'à la condition de se présenter comme la conséquence rationnelle des systèmes qui l'ont devancée. Rien, dans la sphère des idées comme dans celle des faits, ne peut naître isolé ou sans être le produit d'une cause antérieure, et l'acte le plus personnel qu'on puisse citer dans l'histoire, la découverte du Nouveau-Monde, appartient autant au mouvement des esprits au xv⁰ siècle qu'au génie de Colomb lui-même. Plus nous paraîtrons éloigné du sentiment général, et moins nous le serons en effet ; car il y a dans l'esprit des écrivains la même confusion nécessaire et forcée que dans l'ordre social qu'ils apprécient, et nous ne devrons en quelque sorte la faculté de la démêler qu'à cette préoccupation qui enchaîne l'homme à son temps et le rend seul capable de l'interpréter. Nous rejetterons d'autant moins cette solidarité, qu'elle prouve davantage la justesse de l'idée qui nous a fait réunir la politique et l'histoire sous le même titre.

Le mouvement des études historiques a suivi pas à pas la grande révolution qu'il avait préparée, en subissant avec elle le flux et reflux de ses écarts et de ses expériences. Loin d'avoir été purement littéraire, il a été dès l'origine politique et social, et c'est ce qui a fait sa puissance toujours croissante et irrésistible. Provoqué en quelque sorte par la liberté d'examen et les hardiesses de l'esprit philosophique dans la première moitié du xviii⁰ siècle, il sembla vouloir sauver du naufrage les titres de l'ancienne société menacée dans son existence par cette invasion d'une nouvelle espèce. Car le principe d'exclusion qui a fait la civilisation avait constitué dans les esprits une élégante barbarie et une ignorance savante, fondées à la fois sur la méconnaissance de l'ordre naturel et un dédain de parti pris pour tout ce qui en dérive. Cet état s'était propagé dans l'Europe moderne avec l'institution des monarchies. Hostiles par système à l'ordre qu'elles remplaçaient, elles l'ont attaqué par l'éducation et par la création de préjugés infiltrés dans les mœurs avec la corruption raffinée des cours. Dans ces foyers actifs où la raillerie des traditions minait le respect des vieilles mœurs, où l'ironie mettait en doute l'autorité des usages et les préjugés des classes, l'exemple venu de haut avait préludé à cette négation générale de l'ancienne société en la déracinant dans les cœurs. La France a, plus que tout autre, excellé dans cette œuvre, pour laquelle ses qualités dominantes l'avaient préparée, et elle a secondé par son esprit les efforts des écrivains qui systématisèrent ce dénigrement en le revêtant des apparences de la souveraineté de la raison. Étrange abus de la philosophie qui se fondait sur un paralogisme continuel, et dans son ardeur de défendre l'humanité ne s'apercevait pas que c'était commencer par la calomnier que de lui reprocher les instincts en vertu desquels elle subsiste!

A côté de cette école superficielle qui niait la société dont elle écrivait l'histoire et la traduisait au tribunal arbitraire de sa fantaisie, un vaste mouvement, presque occulte et silencieux, se faisait avec l'appui de ces gouvernements empressés maintenant de se défendre contre l'ennemi qu'ils avaient appelé à discuter leur pouvoir. Royauté, noblesse, église, parlements, toutes ces institutions attaquées au cœur et qui se sentaient sur le point de mourir, se hâtent de ressusciter les titres de leur existence, et d'en faire l'inventaire pour le transmettre aux générations, et sauver du naufrage quelques vestiges du passé. L'histoire civile, religieuse, judiciaire, administrative se recomposait pièce à pièce par les efforts de ces laborieux pionniers, clercs ou laïques, en attendant l'esprit nouveau qui devait se dégager de ces matériaux bruts; mais déjà leur réunion dans un même recueil était à elle seule une protestation muette à laquelle les événements allaient donner bientôt une éloquence inattendue.

L'élan des études historiques n'était pas seulement particulier à la France, mais partout il procédait directement de son esprit et de son impulsion. Au-dehors il se faisait sentir dans ces ateliers de contre-façon perpétuelle, dans cette seconde France, attachée aux flancs de la première, où ses idées venaient se fondre avec des éléments étrangers, et contractaient par ce mélange une originalité nouvelle. Pendant que les gouvernements imitaient le nôtre par la composition de ces vastes recueils des monuments de leur histoire, des productions individuelles sortaient de cette France réfugiée, que les révolutions de notre pays ont dispersée chez les peuples étrangers pour devenir le lien de leur communication avec lui; elles étaient inspirées par le sentiment de la nature germanique et la connaissance directe des faits qui avaient présidé aux sources de notre histoire. De même que la liberté de la pensée en était revenue avec le livre de Descartes, et le doute philosophique avec les écrits de Bayle, le sentiment historique des premiers âges nous revenait avec des œuvres confuses, mais remplies de notions nouvelles, dont les unes retrouvaient dans l'antiquité le monde évanoui des Celtes, les autres recomposaient les peuples barbares et enfin éclairaient les extrémités du Nord : œuvres très imparfaites sans doute, mais qu'on n'a pas remplacées encore, et qui ont commencé pour l'Allemagne un mouvement historique, local, trop perdu dans les abstractions où se complaît le génie allemand, et provoqué en France et en Angleterre les essais trop peu suivis des sociétés celtiques de Londres et de Paris.

Le sens politique de ce mouvement se manifesta dès l'origine par l'ardente polémique qui

s'engagea sur le terrain même de ces recherches.
L'esprit philosophique vint s'installer dans la
forteresse que l'érudition élevait contre lui, et
en s'attaquant aux problèmes les plus ardus
des origines nationales, continuer l'œuvre générale du siècle en retrempant les prétentions
des classes dans toutes les haines de races et de
conquêtes. Obscurs et peu compris de leur
temps, qui n'acceptait de leurs idées que ce qui
répondait à ses passions, leurs principes devaient prendre une forme plus intelligible dans
les discussions de l'Assemblée constituante où
retentirent les derniers cris expirants de ces
grandes institutions qui tombaient pièce à pièce
devant les réformes de l'esprit novateur. Quelque
faible que fût le sentiment historique dominant
dans leurs défenseurs, imbus des paradoxes de
Boulainvilliers, de du Bos et de Mably, il fut
néanmoins assez fort pour conserver la principe
de l'ancienne société en arrêtant les réformes
dans la limite de l'opposition janséniste, pour
celle du clergé et dans les bornes des opinions
du tiers-état, pour celle de la noblesse et de la
royauté. Cette transaction eût été la plus conforme au progrès raisonnable, si elle avait pu se
faire accepter par les intérêts ; mais avant d'être
ramenée de nos jours avec la puissance de la
démonstration et de l'expérience, à travers une

succession d'épreuves contraires, elle devait passer par les hybrides et fabuleuses conceptions de la Montagne, rêvant la république primitive et imaginaire du contrat social, ou réalisant les transformations d'une Rome tour à tour républicaine, dictatoriale, consulaire et impériale, par une imitation qui violait doublement l'histoire à laquelle elle était empruntée et les mœurs auxquelles on en faisait l'application.

On voit que l'action inconséquente des deux écoles politiques, soit qu'elle procédât de la tradition, ou qu'elle ne relevât que de la raison pure, malgré leur hostilité apparente, était au fond la même. Comme nous l'avons dit, toute révolution ramenant la société au fait primitif et naturel, l'instinct logique de la pensée la reporte aux problèmes de son origine, et au besoin d'y chercher les solutions applicables au présent. Quelles que fussent les erreurs de ces hommes animés de la passion du paradoxe ou de celle des préjugés de robe et de caste, l'insubordination historique des uns, comme la servilité érudite des autres, se sont corrigées mutuellement de ce qu'elles avaient d'exclusif, et ont préparé cette disposition de notre époque qui a retrouvé le sens et l'intelligence de la société réelle sans renoncer à cette indépendance féconde de la pensée, qui est le propre de l'esprit de civilisation. Pour que leur alliance soit indissoluble et arrive à une conclusion définitive, il ne reste qu'un pas à faire, et c'est ce que nous essayons en cherchant à inaugurer dans l'histoire un principe nouveau pour l'appliquer ensuite à la politique et en faire la règle souveraine de la nouvelle société.

Cependant il reste assez de doute dans les esprits pour s'étonner de la tendance presque exclusive de nos historiens à s'occuper des premiers âges, à leur prêter les idées et les préoccupations modernes, et à exagérer leur importance et leur action dans les institutions actuelles, qui n'ont pas besoin de cette base incertaine pour vivre et se perfectionner. Cette objection a été faite de tout temps sans être plus vraie pour cela, et déjà Cicéron, jugeant de l'importance des choses par celles où il avait pris part, voulait qu'on composât l'histoire en commençant par son consulat pour remonter aux événements antérieurs : mais il ne pouvait savoir que les premiers temps, même fabuleux, de l'histoire romaine agissent encore, comme tous les faits primitifs, sur la direction de l'humanité, tandis que les actes de son consulat n'ont plus qu'une valeur relative, perdue dans l'immensité de ceux qui l'ont suivi.

Les historiens du dernier siècle, érudits ou

philosophes, étaient dans le vrai en s'occupant de préférence des origines et de la base de la société, et en édifiant des colonnes de volumes avec les documents des premiers âges, bien plus importants que toute la série subséquente des époques plus modernes; comme ceux de nos contemporains qu'on a proclamés les maîtres de notre histoire ont eu raison de reprendre les questions au point où leurs prédécesseurs les avaient laissées et dont la solution touche à tous les problèmes essentiels de notre organisation sociale. Entre ce point de départ si capital et nous, il n'y a place que pour une seule histoire vivante, celle où l'école philosophique et pratique s'est retranchée par la filiation qui l'unit intimement au fait qu'elle a créé et qu'elle décrit, nous voulons dire la révolution française. Tout le développement intermédiaire peut bien donner matière à des essais plus ou moins heureux, mais comme il embrasse un ordre politique dont les idées nous deviennent de plus en plus étrangères, ces œuvres seront par cela même destituées de l'intérêt saisissant réservé aux idées qui agissent directement sur la société.

Cette appréciation nous ramène toujours aux termes de la proposition que nous avons énoncée dès l'abord, sur la cause qui remet sans cesse en présence la société naturelle et la société civilisée, et dont les historiens, à leur insu ou volontairement, deviennent les représentants. Les écrivains qui s'appuient sur la tradition, quels que soient d'ailleurs leurs principes, seront toujours les interprètes de l'ordre naturel, par cela seul qu'ils tiendront compte de ses éléments et qu'ils en composeront la société. Ceux qui ne voient dans les choses qu'une certaine forme des idées se développant à travers toutes les civilisations par une loi supérieure, indépendante des causes accidentelles, répondront plus directement à l'ordre social tel qu'il est institué actuellement. Notre choix est entre ces deux modes historiques dont nous ne repoussons ni n'admettons complétement le point de vue spécial, les écrivains qui les emploient ne s'attaquant jamais au véritable nœud des questions, ou s'arrêtant à des superficies sans pénétrer sous leur surface. Toujours plus attentifs à tirer des faits des conclusions empruntées à des notions secondaires, qu'à démêler dans leur ensemble l'impulsion qui les dirige, ils laissent à notre système le soin de former le lien intellectuel destiné à les compléter, et, en partant de leur expression réduite à sa proportion véritable, celui d'en fixer la place dans l'enchaînement des causes universelles.

Pour comprendre l'importance que nous attribuons aux faits naturels et que nous relirons aux faits individuels dont l'histoire, dans tous les systèmes, se préocupe exclusivement, il faut voir ce qui forme la matière de ses observations, la fixité, l'immortalité des uns, la multitude, l'instabilité des autres. C'est le procédé que la nature applique aux générations des êtres animés, chez qui tout ce qui est espèce est immortel et circonscrit, tout ce qui est individuel est multiple et périssable, et où l'on voit ses lois subsister et triompher éternellement sur les débris entassés des êtres passifs ou intelligents, appelés par elle à la reproduire. En effet, que reste-t-il dans le sentiment des masses d'une longue série d'événements historiques? Nos historiens qui réduisent toutes les causes à l'impulsion des classes et des pouvoirs, à l'action trompeuse et souvent fictive des lois écrites, nous montrent une suite non interrompue de rois, des systèmes prévalant tour à tour, des intérêts et des institutions opprimant ou opprimés. Qu'on en cherche la trace aujourd'hui : au bout de quelque temps toutes les nuances disparaissent; ce qui était lutte et contraste s'efface, et l'impression une fois éteinte, le sentiment même n'en existe plus. Où sont aujourd'hui les révolutions, même celles qui nous touchent le plus près? Bientôt déjà celle de 1830, l'Empire, la révolution de 89, à plus forte raison l'ancienne monarchie, les combats de la royauté et de la noblesse, les guerres religieuses, et, si on remonte encore, la féodalité et les communes; tout cela, dans son acception particulière, n'est plus que de vaines ombres, ou ne retrouve un peu de vie que dans ses rapports avec le fait naturel éternellement permanent; il y a plus, il semble s'approprier toutes ces dépouilles, se rajeunir de tout ce qui meurt, se grandir de tout ce qui tombe.

Cette mort incessante des formes et des idées individuelles est provoquée par un progrès extérieur qui vient mêler des intérêts étrangers à un ensemble de choses dont ils dérangent l'harmonie; ce sont d'ordinaire des peuples, réputés barbares ou annulés jusque là, et qui entrent dans le mouvement combiné pour un état politique où ils n'étaient pas compris. Les intérêts naissants font instinctivement alliance avec ceux qui n'ont point leur satisfaction dans l'ordre social arrêté et les idées naturelles s'y trouvant incomplétement représentées, sont alors en contact et en communauté de principe avec la pression exercée par cette nouvelle force destructive. Poussez plus loin la conséquence, arrivez à une crise sociale, et vous voyez se développer une révolution, c'est-à-dire la société retournée momentanément à l'état sauvage. Alors un sentiment plus général de la vie naturelle, et un détachement plus complet des habitudes sociales reçues, se répandent dans toutes les classes et révèlent l'alliance intime qui existe entre le fait révolutionaire des temps modernes et l'état naturel des temps primitifs.

D'ailleurs on se trompe généralement sur la portée de l'impulsion qui émane, soit d'un individu, soit d'un pouvoir quelconque; outre l'action qui part de l'homme, il y a la manière dont elle est acceptée par les masses et l'immense mouvement qu'elles y ajoutent. C'est ainsi que l'homme est mené par ceux qu'il croit conduire; il n'est déjà plus et son système se trouvant adopté, ou plutôt interprété par la multitude qui l'explique à sa manière, les conséquences vont toujours quand le promoteur ou l'inventeur a disparu depuis long-temps de la scène du monde. Or, cet instinct des masses, dont il est facile de démêler la présence dans ce qu'on appelle système de gouvernement, s'il suit toujours la même pente, s'il obéit à la même loi, on revient à la nécessité d'admettre cette loi comme le principe qui les constitue, et d'y voir la part que la nature s'est réservée dans les actes les plus personnels de l'humanité.

De la réunion de toutes ces causes on doit

aussi conclure qu'il n'y a plus de place pour une histoire de France, pour ce monument fabuleux, vainement cherché sous toutes les constitutions, et qui est devenu plus que jamais impossible dans notre temps. L'histoire narrative a été faite dès le premier jour et les rectifications qu'on y a introduites portent sur des nuances qui n'affectent pas le fond des choses. Quelque valeur qu'on attache aux problèmes qui restent à résoudre, ils sont tous secondaires, et ne changent rien à la direction des faits pris en masse et dans leur ensemble. Quant aux notions particulières, elles ne peuvent donner lieu qu'à des mémoires ou à des dissertations telles qu'un point isolé, la découverte d'une inscription ou d'une médaille en ont produites dans les recueils des académies, et si une érudition curieuse peut y faire briller la sagacité pénétrante de la critique, toute cette science à froid, dissertant sur des débris, ne fera jamais sentir le souffle vivant et l'émotion d'un grand peuple dans une œuvre qui est pour notre civilisation ce que l'épopée antique était pour les temps primitifs. L'interprétation politique, en la rendant présente, a seule le pouvoir de lui imprimer le mouvement et la réalité, mais c'est précisément le caractère qu'on a prétendu lui enlever, quoique la supériorité de cette science dans l'antiquité tînt, au contraire, à ce que l'histoire était écrite par ceux qui avaient concouru à la faire. Elle venait aussi de l'état du monde à cette époque où l'homme qui composait l'histoire de sa patrie se trouvait écrire celle de l'humanité tout entière.

La révolution française, dernière explosion d'une nationalité ardente pendant qu'elle a eu à combattre contre ses entraves, aujourd'hui qu'elle est incontestée, a tué d'avance l'intérêt de tout ce qui retrace les progrès et les alternatives de cette lutte. Mais en terminant la série des transformations du passé, elle a commencé un nouveau développement dans lequel sa personnalité n'agit plus sur elle-même, mais sur l'humanité dont ses annales vont devenir l'histoire. A cette action toute sociale et politique de nos jours, comme elle a été philosophique dans le dernier siècle, formée par le concours et les efforts de tant d'opinions divergentes, que la force des choses rappelle toujours aux mêmes conclusions, il manque une doctrine précise qui les rallie, fondée sur une appréciation qui nous semble la seule histoire de France commandée par les intérêts actuels. En effet elle doit la placer avec les faits extérieurs dans cette concordance continue et persistante, et, pour nous servir d'un terme de la science, dans cette juxtaposition organique, œuvre de la nature souvent contrariée par les idées des hommes, mais qui finit toujours par les entraîner malgré eux et par survivre à tous leurs systèmes.

On verra combien cette relation est importante à établir en présence du réveil qui se manifeste dans toute l'Europe, demi-jour confus dont l'éblouissement est encore trop vif après l'engourdissement où les facultés des peuples ont été tenues si long-temps Mais partout ces affinités premières éclatent sous des inspirations diverses en protestations individuelles ou collectives qui tendent à unir la puissance des réalités de la politique aux souvenirs impérissables de l'histoire. Dans cette mêlée des impressions nouvelles avec les anciennes, il se fait un amalgame vicieux des passions d'autrefois avec les intérêts modernes, une combinaison dangereuse d'aversions rétrogrades avec des aspirations qu'elles contredisent. Avant que la séparation ne s'opère entre les ferments qui s'agitent, bien des sentiments affectueux au fond prennent une apparence hostile, qu'une appréciation plus calme rendrait à une meilleure direction. Ce point si délicat à saisir, reste obscurci pour tous par les provocations qui s'élèvent du dehors, mais plus souvent encore de la France à qui manque l'impartialité et la conscience du droit, entre les passions qui l'attirent et celles qui la repoussent. Destinée surtout à les concilier, il faut qu'elle arrive à cette condescendance éclairée de la force, toujours disposée à offrir une satisfaction complète aux peuples dont les susceptibilités l'empêchent de se constituer régulièrement. Mais elle ne peut lui venir que de la connaissance des relations naturelles dévoilées de jour en jour par les événements contemporains et par cette histoire en quelque sorte militante, qui se construit sous le choc des idées et sous le feu des opinions. C'est à cette source que nous puiserons les principes d'une véritable science sociale, à la fois pratique et théorique, propre à donner à la France, avec le sentiment de son existence extérieure, le moyen de transformer l'action qui la pénètre. Elle seule lui fera réaliser ce que nous exprimerons dans les termes qui servent d'épigraphe à ce livre, pour en résumer clairement le but et l'esprit : *franciser* l'Europe, *européaniser* la France.

# LIVRE PREMIER.

## HISTOIRE.

# PREMIÈRE PARTIE.

### TABLEAU DE L'UNITÉ OCCIDENTALE.

## CHAPITRE PREMIER.

#### Le Monde celtique.

Le monde occidental, dont nous avons à tracer l'unité, embrasse l'Allemagne, bornée à l'Oder et aux montagnes de la Bohême et de l'Helvétie, jusqu'au Sund, avec les États qui la découpent sur toute cette ligne ; le groupe des îles de la Grande-Bretagne ; la France, dans les limites de l'ancienne Gaule ; et les deux péninsules hispanique et italique dans leur circonscription naturelle. Tout l'ensemble des relations originaires rattache physiquement et traditionnellement ces contrées et les peuples qui les habitent, et le mouvement historique accompli dans cet espace obéit à la double loi que nous avons signalée, d'évolutions successives des nations sur elles-mêmes, et d'expansion ou irradiation au-dehors, mais dans une communauté d'action toujours sensible même à travers les intérêts qui les divisent.

Ces deux ordres de preuves sont inséparables comme les éléments du sujet qu'elles servent à établir. C'est par l'esprit uniforme de toutes les manifestations qui constituent la vie publique des peuples, malgré les différences apparentes qu'ils reçoivent, soit de la diversité des lieux qu'ils occupent, soit par l'effet des modifications accidentelles, qu'on peut mettre en lumière l'unité primitive de l'Occident plus encore que par l'état habituel de la race, dont l'existence n'a lieu nulle part avec une évidence complète et absolue. Ainsi, entre les diverses parties dont nous formons l'unité occidentale, l'analogie n'est pas plus semblable, mais aussi la différence n'est pas plus tranchée que celles qu'on découvre à l'intérieur de chacune des nations qui la composent. Cette indécision que la nature jette sur toutes ses productions, subsiste aussi bien pour la généralité de la race européenne que pour ses spécialités, et on la retrouve également dans ses variétés les plus circonscrites dont le caractère semblait devoir être plus saisissable.

Mais la raison de cette cause se révèle bientôt à l'examen, et on s'explique pourquoi sa prévoyance a voilé toutes les idées qu'elle offre à l'esprit de l'homme sous des obscurités transparentes qui lui laissent, dans la découverte de la vérité, le mérite de l'effort et la liberté du choix. Dans la constitution de la race, on sent que c'est à dessein qu'elle a dû en affaiblir l'action qui sans cela aurait été irrésistible et aurait condamné l'homme à la négation de lui-même devant la toute-puissance de la nature. Aussi, quand l'histoire commence, elle se trouve partout en présence du même résultat : elle ne voit que des fractions éparses, pierres dispersées du monument qu'elle reconstruit plus tard lorsqu'elle a reconnu leurs rapports et deviné l'ensemble par les détails. L'état primitif de la race n'a jamais subsisté complétement à cette condition qui suppose un instinct tout passif, analogue à l'existence végétative : du moment où l'homme a le sentiment de sa personnalité, c'est pour s'en séparer et agir hostilement contre l'ordre dont il se dégage, et cette individualité se forme partout d'elle-même sous la loi et l'inspiration des diversités locales qui se réflechissent dans sa création. Elles se détachent alors sur le fond général avec un sens particulier et une couleur spéciale; mais en gardant toujours avec lui une concordance facile à établir.

On peut donc croire ces différences spontanées sans recourir au fait successif des émigrations par lequel on les explique ordinairement. Ce n'est pas ici le lieu d'aborder le grand préjugé historique contre lequel nous nous élèverons, qui veut absolument faire venir toutes les races humaines de l'Asie centrale, mais plus particulièrement les peuples de l'Europe. Il suffit d'établir à présent, que toutes les émigrations constatées par l'histoire laissent deviner au-delà une race indigène qu'elles modifient, mais qu'elles ne remplacent jamais. Il y a d'ailleurs à ce sujet une illusion qu'on rencontre à chaque pas; c'est la supposition, faite gratuitement par tous les historiens, d'un déplacement général des peuples, voyageant par masses, contre toutes les probabilités physiques et morales. Si l'on peut citer l'exemple de quelques invasions qui prêtent à cette idée par leur apparence, elles ne sont que des exceptions susceptibles encore de s'atténuer par l'examen de leurs éléments. Mais il faut se hâter de poser comme règle générale que dans le monde antique, et dans ce premier épanouissement de la vie individuelle et spontanée, la civilisation et la barbarie procèdent toutes deux isolément et par fractions; que toutes les migrations, jusqu'au moyen âge, ne sont jamais que des bandes recrutées des diverses tribus unies par des confédérations partielles qui prennent par là l'apparence de nation, mais que dans aucun cas elles n'entraînent avec elles les tribus entières dont elles sortent; que, dans ces expéditions, c'est d'ordinaire la tribu qui en a conçu l'idée qui donne son nom au rassemblement rallié par elle, comme on peut le voir pour ces multitudes envahissantes de Cimbres, de Goths, de Huns qui se sont succédé à diverses époques. Elles présentent, quand on remonte à leur source, ici le *pagus* ou cité barbare des premiers; ailleurs un peuple renfermé dans trois vaisseaux, dont deux seuls suffisent en abordant à former la grande migration gothique, et plus loin on voit la vaste impulsion des Huns décidée par les courses de quelques cavaliers.

Ce fractionnement en une multitude de petites peuplades qui apparaissent sur l'horizon de l'histoire et s'éclipsent presque aussitôt, a égaré les historiens et les géographes de l'antiquité, et il a engagé de nos jours les critiques dans des discussions souvent puériles pour établir la concordance des dénominations, laissées par eux avec les données que fournit la connaissance des langues modernes. Ils ont ajouté par là une nouvelle confusion à une matière déjà confuse, mais qui n'empêchait pas de reconnaître derrière ces petites bandes les masses toujours sensibles et les nations présentes dans les mêmes démarcations de territoires, et avec le même caractère qui les distinguent encore aujourd'hui. Mais si on peut arriver jusqu'à elles à travers ces obscurités, peut-on aussi bien remonter au-delà pour atteindre par leurs ressemblances à la démonstration de l'unité occidentale et le temps qui les affaiblit a-t-il laissé cependant assez d'analogies entre elles pour pouvoir démêler dans leurs rapports originaires le point qui les rattache à l'existence d'une grande race maîtresse du continent occidental, occupant autrefois le même sol occupé aujourd'hui par les nations qui en sont sorties.

Cette unité naturelle et primordiale peut se reconstituer par la similitude des systèmes religieux, comme par celle de l'état social, qui, sous des noms différents, présentent chez elles une communauté constante. Elle peut se déduire surtout des trois langues encore subsistantes ; ces curieux et singuliers débris restés sur notre sol de l'état qui a précédé les modifications des langues modernes de l'Occident, empreintes, comme on le sait, du caractère des deux influences dernières établies au midi par la domination latine, et au nord par l'invasion germanique. Mais la diversité même de ces langues, au-delà desquelles on n'aperçoit plus rien, démontre qu'elles participent dans leur formation du caractère spontané de toutes les manifestations extérieures des races, qui ne peuvent agir en dehors de l'unité qu'en se spécialisant. Ainsi la différence du basque, du gallique et du kimrique, accuse des dissemblances et des variétés essentielles dans les principes qui les constituent ; mais non une succession et une opposition d'origine dans les races qui les ont parlés, de même que l'introduction postérieure des influences germaniques et latines, qu'il est facile d'apprécier par l'histoire, n'a pas prouvé une substitution opérée chez les peuples comme dans les langues qu'elles ont transformés partout sans les remplacer nulle part.

Acceptées sous ce point de vue, et dans la démarcation qu'elles tracent à ces influences locales, qui ne peuvent avoir une expression uniforme par les contrastes que la nature a ménagés dans les parties diverses et pourtant semblables d'un même territoire, elles aident puissamment à démêler l'esprit et les instincts des races qu'elles personnifient. Mais on ne saurait arriver par elle à une dénomination générale qui puisse s'appliquer à toutes les variétés et montrer les points de leur filiation. Les titres fastueux qu'elles adoptent sont des surnoms empruntés aux inclinations martiales des peuples ou bien des appellations prises de leur situation territoriale, par conséquent restreintes et seulement applicables dans les limites de cette situation. D'ailleurs la forme insulaire et péninsulaire du sol qu'elles couvraient, étant la plus favorable à la constitution des sociétés par la facilité de communication qu'elle établit, contribua également à les rendre plus accessibles aux révolutions, qui altèrent la physionomie originale des peuples. De là résulte que si la communauté des diverses ramifications peut encore se prouver, celle de l'antériorité de l'une sur toutes les autres reste plus contestable. Mais à défaut du premier élément naturel qui échappe, on peut chercher le premier élément historique, c'est-à-dire celui qui parmi ses variétés semble avoir été le premier doué de l'impulsion qui est le signe physique et moral de la supériorité. Le monde antique dans les temps les plus reculés paraît offrir le même contraste qu'aujourd'hui. Ainsi, une différence apparente, mais non essentielle, semble partager la sphère occidentale en deux zones distinctes. Le voisinage des civilisations étrangères, le mélange plus fréquent des peuples, ont donné au Midi une teinte prononcée qui tranche avec le Nord; mais ce contraste se retrouve en particulier dans chacun des États de l'Occident, et la France comme l'Angleterre et l'Allemagne, comme l'Espagne et l'Italie elle-même, ont encore aujourd'hui chacune leurs zones méridionales et septentrionales, qui offrent des nuances pareilles, sans que cette distinction nuise à leur ressemblance générale.

Cette première remarque est fortifiée de la comparaison des langues et de l'examen du basque, qui présentant une opposition brusque et tranchée avec les deux dialectes gallique et kimrique, semble séparer du continent occidental les Ibères qui le parlaient, et conduit à chercher leur origine ailleurs que dans l'Europe. Mais cette interprétation ne nous paraît pas nécessaire, et nous ne voyons pas de difficultés à croire que dans le principe la race espagnole et la race italienne étaient identiques et venaient se rejoindre par le lien naturel de l'Aquitaine et par le midi de la Gaule comme l'indiquent tous les rapports actuels. L'analogie de la race ibérienne avec cette ancienne race autochthome que présentent toutes les antiquités de l'Italie, si complétement disparue dans l'histoire sous la triple invasion des Gaulois, des Etrusques et des Grecs, doit avoir été antérieure même à celle qu'on établit depuis par l'émigration des Sicanes et des Ligures, et les dénominations ibériennes de l'Italie peuvent appartenir à cette communauté naturelle que nous attribuons aux deux populations. Néanmoins elles se trouvent faibles en présence de la triple union du Nord qui agit sur elles par la double invasion pyrénéenne et transalpine, et cette faiblesse organique qui fera toujours que la barbarie sera plus forte au Nord et la civilisation au Midi, les forcera dès lors à chercher un appui dans les civilisations extérieures de l'Orient et de la Grèce.

Nous dirons ailleurs nos idées déduites des opinions de l'antiquité sur la catastrophe dont la Méditerranée fut le théâtre antérieurement à l'âge historique. Elle produisit un vide par lequel fut rompue l'union territoriale et consanguine des races italiennes, et ibériennes, et elle causa du même coup cette infériorité numérique qui donna contre elles la supériorité au Nord en offrant ainsi trois peuples contre deux. Aussi tout le caractère de la première impulsion appréciable par l'histoire lui appartient-il dès ce moment. D'après cela on n'est pas fondé à reconnaître en faveur des peuples du nord de l'Occident, une priorité sur ceux du Midi ; car on a pu voir que toutes ces variétés d'une même race sont contemporaines les unes des autres ; mais par le fait même de l'accession des peuples méridionaux aux influences extérieures qui leur venaient de l'Orient et de la Grèce, il se fit un refoulement vers lui des idées et des mœurs qu'elles transformaient, au-delà de cette ligne de démarcation qui les rendait momentanément étrangers l'un à l'autre. Le Nord, devenu le gardien des traditions qui avaient régné sur toute la surface de l'Occident, semblait, en les rapportant au Midi, avoir inventé ce qu'il n'avait fait que conserver, et de là cette prééminence continue qui semble lui attribuer l'autorité d'un État plus ancien, quoique plus imparfait.

Dans cette suprématie reconnue des peuples du Nord, il reste à décider à qui revient l'honneur d'avoir fondé l'unité originaire de l'Occident, ou du moins d'avoir le mieux conservé l'empreinte de cet état. Entre les peuples dont l'existence est constatée, par celle de leurs dialectes, deux seuls paraissent doués de l'activité expansive qui est l'indice de la supériorité sociale. L'action des autres peuples étant inappréciable, il ne reste en évidence que les Cimbres et les Gals que l'antiquité a réunis sous le nom de Celtes. Les historiens, en montrant partout présente, dans les lois, dans les mœurs, dans les cultes et dans les langues, l'action des origines celtiques distinctes encore dans la Bretagne, dans l'Espagne, dans l'Italie et jusque dans la Grèce, semblent attribuer à la race germanique sinon une existence postérieure, au moins une introduction plus moderne dans l'Occident. Confondue dès lors dans la race gallique avec laquelle ses analogies la rattachent, et formant ensemble comme la base granitique des populations occidentales, elles paraissent offrir l'expression la plus rapprochée de l'élément naturel qui préexiste à toutes les sociétés, et dont l'empreinte ineffaçable se retrouve sous les apparences variées qu'elles prennent à toutes les époques.

Deux systèmes ont cours sur les origines celtiques ; l'un consiste à les rejeter, ou du moins à les circonscrire à une province de la Gaule dont l'idiome, conservant des analogies avec celui de quelques cantons de l'Angleterre, a fait présumer entre eux des relations et des affinités, du reste toutes locales et sans action extérieure bien démontrée. L'autre système, au contraire, n'embrasse rien moins que le monde dont cette origine, contestée pour nous, devient l'expression universelle. Dans le premier, la race celtique était à peine une fraction minime des émigrations asiatiques ; dans celui-ci, l'Asie elle-même reçoit d'elle ses races et ses institutions. Non contents de voir des Celtes dans les anciens peuples de l'Europe, les partisans de cette opinion les retrouvent en dehors de l'Occident, chez les Grecs, les Caldéens, les Hébreux, et de là passent aux Indiens et aux Chinois : la théocratie de l'Égypte et de l'Inde n'est plus qu'une émanation des institutions des druides, et la langue sacrée du Gange, devenue un dialecte de l'idiome des Celtes, porte à l'autre extrémité du monde historique le témoignage d'un rapprochement originaire séparé depuis par tout le développement de l'humanité.

Entre ces deux systèmes, nous donnons la préférence au sentiment qui fait de la race celtique le type indigène de l'Occident; mais son extension illimitée nous paraît inadmissible en ce qu'il viole les lois ordinaires de la nature. Dans toutes les questions sur les races, il y a une distinction qu'on n'a pas faite, par l'idée fausse que l'on a de leur action et de la manière dont elles se produisent : c'est de marquer le point où elles sont sur leur sol naturel et celui où elles sont transplantées. Pour ce qui regarde les Celtes, c'est évidemment sous cette dernière forme qu'on les rencontre dans l'Asie-Mineure, dans la Grèce, la Thrace, au nord du Pont-Euxin et le long du Danube, ce grand chemin des migrations, soit qu'elles se dirigent vers l'Asie, ou qu'elles en viennent. Leur présence dans tous ces lieux ne préjuge pas plus que celle des Goths ou des Huns et, avant eux, des Romains, dont l'ubiquité ne saurait les faire passer pour le peuple générateur de l'Asie et de l'Afrique.

Il y a plus, considérés dans leur existence occidentale, les Celtes n'apparaissent plus que comme la race particulière de cette longue bande maritime qui longe l'Océan avec les îles qui font face à ces rivages. Ils sont là dans leur véritable foyer; partout ailleurs, ils paraissent en colonies, mêlés à des variétés, qui, sans en être éloignées complétement, ont cependant des particularités qui les distinguent. Dans le système de l'indigénat appliqué aux races occidentales, dont l'idée se fait jour à travers les données incertaines que l'antiquité grecque et latine nous ont transmises de leur état primitif, l'expression générique de Celtes a été affectée aux peuples de l'Occident par les Grecs, plus voisins du fait naturel, comme ils comprenaient sous le terme collectif de Scythes toutes les races slaves. Ce sentiment de la dualité européenne, quoique confus et indistinct chez les premiers civilisateurs de l'Occident, est assez frappant pour être préféré aux impressions postérieures des Latins en contact avec la portion celtique désignée sous le nom de Gals et de Cimbres, et il ne nous paraît pas infirmé par les opinions savamment émises de nos jours, et qui attribuent ce terme à une fraction très circonscrite du territoire du midi de la Gaule, placée dans le voisinage des premières colonies grecques. Mais comme les Phéniciens avaient pénétré jusqu'aux parties les plus reculées de l'Occident, et que les Grecs tenaient d'eux la plupart de leurs notions, il est à croire que ce terme de Celte n'avait pas la signification restreinte qu'on lui prête. Son étymologie gallique d'*homme des bois* paraît d'ailleurs conforme à l'état primitif de ces contrées, et s'accorde parfaitement avec les données physiques des premiers âges.

Après cette réserve nous admettons, tout en les subordonnant au principe que nous faisons prédominer, les déductions qui tendent à constater par leur comparaison l'existence distincte des Kimris ou Cimbres, et l'importance de ce nouvel élément historique, analysé avec beaucoup de sagacité, mais inexactement apprécié. Selon nous il marque à la fois le point de départ de l'action occidentale, en même temps qu'il peut servir à rectifier plusieurs idées du même genre sur le caractère ordinaire des migrations. Une invasion formidable se répand sur la Gaule septentrionale, et de là couvre la Bretagne ; ces peuples arrivent des montagnes de la Tauride, des bords du Dnieper et du Danube, amenant à leur suite les peuplades teutoniques, qui apparaissent pour la première fois dans l'histoire. Viennent-ils de l'Asie, poussés en avant par d'autres races qui après les avoir chassés des pays qu'ils habitaient, les ont forcés de chercher des contrées inconnues ? Ils sont si peu étrangers qu'ils reviennent avec leur idiome qui, sans être précisément le gallique, en dérive, et lui est tellement semblable qu'il établit une parenté irrécusable entre eux et les populations qu'ils déplacent ou subjuguent. Ce sont des exilés volontaires qui rentrent en masse dans la patrie dont leurs ancêtres étaient sortis par essaims. Quel sens faut-il donner au retour comme au départ de ces peuples ?

Évidemment ils démontrent la prédominance exclusive de la race gallique sur toutes les variétés occidentales dès sa première manifestation dans l'histoire, dont tous les événements postérieurs ne nous montreront plus qu'une dérogation à cette loi naturelle originaire, et une lutte constante entre ses éléments pour y revenir. Fortifié de toutes ses affinités continentales et insulaires sur la surface de la Gaule et de la Bretagne, son empire dut s'étendre sur les races germaniques par des migrations isolées sorties de son sein, et qui vinrent s'établir dans la Chersonèse cimbrique. Nous avons attribué à ces éléments nouveaux, greffés sur une race étrangère, une activité et une énergie supérieures, qui déterminent partout un développement qui prend à divers degrés le nom de civilisation. Quel que fût l'état des peuples teutoniques à cette époque, les Gaulois septentrionaux, devenus leurs maîtres, les poussent et les entraînent avec eux vers ces merveilleuses conquêtes qui les signalent par intervalles à l'Orient et aux peuples du Midi, à des distances immenses de leur point de départ. Bien des siècles après, Tacite, retrouvant leur berceau et comparant la gloire de leur nom à l'étendue de leur domination, s'étonne de n'y voir qu'une seule cité, et en même temps est frappé de la grandeur de ses débris. On aperçoit là tous les caractères d'un établissement étranger et les signes d'une civilisation exotique. Ces peuples, qui apparaissaient sur tant de points à la fois sous le nom de Cimbres, étaient donc des races teutoniques guidées par des chefs gaulois, et se répandant sur leurs pas du Danube à l'extrémité nord du Pont-Euxin et de l'Asie.

On voit ici la preuve de l'originalité des races occidentales par cette impulsion qui les porte vers l'Orient dont on les fait sortir mal à propos. Les migrations ne viennent de l'Asie que par l'effet d'une réaction secondaire et comme d'un contre-coup qui répond au mouvement parti de l'Occident. Cet empire gaulois extérieur, fondé par l'union des peuplades teutoniques avec leurs dominateurs, est ébranlé par des causes et un événement qui se reproduira dix siècles plus tard avec des effets semblables, et qui peuvent nous faire apprécier cette première catastrophe. L'apparition inattendue d'une émigration innombrable sortie de l'Asie, force les Cimbres à déserter leurs établissements de la Tauride et du Pont-Euxin, et après une diète tumultueuse de toute la nation, réunie sur le Dniéper, elle prend le parti de la retraite, et retourne en masse vers la mère-patrie, dont le souvenir lui revient avec la défaite. Nous expliquerons, dans les circonstances de l'invasion gothique au IV⁰ siècle de notre ère, les causes secrètes de cette retraite, amenée par les mêmes incidents, après avoir produit les mêmes alternatives de grandeur et de chute pour les deux peuples.

Dans ce retour vers leur patrie commune, nous voyons les peuples gallo-teutons profiter de la défaite de leurs chefs, contre lesquels ils s'étaient déjà révoltés sur le Dnieper, pour les forcer à ne pas s'arrêter dans le lieu de leur ancienne domination, mais à se répandre au-delà du Rhin et dans la Bretagne, ainsi nommée du nom de l'un des chefs qui marchaient à leur tête. Dans ce vague besoin, qui a, comme nous le verrons, travaillé l'Allemagne à toutes les époques pour se créer une personnalité à part de l'Occident, ses historiens font venir de l'Asie ses premiers habitants à la suite de la retraite des Kimris. Nous signalerons ailleurs l'invraisemblance et l'absurdité de toutes ces migrations asiatiques, qui supposent la non-existence des races slaves ou font passer et repasser les peuples sur leurs corps. Disons seulement ici que les Gallo-Cimbres établis dans le Jutland avaient déterminé sans doute par leur présence l'invasion de la race gothique dans la Scandinavie, où elle vint se mêler à la race slave; et lorsqu'elle en sortit plus tard, à l'époque de la destruction des Cimbres par Marius, elle sembla suivre pas à pas et à leur exemple toutes les stations marquées par leurs conquêtes pour rencontrer la même destinée.

Que les Kimris ou Cimbres, sortis de la Gaule septentrionale par groupes ou migrations individuelles, y reviennent en force, sous la conduite d'Hu-le-Puissant, dont le nom est resté dans le dieu gaulois Hesus; il y a là évidemment accroissement naturel de la première agglomération, soit par elle-même, soit par ceux qu'elle s'adjoint en lui imprimant son propre caractère. C'est ce qu'on pourrait appuyer d'exemples pris dans des époques plus récentes et même de nos jours, où des faits semblables serviraient à apprécier ceux des âges les plus reculés. Aussi de cette réapparition il n'y a pas à conclure substitution d'un peuple à une autre, mais, comme toujours, conquête et ici en particulier retour d'une portion de la race vers l'ancienne : ordinairement une supériorité morale, résultat d'une expérience acquise dans les migrations et les voyages décide la domination de cette partie flottante et aventureuse sur l'autre partie restée stationnaire sur le sol primitif. C'est ce qu'on peut démêler après le bouleversement causé par cette infusion violente.

Elle eut pour effet de reléguer dans l'Écosse la race gallique, et la fit refluer au midi de la Gaule d'où elle se répandit dans l'Espagne et l'Italie. Cette invasion, en donnant de nouvelles forces aux colonies gauloises établies dans la contrée Circumpadane, les fit se rejeter sur le centre de l'Italie où elles avaient précédemment élevé un empire florissant, celui de l'Ombrie, détruit par l'invasion slavo-orientale des Étrusques. Mais ces mouvements calmés, la race se retrouve constituée avec une nouvelle vigueur et un caractère qu'elle développe de plus en plus, tel qu'il peut se constater désormais par l'histoire et se retrouver sous ses altérations apparentes. Partout, dans toute l'étendue du monde celtique, l'unité occidentale se trouve représentée dans sa forme active par la race gallique, sous le nom de Cimbres dans la Germanie ; de Gallois, en Bretagne ; de Celtes, en Ibérie, et de Gals, en Italie, les reliant à un centre naturel. Comme cette action de la force est nécessairement oppressive, elle amène l'union tacite de leurs populations indigènes avec des types étrangers, dont l'introduction n'offre pas pour elles une question de prédominance de races, mais des relations de commerce, telles que les colonies phéniciennes et grecques vinrent les établir. Mais le sentiment produit par les affinités d'origines éclate jusque dans l'attention que prennent les traditions populaires d'accorder le fait nouveau avec l'état primitif, comme l'épopée virgilienne forcée de rattacher à l'Asie la civilisation qu'elle célèbre, mais qui a soin de faire de ceux qui l'apportent dans l'Occident des exilés rentrant dans leur antique patrie, poétique image de toutes les migrations à cette époque.

Par cela même que la permanence absolue des races et de leurs variétés sur le sol qu'elles occupent nous paraît incontestable, il faut conclure que les faits se passaient alors comme ils se passent aujourd'hui, et que les mêmes instincts de territoire et de peuples agissaient avec non moins d'énergie. En retrouvant partout la pureté de l'élément occidental, fixé dès lors avec les caractères particuliers, mais identiques, qu'il garde dans les cinq variétés qui le composent, nous pourrons le suivre, sans le perdre un seul moment, dans toutes les transformations que l'histoire va nous présenter, et démêler dans chaque type individuel cette empreinte ineffaçable qui rend toujours semblable à lui-même, en dépit du temps et des révolutions, l'homme pris à son berceau et comparé à celui qui le représente de nos jours. Cette vérité apparaîtra avec plus de force encore quand nous aurons pu constituer en regard des unités différentes, et dont la comparaison, offrant un terme opposé à l'esprit, servira à la constater définitivement et d'une manière irrévocable.

## CHAPITRE II.

#### Le Monde romain.

Ce point de départ établi pour l'Occident, nous n'insisterons pas sur un ordre de preuves qui a pour lui les témoignages de l'antiquité, d'accord avec les traditions nationales. Mais comme l'Occident, par la durée de sa civilisation et de son existence historique, s'est éloigné du fait naturel au point de ne plus le comprendre, nous chercherons avant tout son expression sous la forme où il est resté sensible pour lui, et tel qu'il se démêle encore sous les perfectionnements de notre ordre social. Il suffit que la communauté d'origine, mise à peu près hors de doute par la science et la critique, se révèle dans la communauté constante qui éclate dans les instincts, les affections et les tendances de toutes sortes qui produisent les réactions des peuples les uns sur les autres, et les font participer tour à tour à la même œuvre. Et l'unité vivante de la race se retrouvera sous l'unité abstraite et artificielle de la civilisation, importée toujours, comme nous l'avons dit, par un élément étranger.

A l'époque de son introduction, l'Occident couvrait de ses forêts séculaires un sol sans cités, habité par des populations vierges et dont le nombre, attesté par les récits historiques des temps les plus reculés, est à la fois un argument en faveur de l'état indigène que nous leur attribuons, et une preuve de l'impossibilité matérielle de leur remplacement par d'autres depuis cette époque. Que cette surabondance de population fût la cause réelle des émigrations ou qu'elles vinssent de ce besoin de mouvement que la nature a donné aux peuples primitifs, toujours est-il que leur impulsion provoque l'avènement de la civilisation orientale et la transformation qui fit rompre l'Occident avec un passé sans monuments, et dont les traditions incertaines se confondirent avec des idées et des mœurs nouvelles. Pendant que les Étrusques et les Grecs s'emparent de l'extrémité et du centre de l'Italie que ses habitants ne pouvaient plus défendre contre l'envahissement des Gaulois, l'Ibérie, la Gaule elle-même, reçoivent directement de l'Orient les germes d'un état policé. C'est de Tyr qu'ils lui arrivent et de la Phénicie, dont l'histoire pleine de mystères et les lointaines explorations laissent entrevoir dans les voyages mythologiques d'Hercule dans la Gaule, dans la fondation de la ville d'Alesia, presque au centre de ces contrées, toute une ère lumineuse de civilisation qui rayonne de cette métropole, répandant ses bienfaits sur une terre sauvage jusqu'à l'époque où la domination tyrienne, attaquée elle-même dans son foyer, est forcée d'abandonner à la Barbarie ses comptoirs et ses colonies lointaines.

Néanmoins sur cette route obscure dont elle semble à dessein avoir dérobé les indications, s'engagent après elle des peuples qui avaient pu en devoir la connaissance à son voisinage. Les Rhodiens, les Phocéens, transportent successivement dans la Gaule la civilisation grecque qu'ils tenaient eux-mêmes de seconde main. Enfin, une nouvelle Tyr, sortie de la première, et qui plus rapprochée de l'Occident s'était établie en face de lui, sur la côte africaine, vient réclamer l'héritage de la civilisation phénicienne dont le souvenir survivait chez les peuples comme celui d'un état fortuné, supérieur à leur condition actuelle. Mais son origine purement orientale devait être un obstacle à ce qu'elle y pénétrât profondément, et son duel avec Rome apprit à Carthage qu'elle n'avait fait que préparer les voies à sa rivale. Cependant, cité toute latine par sa création, Rome ne put se soustraire à la même influence, et déjà orientale par la domination que des Tarquins, elle le devint de plus en plus par ses rapports avec la Grèce et ses colonies de la Sicile et de l'Italie méridionale. Mais chez elle le principe étranger avait commencé par se fondre avec des éléments empruntés à l'Occident, et de leur combinaison sortit une civilisation plus appropriée au caractère des peuples sur lesquels elle devait agir. Placée la première, par le voisinage de la Grèce, dans la direction de ce grand courant civilisateur qui soufflait d'Orient, elle s'est trouvée merveilleusement postée pour faire communiquer avec lui l'Occident encore barbare.

La civilisation grecque agit partout par la colonisation, résultant moins d'un vaste système d'application, que de l'établissement et de la dispersion de petites colonies formées individuellement et sans lien commun. Ces essaims féconds, qui se détachaient incessamment de la Grèce, comme d'une ruche, portèrent les premiers dans l'Occident l'idée et l'image d'une ville. Quoique l'état social fût complet chez les peuples de l'Occident, que la Gaule en particulier comptât un grand nombre de villes, ce nom ne devait pas présenter pour elles le même sens que pour les villes coloniales. L'Occident, aussi bien chez les Gaulois, les Germains, les Bretons, que chez les peuples d'Espagne et d'Italie, était constitué sur le même plan que l'on vit se reproduire au moyen âge quand les altérations introduites par la domination romaine disparurent avec elle, en laissant reprendre aux influences naturelles leur action et leur prépondérance. C'était partout la constitution du clan patriarcal qui soumettait à l'autorité d'un chef de petites agrégations formées sous sa tutelle et attachées par les liens d'une dépendance absolue, sans être toute fois l'esclavage. Ce servage, qui engageait la personne, fondé sur des relations morales d'une observation rigoureuse et qui servaient de garantie à leur exercice de part et d'autre, était l'association primitive naturelle, et comme elle s'était formée d'elle-même instinctivement et partout à la fois, qu'elle avait dû se proportionner aux individus et aux localités, elle supposait toujours l'existence de la vie agreste et excluait par cela même le séjour permanent dans les villes. Aussi celles qui en portent le nom à cette époque n'ont dû pendant long-temps présenter que l'apparence de lieux de réunion temporaires, sans constructions durables et faites seulement pour abriter, dans certaines circonstances, les chefs et leurs clientèles venant assister aux assemblées convoquées pour un intérêt religieux ou politique. C'est la même organisation de Rome à son origine, lorsque toutes les tribus rurales représentaient les classes supérieures de la république.

Il n'en était pas de même des villes coloniales : ailleurs l'influence venait de l'extérieur, ici au contraire elle était toute renfermée dans les murailles et rayonnait au dehors dans un sens et un intérêt opposé à tout ce qui les avoisinait. Foyers d'activité presque toujours maritimes, ouverts du côté de la mer, par où elles se rattachaient à un autre monde, elles étaient fermées du côté de la terre, où des races hostiles et sauvages résistaient également à l'invasion des hommes et à celle des mœurs. Mais cette organisation militante qu'on trouve à l'origine de toutes les colonies, parut aussi dans les villes qui se formèrent à leur image, lorsque la colonie, comme la civilisation qu'elle représentait, osa s'engager plus avant au milieu des tribus rivales, attirée par leurs dissensions autant que par le goût des jouissances nouvelles qu'elle leur avait créées. Ces comptoirs intérieurs, faits pour le besoin de leur commerce ou fondés dans les villes déjà organisées, devaient, par leur présence et la seule force de l'imitation, changer la nature des relations entre les villes et les campagnes qui les regardaient comme le séjour des classes inférieures et méprisées. Devenues le centre de nouvelles richesses, ralliant d'ailleurs tout ce qui était laissé en dehors des tribus rurales et servant d'asile ou d'auxiliaire contre leur oppression, elles prirent l'ascendant et déterminèrent cette révolution générale qui, dans presque tout l'Occident, substitua bientôt la domination des cités à celle des tribus. Organisées d'après le même plan, elles n'étaient autre chose que la tribu fixée au sol, et passée de l'état nomade à l'état stationnaire puisqu'on retrouve dans toutes les deux l'inégalité naturelle, inhérente à toute société, et qui n'a pas besoin d'être expliquée par la conquête d'une classe sur une autre. En effet, la tribu emporte aussi bien dans sa marche errante ces classifications d'hommes libres, de clients et d'esclaves, moins contestées que dans la cité, qui ne fut d'abord qu'une collection de tribus associées dans un même intérêt politique. A ces premiers rapports, succède une constitution plus régulière qui les reproduit sous le nom d'aristocratie et de démocratie, et elles commencent sous cette forme un combat qui se perpétue jusqu'à l'avénement d'une force extérieure qui vient mettre un terme à leurs rivalités. Ce fut le rôle que prit Rome et qui rendit sa marche conquérante irrésistible, parce qu'elle venait s'interposer entre des éléments inconciliables, et substituer une action générale et régulatrice à des divisions intestines entre des partis qui préféreraient sa médiation à leur domination réciproque. Déchirée intérieurement par la division des mêmes principes, Rome était au-dehors unie et compacte pour assurer par le succès de ses armes le triomphe de ses idées et de ses institutions, et l'œuvre d'unité qu'elle appliquait aux autres peuples devenait par un échange merveilleux le principe de sa propre unité.

La civilisation, qui par le mot même implique, comme nous l'avons dit, la vie de cité, fixant le pouvoir dans une enceinte impénétrable comme une forteresse, avait eu pour conséquence l'asservissement des campagnes en déplaçant toutes les relations précédentes. L'autorité et la richesse n'étaient plus chez elles et devaient se défendre ou s'acquérir au sein de la cité dont le séjour, devenu obligatoire pour les classes élevées, avait fini par les rendre étrangères à leurs clientèles en ne laissant subsister de leurs premiers rapports que la partie onéreuse sans les avantages. Les opinions changeant avec les mœurs, avaient retiré à la culture de la terre sa première considération et le caractère sacré qu'elle avait autrefois, et les rivalités devenues plus ardentes en se concentrant dans les villes, avaient créé et mis en présence deux ordres d'intérêts incompatibles. Foulées sans cesse par les dévastations de ces petites sociétés voisines et ennemies l'une de l'autre, elles ne trouvaient de défense que dans leur soumission forcée à la cité qu'elles faisaient vivre par leurs travaux. De là, le changement de l'esclavage presque insensible dans la tribu où l'esclave et le maître vivent indistinctement sous la même tente, en une servitude réelle et la plus dure de toutes, celle où l'homme fait produire à la terre par ses sueurs des biens dont il n'a pas la disposition. Il explique leur hostilité contre les villes, et l'appui qu'elles prêtaient au mouvement des plébéiens contre les patriciens, ou même leur connivence avec les ennemis du dehors, lorsqu'une apparition de Barbares poussant à leur destruction par l'opposition des mœurs primitives, venait réveiller dans les populations, où ils n'étaient pas encore éteints, le goût de la vie nomade et le sentiment de l'indépendance personnelle. C'est cette action qui provoqua et facilita en même temps la conquête romaine. En effet, Rome, menacée dans son existence comme ville, d'abord par les Gaulois et les Italiens, plus tard par les Africains et les peuples d'Occident, venant à la suite d'Annibal; enfin par les Cimbres et les Teutons, premiers essais de ces grandes invasions septentrionales qui devaient renverser son empire, était condamnée pour vivre à la fatalité des conquêtes, et à marcher au secours des constitutions municipales qui, partout, auraient péri avec la sienne.

Ainsi, dans le monde antique, la lutte se

trouvait établie entre les éléments sociaux, soutenus dans leur division naturelle par deux influences extérieures également hostiles. Quoique dans les vastes contrées où elle se passait on aperçoive à la distance des siècles la trace de l'existence de grands peuples régulièrement organisés, il est évident que l'antiquité n'a pas eu le sentiment des nationalités modernes, et qu'elle n'a pas admis cet intermédiaire entre le gouvernement parcellaire de la tribu ou de la cité, et la domination universelle d'un corps oligarchique ou d'un homme. Quelque disproportion qu'il semble exister, au premier abord, entre ces deux termes opposés, on voit bientôt que, loin de se contredire, ils sont de la même nature, et que l'idée d'une nationalité eût été bien plus étrangère à l'organisation générale. Aussi, quand Florus et quelques autres historiens romains déplorent l'erreur commise par l'ambition de Rome qui, parvenue aux limites de l'Italie, ne sut pas s'y renfermer, et, au lieu d'une nation circonscrite, mais indestructible, créa un empire trop vaste pour ne pas être périssable; ces hommes, déjà éloignés du fait, ne pouvaient plus en juger les causes, qui disparaissaient pour eux dans les inconvénients de l'état présent dont ils étaient frappés directement.

La nationalité, comme on le verra, est un état

tout factice qui ne peut naître que dans un ordre de civilisation essentiellement différent. Au fond de toutes les révolutions on retrouve la lutte obstinée des deux principes que le monde antique présentait dans sa constitution ; l'un vaste mais passif et dont l'étendue empêche qu'il ne nuise à l'activité des peuples qu'il embrasse dans un type général ; l'autre, réduit à la proportion la plus propre à faire valoir l'individualité et à lui donner la force nécessaire pour réagir contre le fait supérieur de la race. Dans cette pression du dehors que l'Orient exerce sur l'Occident, c'est par le jeu de ces deux principes qu'il a prise sur lui et qu'il le soumet successivement à des modifications toutes contraires. Ainsi, à la suite de la révolution qui avait fait passer l'influence des tribus rurales aux cités, l'on vit se dessiner dès lors un double mouvement alternatif, dont le point de départ était également marqué en Asie ; l'un arrivant par le midi, et se propageant de proche en proche par les colonies et la fondation des cités ; l'autre, correspondant au premier par le nord et provoquant les invasions barbares.

L'action des idées qu'ils apportent se traduit à la fois sous la forme religieuse et sous la forme sociale. C'est la race gauloise des Kimris ou Cimbres, qui la représente au Nord, et quelque barbare qu'elle paraisse matériellement, puisqu'elle fonde un système d'idées complet, il faut bien lui attribuer une force spirituelle supérieure. Le théisme druidique qu'ils établissent dans presque toute la Gaule, dans la Bretagne et sans doute dans la Germanie, imprimait à la société l'unité la plus absolue qu'elle eût encore subie. Dans cette association constante de l'ordre religieux avec l'ordre civil chez les anciens, le succès de cette théocratie, si contraire en apparence aux mœurs de la société à laquelle elle s'imposait, ne s'explique que par un retour au sentiment général de la race qu'elle exprimait assez bien, et par l'hostilité des populations rurales soulevées contre la domination des villes. Aussi le mouvement contraire ne se fait pas attendre ; la forme qu'avait prise la puissance individuelle dans les cités, menacée de ruine, en même temps qu'elle appelle l'Orient au secours de l'état politique, tire de lui des idées qu'elle puisse opposer à l'action religieuse. Le polythéisme phénicien et grec qui présente dans l'ordre religieux la même indépendance individuelle que les cités exprimaient dans l'ordre politique, s'implante dans l'Espagne, l'Italie et la Gaule méridionale avec une unanimité d'instinct qui montre le sentiment provoqué chez elles par l'établissement de la terrible unité religieuse instituée dans le Nord. Cette union n'était pas commandée d'une manière absolue par le caractère de ces deux doctrines, puisqu'on les vit plus tard changer de camp et s'allier avec l'intérêt qu'elles combattaient, du moment où l'unité impériale de Rome eut absorbé toutes les forces individuelles des cités.

En regard de ces deux termes opposés entre lesquels toute leur histoire s'agite, il y avait bien un troisième degré, qui rattachait toutes les petites fractions à une confédération représentée dans une assemblée générale; mais si cette association, dont on retrouve l'image dans plusieurs de nos États modernes, a toujours manqué de cohérence, combien devait-elle être impuissante à une époque où les sociétés, à peu près insaisissables, échappaient à toute hiérarchie. Aussi, la confédération des peuples de la Gaule, de même que celle des peuples de l'Espagne et de l'Italie, offraient-elles aussi peu de force et de cohésion que le conseil des Amphyctions en présence des villes rivales de la Grèce. Ces assemblées semblent avoir été une institution religieuse plutôt que politique, et, tenues sous la direction des druides ou des prêtres, avoir eu pour objet de donner des règles uniformes au culte, au lieu d'amener des délibérations d'intérêts généraux, dans lesquels la profonde rivalité des Etats aurait éclaté en violentes dissensions. Cette forme, que la pensée religieuse, caractérisée par le nom même de religion (*ligare*), donnait au besoin d'universalité que l'homme porte en lui, nous verrons le christianisme s'en emparer et la reproduire dans l'institution des conciles. L'alliance des castes religieuses avec les aristocraties locales, en expliquant l'intérêt de ces réunions pour la durée de leur influence commune dans les États ou cités, explique en même temps pourquoi elles se bornaient à cette seule spécialité et se gardaient de mettre en question les supériorités individuelles, partout, nées de l'usurpation et fondées sur la force. L'effet de cette séparation de l'ordre politique soustrait à l'action de l'unité religieuse amène l'affaiblissement et la chute de la puissance sacerdotale, partout réduite, malgré sa forte organisation, à une représentation conventionnelle, pendant que les petits États, libres de former des liens selon les inspirations de l'intérêt privé, se tournaient vers les influences étrangères qui agissaient sur eux.

Dans la progression occidentale de Rome et quand elle eut passé les Alpes, elle se présentait à chacune de ces petites sociétés, comme elle s'était offerte aux républiques d'Italie, sous l'image d'un municipe isolé, réunissant à l'avantage d'être un allié utile pour chacune d'elles, celui d'en être éloigné, et de ne pas exciter leur répulsion et leur jalousie. Sa lutte avec Carthage, qui était le prétexte de sa présence sur leur sol, déguisait tout projet de domination ultérieure, en les intéressant elles-mêmes à ses alternatives, et en les faisant entrer activement dans les ligues et les combinaisons politiques qu'elle provoquait. Elle semblait venue pour maintenir la liberté de chacune d'elles, qui s'empressait de lui reconnaître un droit de police, et la mission d'établir l'ordre au profit de tous, comme elles le reconnaissaient dans sa rivale quand celle-ci avait l'avantage. On peut voir dans Tite-Live, quand quelque député du sénat, emporté par son patriotisme et sortant de la réserve habituelle de la politique romaine, voulait les entraîner au nom de l'intérêt exclusif de Rome, l'étonnement où les jetait cette interprétation inouïe de leur part, et la risée qui accueillait le malencontreux orateur. Lorsque les faits avaient développé le véritable sens de cette intervention, il était trop tard pour en prévenir les conséquences, et d'ailleurs la rupture était aussi impossible pour les États ralliés que pour Rome même ; car, devenus les complices de son usurpation, ils en étaient solidaires, et le danger qui la menaçait les atteignait encore plus directement. En effet, à la lutte d'influence civilisatrice succédait l'invasion toujours imminente de la résistance barbare, et les provinces par lesquelles elle devait passer pour arriver jusqu'à Rome, avaient déjà trop d'intérêts communs avec elle pour ne pas l'appeler à leur secours contre le retour d'un état social dont elles avaient perdu le goût, et avec lequel elles avaient rompu par leurs habitudes. Aussi, l'usurpation du midi de la Gaule, qui reliait l'Italie à l'Espagne, consolidée par les invasions des premiers peuples germaniques, avait brisé sans retour l'unité de la confédération de la Gaule, qui aurait empêché sa conquête par Jules-César; et quoi qu'elle ait cherché alors à se reformer dans un sens politique, elle ne put réussir à préserver son indépendance.

Une fatalité qu'on retrouve dans toutes les grandes destinées et qui commence presque avec l'existence de Rome, avait fait se rencontrer sur tous les points du monde la grande puissance naturelle qui représentait la race dans l'Occident et la cité qui devait le soumettre tout entier à sa personnalité. Elle ne domine pas moins dans la conquête de la Gaule, suivie aussitôt de celle de Rome par le même conquérant aidé des peuples qu'il avait vaincus, comme si la révolution qui lui enlevait sa liberté n'avait attendu que la fin de cette dernière et admirable lutte de l'indépendance individuelle que la Gaule soutenait avec une constance si héroïque. Les mutations intérieures produites dans le régime de Rome par l'introduction de tant de peuples entrés successivement dans le cercle de son unité, avaient déterminé une suite de réactions qui la forcèrent à ouvrir l'enceinte de la cité aux peuples d'Italie, et bientôt à ceux des provinces éloignées. Les concessions arrachées par la force, et long-temps disputées par l'esprit exclusif du patriciat, provoquèrent l'impulsion générale qui éleva bientôt l'autorité des empereurs sur les débris de l'autorité sénatoriale. Rome eut toujours au plus haut degré le sentiment de l'intérêt qu'elle était appelée à faire prévaloir, et elle porta partout dans l'application de son système une supériorité de vues qui en décida le succès. Simple municipe, et restée toujours telle tant qu'elle garda sa forme conquérante et républicaine, elle mit autant de soin à préserver sa personnalité de l'invasion des peuples qui la touchaient de plus près, qu'elle en mit, plus tard, à les fondre avec elle, quand elle eut adopté sa forme conservatrice et impériale. Et cette politique contraire, également judicieuse, lui fut commandée par la force des choses dans deux situations si diverses. On conçoit quel effet eût produit, dans le premier âge de la domination romaine, l'introduction de tout ce qui aurait pu tendre à en altérer l'instrument, et combien les efforts de ceux qui voulaient ouvrir aux autres peuples l'enceinte, jusque là close et impénétrable, de la cité romaine, étaient prématurés avant l'achèvement de la conquête pour laquelle elle avait été instinctivement constituée. Il importait que la cité romaine restât partout une et distincte, en face de chacune des petites cités locales dont elle protégeait d'abord et annulait bientôt l'indépendance, les empêchant ainsi de s'élever à la pensée d'une ligue nationale qui eût rendu la résistance plus dangereuse pour elle.

Mais quand par le progrès de sa puissance celle-ci fut devenue impossible, et que Rome fut sortie à la fois de toutes les rivalités étrangères et de toutes les complications de sa constitution intérieure, elle cessa d'être exclusive, et les provinces purent compter comme les membres épars de l'unité romaine. Néanmoins elle mesura toujours cette concession, car, sous peine de s'abdiquer elle-même, elle ne pouvait admettre les éléments étrangers qu'à la condition de se les approprier par une transformation qui est toujours plus apparente que réelle, et qui a les plus graves inconvénients pour la société. Cette répudiation que l'homme fait de son caractère pour en revêtir par l'éducation un autre qu'il ne comprend qu'à demi, qu'il travestit en voulant le reproduire, ne lui donne qu'imparfaitement les avantages de la vie civilisée, et affaiblit chez lui le ressort de son organisation naturelle. De là la cause de cet affaissement de toutes les sociétés artificielles dont le déclin et la décadence commencent aussitôt qu'elles sont parvenues à leur plus complet développement.

Comme nous nous attachons ici principalement à l'histoire des influences qui dénotent la persistance des races, et la direction qu'elles impriment aux faits, nous ferons ressortir surtout tout ce qui devait rendre cette suspension du mouvement dans les sociétés antiques une trêve plutôt qu'une pacification, une transition plutôt qu'un état normal, et par conséquent définitif. Quel que fût l'admirable instinct de Rome, si habile à proportionner toujours ses efforts avec les résultats, à prendre et à mêler au sien l'intérêt nouveau qu'elle y faisait entrer, il y avait toujours une loi supérieure qui lui échappait et qu'elle ne pouvait plier au principe de sa domination. L'unité des masses qu'elle dominait l'une par l'autre en les tenant en échec pouvait toujours se réformer contre elle au moindre relâchement de son système. Rome, comme tous les États, subit la loi de sa position. Ville de l'Occident, mais excentrique par rapport à lui, elle prend la civilisation grecque comme point de départ, et continue son action dans sa direction occidentale. Mais cette direction épuisée, ou il fallait céder la souveraineté à un peuple mieux placé pour l'exercer dans la limite naturelle de la race à laquelle elle appartenait, ou franchir soi-même ces limites, se faire centre d'un ordre artificiel, et confondre dans son unité des natures incompatibles et dont le mélange devait introduire d'avance le principe de sa dissolution future, et c'est ce qui arriva. Non seulement elle se complète en portant à son tour l'Occident sur la Grèce, mais elle suit encore les traces de la civilisation grecque en Orient, et se substitue partout à elle-même dans ces contrées.

On verra plus distinctement ailleurs tout ce que cette vaste circonférence du monde romain, une fois accomplie, devait réunir d'obstacles naturels et d'éléments antipathiques. Dans le point de vue actuel qui nous occupe, il ressort suffisamment que cet état n'est susceptible de durée qu'à la condition d'étouffer la vitalité particulière de chaque partie de l'empire, d'employer l'Occident à maintenir l'Orient, et de réprimer celui-ci au moyen de l'autre; et enfin de les unir tous deux pour ce qui était la loi suprême de cette situation, l'opposition continue à la pression extérieure du monde barbare. Dans une société tenue ainsi en équilibre, la conservation était au prix d'une immobilité absolue, où le progrès était nécessairement interdit. Celui-ci ne pouvant avoir lieu que par le développement des facultés des peuples, et l'ascendant du principe qu'ils représentent, il n'aurait pu se faire sur un point sans briser la compression matérielle qui pesait sur le monde. Cependant, toute situation avec ses inconvénients comporte ses avantages. La civilisation n'avait été jusque là qu'un système d'amélioration matérielle, de perfectionnement social, de vie élégante et policée, de jouissances par les arts et l'industrie. A l'établissement de ce systène, tous les pays étaient également bons et indifférents, puisque l'homme offrait partout, avec les mêmes besoins, les mêmes dispositions à les satisfaire. Mais l'homme ne peut développer une portion de ses facultés sans éveiller toutes les autres, et tout développement matériel soulève un ordre correspondant d'idées morales. Aussi la plupart des grandes doctrines spirituelles sont contemporaines des grandes conquêtes, et les systèmes philosophiques de la Grèce ne cessent d'être exclusifs que lorsque la conquête d'Alexandre vient lui donner un sentiment plus large de l'humanité.

Rome ayant atteint par là le plus vaste développement que la civilisation eût encore pris, pour fonder cette unité tout abstraite, avait dû ne pas tenir compte des distinctions morales, étouffer les traditions, matérialiser les idées, et se soustraire à l'action des oppositions religieuses, en les acceptant toutes sans discussion. Il ne restait dès lors aucun asile pour la liberté humaine, qui ne pouvait échapper à l'oppression du monde physique qu'en se réfugiant dans un ordre d'idées complétement séparé de lui. C'est ainsi que le plus vaste développement matériel devait enfanter la doctrine la plus parfaite que le spiritualisme eût encore conçue, destinée aussitôt à devenir universelle par cette communication des peuples, jusque là séparés, et disposés maintenant, par la loi violente de leur réunion, à recevoir la même impression. Le christianisme commence donc avec la société romaine ce long combat qu'elle va soutenir avec elle, et résoudre toutes les questions morales que la civilisation avait accumulées dans son sein, et qu'elle condamnait au silence; loi de révolte, comme toutes les grandes rénovations, qui mettait en présence le pauvre et le riche, le faible et l'opprimé, l'esclave et le maître.

Mais en même temps qu'elle ébranlait tout le système de la société antique, elle obéissait, par une circonspection singulière, à la loi de conservation de l'ordre matériel dont elle émanait. Cependant cette séparation idéale ne peut exister long-temps entre les deux natures de l'homme, qui ne peuvent vivre isolées l'une de l'autre. Tant que la doctrine chrétienne fut limitée au petit nombre, la société matérielle, malgré sa corruption profonde et incurable, se soutint par elle-même; mais quand le christianisme fut devenu la croyance générale, elle dut aller à lui pour qu'elle le préservât de sa ruine; mais ce triomphe, le lendemain même de la persécution, devait le trouver peu préparé à ce nouveau rôle, et cette doctrine, si énergique et si puissante sur l'homme qu'elle arrachait à ses intérêts et à ses appétits sensuels, avait la même impuissance radicale que le pouvoir qu'elle avait détrôné. Calquée sur lui pour être universelle et fondée sur la négation des affinités particulières des races opprimées, elle ne put, en présence de leur réveil dans les peuples, sauver l'empire qu'elle avait conquis et dans le naufrage duquel elle faillit périr.

## CHAPITRE III.

#### Le Monde barbare.

L'invasion barbare qui renversa l'empire romain et qui renouvela la face de l'ancienne société, loin d'être un fait nouveau, introduit brusquement dans l'ordre établi, en fut au contraire la conséquence naturelle, et qu'il importe de dégager de toutes les illusions historiques dont on l'a entouré. Nous avons marqué les effets de la position de Rome sur son système et les nécessités qu'elle lui créait. Dominant les deux fractions des unités celtiques et slaves dont elle était l'intermédiaire, de toute la puissance des civilisations antérieures, résumées dans la sienne, et de son association par elles avec le monde oriental, elle avait tracé cette distinction du monde civilisé et du monde barbare, encore subsistante dans les esprits malgré tout ce qui a contribué depuis à confondre cette démarcation arbitraire. Mais par le fait elle avait soulevé contre elle tout un système opposé que nous avons montré agissant dès les premiers pas de Rome en dehors de sa sphère naturelle, et qui, dans son organisation instinctive, se rattachait de proche en proche, par ses oscillations et ses mouvements, à la même source d'où partait l'impulsion de la civilisation.

Cette civilisation n'était romaine que de nom; car Rome, admirable interprète de ses idées dans l'application qu'elle en fit à l'Occident, ne l'avait pas inventée et ne fit que la transmettre en lui imprimant son caractère. Cependant on peut marquer des époques distinctes où le changement des mœurs déterminé par celui des choses, en altéra sensiblement l'expression. Ainsi, dans sa lutte avec Carthage, Rome parut défendre les intérêts de l'Occident, et elle en exprimait elle-même dans sa forme républicaine et austère le caractère social encore rude et sauvage. Mais la pente qui l'entraîna vers l'Orient après qu'elle eut écarté cet obstacle, ramenant dans son sein des passions et des idées nouvelles qui transforment son propre caractère, elle est aussitôt en butte à la même résistance des mœurs et des idées qu'elle avait soulevée dans les peuples contre sa rivale. Elle éclate d'abord plus près d'elle dans l'insurrection de l'Italie, qui se révolte la première, et oppose à la république romaine une république italique calquée sur son modèle et régie par des consuls qu'elle se nomme à son exemple. L'Espagne, ouverte aux Romains par la haine de

Carthage, cherche à son tour à employer les traditions qu'elle lui avait laissées pour s'affranchir de ce nouveau joug : elle engage une lutte sourde et obscure dont les alternatives ne se trahissaient au-dehors que par des catastrophes dans lesquelles vinrent se fondre six armées romaines, et qui inspirait tant de terreur à la jeunesse de Rome qu'elle refusait de s'enrôler pour cette guerre. Cette lutte du patriotisme local et de l'énergie barbare, commencée par les exploits du pâtre Viriathe jusqu'à la ruine de Numance, est toujours déjouée par l'inflexible supériorité de la tactique romaine, contre laquelle se brisent tant d'efforts isolés. Alors la résistance barbare cherche une alliée dans les intérêts qu'elle combat, et elle prend le caractère romain sous la direction de Sertorius, comme la Gaule vaincue par César s'associe aux plans du conquérant contre Rome. La même politique qui conduisait ces chefs ambitieux à se laisser gagner aux mœurs et aux influences barbares, engageait celles-ci à s'initier aux combinaisons de la politique intérieure de Rome, et il résultait de cet échange une pénétration de plus en plus intime de la civilisation qu'elle leur transmettait, au point de rendre bientôt la Gaule et l'Espagne plus romaines que l'Italie, et en même temps une altération de plus en plus profonde des principes de

Rome, envahie par le reflux de tant de peuples.

Dans la part d'idées que les autres parties de l'empire, telles que la Grèce et l'Orient, apportaient au cœur du monde romain, nous signalerons les effets extérieurs que leur invasion dans son système avait pour elles, en provoquant l'Occident à une manifestation de son génie particulier. Quant aux effets intérieurs qu'elle avait pour l'Occident, ils participaient toujours du double intérêt romain et indigène qui tendait à se fondre de plus en plus. Comme il s'était allié avec Marius contre Sylla, avec César contre Pompée, avec Auguste contre Antoine, il entrait en ligne avec le vieil esprit occidental de Rome contre l'invasion nouvelle de cette civilisation, mélange du despotisme et du luxe asiatiques également odieux aux mœurs simples et sévères de l'Occident. La même hostilité se fit sentir sous les empereurs toutes les fois qu'ils s'en rapprochaient. C'est quand Néron revient de l'Orient avec les mêmes vices monstrueux, que l'Occident lui suscite le vieux et rude Galba, préfère le brutal Vitellius à l'efféminé Othon, et qu'au milieu de l'ébranlement général qui fut sur le point de briser l'unité romaine, la Gaule oppose à l'ascendant asiatique de Vespasien un dernier et formidable éclat de son esprit national : elle fut près d'élever un empire des Gaules sur les débris de celui de Rome. Dans cette résurrection des souvenirs gaulois par la tradition naturelle, conservée dans les masses et jusque sous l'écorce romaine des classes élevées, on vit la puissance militaire chargée de contenir les provinces, sympathiser avec elles, et les légions porter sur leurs enseignes le nom du nouvel empire substitué à celui de Rome. L'envahissement des mœurs et des intérêts barbares fut si prompt et si menaçant ; la Gaule, sous l'impulsion de Vindex, de Sacrovir et de Civilis, fut si près de déplacer la métropole, que Rome, pour échapper à ce danger, se jeta dans les bras de la dynastie flavienne, substituée à celle des Césars.

L'espèce de solidarité qui avait existé entre les provinces de l'Occident et la famille des Césars, portée par elles au trône impérial, fut rompue par cette révolution, et la nouvelle civilisation orientale, dont nous définirons ailleurs le caractère, venue au secours de Rome, l'aida à rétablir l'équilibre entre les parties chancelantes de son empire. Il résista pendant un siècle de plus aux causes de destruction suspendues par cette halte glorieuse qui laissa respirer l'humanité sous une série de grands empereurs dont quelques uns, comme les deux Espagnols Trajan et Adrien, semblaient choisis pour donner des garanties à l'Occident subjugué ; mais le calme profond de ces années qui achevait d'énerver les âmes, avait ralenti, mais non arrêté la continuité du mouvement qui s'échappait de ce monde inconnu dont les tressaillements occultes et les commotions subites tenaient Rome dans une anxiété perpétuelle et dans l'attente de sa destruction future. Cette puissance d'imagination ajoutée au fait en lui-meme par l'impossibilité de l'apprécier dans ses rapports avec la réalité, préparait cette démoralisation de la société qui n'a plus de foi que dans la force, laquelle, par une autre singularité, s'affaiblit d'autant plus qu'elle rencontre moins de contradictions. Autant l'action de Rome avait été irrésistible dans la croissance et l'énergie de son principe, à l'époque où elle était contestée, autant elle se trouvait inefficace au moment où elle concentrait en elle les forces et les richesses de l'univers civilisé.

La supériorité décisive que prend le barbare, malgré l'inégalité de sa condition, sur une puissance pourvue de tous les moyens de défense, serait incompréhensible si on la bornait à son action matérielle. Rome, qui s'était mise sur la défensive dès le lendemain même de la conquête, ne pouvait qu'ajourner les conséquences de sa position, mais non y échapper indéfiniment. Elle avait commencé dans son sein ce travail d'une longue décomposition dont l'impulsion extérieure n'était plus qu'un instrument secondaire. L'extinction presque totale de l'élément romain, primitif, usé promptement dans son action violente sur le monde, avait forcé de recourir à la substitution de l'élément étranger qui recruta d'abord sa milice et qui dut entrer bientôt dans le partage des droits de la cité et dans l'exercice de la puissance civile. Cependant l'introduction dans cette dernière fut toujours plus lente et plus contestée, ce qui amena la domination de la puissance militaire; cette porte plus facilement ouverte pour arriver par la conquête à l'usurpation violente de ces mêmes droits défendus avec tant de ténacité par l'orgueil des castes aristocratiques. A chaque révolte heureuse qui amenait à la tête de l'État un chef et le parti qui l'y avait porté, répondait un effort de la puissance civile un moment comprimée, mais qui, en acceptant le chef qui lui était imposé, reprenait sur lui l'ascendant des mœurs et de l'ordre établi, et elle continuait ainsi jusqu'à une nouvelle crise. Cette consécration de la révolte presque toujours justifiée dans ses causes, qui avait décidé la prédominance de la constitution militaire et l'abaissement du pouvoir civil, hâté par la corruption générale des mœurs, ouvrait une large voie à l'avénement successif des populations cachées dans les couches inférieures du monde romain. Campé aux limites de l'empire, aux points les plus vulnérables de ses frontières, ce rassemblement à poste fixe des légions romaines, avait contribué à les rendre accessibles aux inspirations du territoire qu'elles occupaient, et quand les discordes civiles ramenaient à Rome ses soldats, elle s'étonnait de voir leurs chefs porter, sous les insignes du consulat, les colliers d'or, la saie bariolée et tout l'appareil des chefs barbares qu'elle était accoutumée à voir traîner autrefois dans les triomphes. Ainsi, chargées de repousser les agressions des barbares, les légions devenaient au contraire la tête et l'avant-garde de la grande invasion dont le centre romain était perpétuellement menacé.

Les alliés et les sujets de Rome n'étaient entrés dans la cité qu'en se faisant Romains; les barbares ne pouvaient entrer dans l'empire que sous la forme militaire, armés en apparence pour leur en interdire l'accès. Long-temps avant que les Goths et les Francs eussent franchi le Rhin et le Danube, ils avaient visité le Capitole, ils avaient revêtu la pourpre impériale, et s'étaient élancés au rang des Césars et des dieux de Rome, pendant qu'elle continuait de traiter en vaincus les peuples dont ils étaient sortis. Tandis que les révolutions amenaient à la surface tout ce qui était au fond de la société romaine et qu'elle semblait nier encore, leur caractère montrait la persistance des influences locales prêtes à transformer les insurrections militaires en mouvement d'indépendance des peuples. Aussi, quand les causes, un moment suspendues, eurent repris leur effet, elles recommencèrent une période de confusion et de déchirement où l'on vit arriver au trône impérial des représentants de toutes les barbaries, depuis l'Arabe Philippe jusqu'au Goth Maximin. Cet effrayant désordre et cette suite de commotions aboutirent sous le Dalmate Dioclétien à la séparation officielle, quoique encore déguisée, qui était dans la force des choses, et à laquelle poussaient invinciblement tous les intérêts naturels opprimés par Rome et représentés extérieurement par les Barbares.

Dans cette révolution, le rôle actif, sous la forme d'opposition légale permise par la constitution romaine, revient à la Gaule, qui s'est constituée presque en empire occidental sous la famille de Constantin, dont elle favorise l'élévation par l'union de l'intérêt religieux et politique. Mais toujours ce mouvement, occidental dans sa force ascendante, retournait au point de départ changé dans sa nature, et le système oriental oppressif, plus habilement dessiné que jamais sous la domination de la Rome du Bosphore, revient provoquer dans l'Occident une nouvelle et plus violente scission du principe occidental dont Rome défaillante et déchue de son rang de métropole abandonna de plus en plus le caractère et l'expression à la société barbare. Celle-ci se reformait partout d'elle-même sous l'impulsion des éléments qui lui arrivaient du dehors, et venaient lui rendre le sentiment des rapports primitifs conservés sous la surface de la civilisation romaine. Elle fut sanctionnée par l'Espagnol Théodose, dernier représentant de l'universalité romaine et de la suprématie de l'Occident dans le principe qui l'avait formée.

Il avait suffi, comme on le voit, au monde barbare de tenir Rome en échec et sous la loi de cette domination militaire sans laquelle les parties de l'empire se seraient séparées pour reproduire, par son immobilité aussi bien que par ses mouvements, cette attente de terreur et cette superstition de l'inconnu si marquée chez les historiens romains, et qui fait un contraste si étrange avec les moyens dont l'empire se trouvait armé. Il est à remarquer en effet qu'aux époques même de sa plus grande faiblesse, aucune des invasions, capables par leur nombre de compromettre son existence et de produire les conséquences qu'on attribue généralement aux grandes émigrations d'hommes, n'a réussi. Elles ont toujours provoqué une résistance supérieure dans les masses et suscité de grands généraux, héritiers du génie guerrier de l'ancienne Rome qui manquaient dans les autres circonstances. Ainsi l'invasion des Goths, victorieuse de l'empire d'Orient qu'elle couvre de ses ravages, malgré le génie d'Alaric, échoue contre l'Occident défendu par Stilicon, et ils ne peuvent y former des établissements que sous le nom et l'autorité romaine dont ils deviennent des corps militaires concourant bientôt comme les autres à la défense de l'empire. Ainsi l'invasion d'Attila, le plus grand effort de la ligue barbare, vient se heurter et se perdre contre l'habileté d'Aétius et surtout contre l'union des Gaulois avec les nouveaux alliés de Rome, établis par elle sur leur sol au nord et au midi de cette province. C'est que l'apparition de ces grandes masses d'hommes, alarmant tous les intérêts, les anciens comme les nouveaux, les confondait dans une résistance trop unanime pour ne pas en triompher.

On le voit mieux en comparant le résultat et la défaite partout constatée des grandes émigrations armées, avec le succès des invasions secondaires, telles que les Suèves, les Vandales, les Ostrogoths d'Italie, les Visigoths d'Espagne et de la Gaule, enfin les Bourguignons et les Francs, tous venus dans une proportion numérique si faible, si on les rapproche des races sur lesquelles ils agissent et où leurs traits distinctifs s'effacent rapidement, sans laisser à peine quelques traces de leur différence. On doit en conclure les facilités qu'ils rencontrèrent à se fondre dans les populations rendues par leur présence à leur état primitif. L'Occident, retourné à lui-même par sa rupture avec l'empire d'Orient, reprit insensiblement l'aspect sauvage de sa première physionomie et prépara partout l'avènement de la société nouvelle. Rome, qui n'avait plus la force de revendiquer ses droits comme capitale, que lui disputaient, presque à ses portes, Milan et Ravenne, n'était plus en état de s'opposer aux instincts de nationalité qui fermentaient déjà sous l'unité romaine, et qui se dessinent dans l'invasion barbare provoquée et facilitée par leur essor. Il y a presque partout dans sa marche un choix des localités et des rapports de convenance tellement intelligents, qu'ils ne peuvent être l'effet du hasard. En voyant la direction constante de certaines émigrations, l'exclusion des races dont les types s'éloignent le plus des peuples qu'elles visitent, et l'admission de celles qui s'en rapprochent, enfin leurs relations parfaites avec les territoires qu'elles occupent et les intérêts qu'elles rallient, on est forcé de leur supposer une détermination supérieure au besoin banal de pillage qui leur est attribué sans discernement.

Tout démontre que dans cette transition, malgré les violences qui étaient la suite inévitable de l'anarchie de la société, et en faisant la part des habitudes d'indiscipline des barbares, les rapports des provinces avec eux ne tardaient pas à devenir bienveillants et naturels, parce que leur présence se trouvait bientôt d'accord avec les sentiments des localités. Si le riche ou le patricien, élevé dans le goût et les raffinements de l'élégance romaine, était choqué de la brutalité du barbare, et gémissait d'être forcé de lui abandonner sa maison ou son domaine, quelquefois dépouillé de force, d'autres fois indemnisé ; le paysan, au contraire, l'esclave de la terre ou de de la maison ; enfin, l'indigène, qui se souvenait de l'indépendance de ses ancêtres, étaient moins sensibles à un changement qui les atteignait moins, et qui avait l'avantage de les délivrer du collecteur romain, dont les exactions étaient plus coûteuses que les déprédations des nouveaux maîtres. Aussi, au premier désordre inséparable de l'introduction violente de ces étrangers, voit-on succéder à peu d'intervalle un état nouveau, relativement plus florissant que le précédent. Malgré la barbarie des dominateurs, à la place de l'inertie où les provinces languissaient sous l'administration impériale, on trouve une nouvelle autorité sociale là où le préjugé n'a vu longtemps que désastre et solitude. Pendant que le nouveau vainqueur, arrivé dans cette pureté de mœurs et cette simplicité qui faisait l'admiration de Salvien, s'amollissait bientôt sous l'influence contagieuse de la civilisation, qu'il s'énervait par l'usage des bains, des longues robes flottantes et de toutes les voluptés romaines, l'indigène italien, gaulois ou espagnol, favorisé par l'ascendant de ces influences, devenait le ministre ou le conseiller du prince barbare, introduisait dans ses lois des dispositions favorables aux vaincus, et faisait sentir à la rédaction de leurs codes l'influence des mœurs et de la jurisprudence romaine.

En fait, la domination des barbares ne fut partout qu'une occupation militaire du sol, comme l'avait été celle de Rome, et c'est au même titre qu'elle se substitue à la sienne. Dans l'espèce de compromis adopté par les empereurs pour sauver leur dignité, et qui consistait à décorer les chefs des barbares du nom et du titre de Romains, la faiblesse de ces derniers souverains les empêcha de dissoudre, ou du moins de composer les corps militaires de manière à leur enlever l'organisation nationale qu'ils apportaient avec eux, et qu'ils appliquaient au territoire dont la possession leur était abandonnée. Ainsi, dans ce premier établissement, ils avaient, outre la force, les apparences de la légalité aux yeux des peuples vaincus, dont elle explique la prompte soumission. Rome, à son arrivée, s'était installée sur le sol, laissant en dehors de son action les municipes et les institutions sacerdotales ; elle se contentait de circonscrire et d'annuler leur influence, en attendant une fusion plus complète du temps et de l'ascendant supérieur de la civilisation romaine. Les Barbares, à leur tour, laissèrent en dehors d'eux la puissance civile organisée dans les villes, et cette vaste puissance ecclésiastique, qui s'était élevée partout et uniformément dans le sein de l'ancienne société, qu'elle avait reprise en quelque sorte par les fondements. Le barbare, errant entre ces édifices debout malgré leur ruine, et qu'il entamait à la surface, mais sans les détruire au fond, aurait promptement disparu sans cette organisation compacte et distincte, qui lui permit de conserver avec sa langue, ses coutumes rédigées en lois applicables à lui seul. Mais comme, malgré leur infériorité morale et numérique, ils imprimèrent immédiatement leur caractère à la société, et qu'ils firent en quelques années ce que Rome avait mis plusieurs siècles à faire avec bien moins de succès, il faut chercher une autre source à leur puissance, afin d'expliquer comment elle put triompher des deux autres influences, dont elle laissait l'action se déployer librement en face de la sienne, et qu'elle subissait elle-même dans tout ce qui n'altérait pas sa personnalité.

Tenu presque sur tous les points en dehors des villes autant par ses habitudes et son ignorance de la vie civile des peuples vaincus, que par le respect des droits qu'il leur laissait, le barbare se trouvait en contact direct et perpétuel avec l'habitant des campagnes libre et esclave, mais que les affinités de races appelaient promptement à lui autant que les intérêts qui se formaient bientôt entre eux. De là, pour le barbare, le moyen de se recruter dans le peuple même qu'il dominait, et de le faire rentrer par le servage comme par la liberté dans le corps de la nation conquérante. De là aussi l'énergique vitalité de leur domination, qui trouvait aussitôt sur le sol des ressources que Rome n'avait pu en tirer, même après s'être assimilé les classes aristocratiques et religieuses groupées dans les anciennes cités. Cette division instinctive, qui maintint en présence l'ancienne et la nouvelle société, sans que jamais l'oppression de l'une ait pu anéantir l'autre, a fondé l'unité de l'Occident, où les deux races qui l'ont successivement civilisé sont restées représentées par les intérêts sociaux de l'ordre le plus élevé ; la première en rapport plus immédiat avec les idées scientifiques et acquises, l'unité de gouvernement et de religion, la vie de cité ; l'autre, en communication plus directe avec la vie rurale et domestique, les traditions locales, les influences de races et de famille. Leur antagonisme qui se reproduit à chaque époque sous une forme nouvelle, tantôt politique, tantôt religieuse, a été le principe le plus actif de la civilisation moderne, et en a fait la profonde originalité.

Ce grand mouvement qui produisit généralement un retour à l'état primitif, et qui rendit la vie aux instincts naturels qui ne sont jamais complétement étouffés par l'ordre artificiel le plus savant, appartient à la race germanique qui fournit toutes les branches variées de ces envahisseurs dont les bandes, faibles à leur départ, prennent aussitôt la consistance et l'aspect de grands peuples qu'ils n'avaient pas dans leur patrie par les causes que nous avons indiquées ; car on ne pourrait expliquer sans elles comment l'Occident fut si facilement germain pendant plusieurs siècles, comme il avait été romain jusqu'alors. Si la communauté d'extraction du Germain, telle que nous l'avons démontrée avec le Gaulois, et toutes les autres branches de la famille celtique pouvait être mise en doute, l'évidence de son identité ressortirait surtout de son action rapide et immédiate sur tous les peuples de la même race. Car la forme du gouvernement peut bien changer subitement ; mais il faut plusieurs siècles pour altérer le fond d'une société, et ici, comme on l'a vu, on ne peut en trouver la cause dans la multitude des envahisseurs qui auraient remplacé les anciens possesseurs du sol. La rapidité des invasions, les catastrophes qui marquaient leur passage, tout a dû faire illusion sur le nombre de ceux qui les composaient. Les peuples ne s'improvisent pas, et l'état matériel de la Germanie à cette époque ne suppose pas les moyens d'entretenir des nations bien nombreuses. D'ailleurs une dépopulation effrayante aurait dû suivre ces émigrations, et on n'aperçoit pas que les pays d'où elles sortaient en aient beaucoup souffert; au contraire, dès cette époque, la Germanie, qui en avait été isolée jusque là, se trouve associée au mouvement du reste de l'Occident, et en communauté de progrès avec lui. Les villes y remplacent les forêts, et les gouvernements deviennent réguliers, à mesure que les populations se fixent.

L'état de la Germanie, telle que nous la dépeint Tacite, prouve que ses peuples en étaient alors à peu près au degré de civilisation où Jules-César avait trouvé les Gaulois du nord de la Gaule à l'époque de sa conquête. De plus, l'espèce de séquestration où la domination romaine l'avait tenue au-delà du Rhin, pendant qu'elle modifiait profondément les autres parties de l'Occident, produisit cette disparité qu'elle garde même encore de nos jours avec elles, et qui la rendit, au ve siècle, initiatrice de la réaction primitive dont elle avait gardé les formes et le sentiment. Cependant nous avons dit qu'elle ne passa pas brusquement à cette action, pour laquelle elle aurait été impropre, sans une espèce de noviciat et d'apprentissage qu'elle fit en quelque sorte au service de Rome. Aussi voyons-nous que les peuples qui réussirent le mieux à cette œuvre, avaient fait l'essai de la vie sociale sous sa direction comme les Francs, campés si longtemps avec l'autorisation de Rome à la lisière de l'empire, en rapport habituel avec les Gaulois auxquels ils donnent des chefs et dont ils en reçoivent. On peut en dire autant des différentes branches des Goths, qui apprirent d'elle l'art de fonder et de garder des empires, tandis qu'on voit disparaître toutes les autres races qui pénètrent brusquement et sans préparation dans les mêmes contrées. Elles se fondent rapidement au contact de la civilisation romaine, comme si elles n'étaient pas de force à lui résister.

Nulle part le système germanique ne s'établit

sans un mélange romain qui adoucit et facilite la transition à l'ordre nouveau; mais cet état naturel qu'elle ramenait par sa présence, n'existait pas d'une manière aussi absolue qu'on le suppose dans la Germanie elle-même. D'après l'idée qu'on se forme de la vie nomade des peuples primitifs, la Germanie s'offre à l'imagination sous des aspects qui se contredisent. C'est tantôt un terrain vague, couvert de marais et de forêts impraticables, dont les rares habitants, aussi peu fixes que ses limites, en parcourent plutôt qu'ils n'en peuplent les solitudes. Tantôt c'est une terre regorgeant de populations qui se déversent en masse sur l'Occident et qu'on retrouve encore aussi peuplée qu'avant leur émigration. Toutes ces assertions s'évanouissent devant une appréciation plus exacte des choses, surtout quand on se détache des préjugés romains. Les différences que l'on remarque entre la description de César et celle de Tacite, prouvent que le temps avait marché pour elle comme pour les autres parties de l'Occident, dont son état ne devait pas différer beaucoup. Les points de son territoire, marqués par les villes nombreuses dont les noms sont aussi anciens que sa langue et remontent à cette époque, doivent faire supposer leur existence, sinon sous la forme de villes régulières, du moins de ce qui en tient lieu dans les contrées actuelles du Nord, et à peu près dans les conditions que nous avons décrites pour la Gaule avant sa conquête. Appelée par Jules-César comme auxiliaire des Romains dès ses premiers pas dans la Gaule, la Germanie avait concouru à l'asservissement de l'Occident contre lequel elle protesta depuis par toute son existence. Mais, malgré une hostilité plus tranchée et une indépendance mieux gardée par des circonstances locales, elle offrait la même prise à la civilisation romaine que les autres parties de l'Occident, et comme ailleurs elle présenta bientôt, avec un point d'appui à la résistance barbare, un accès facile à l'influence contraire. Ainsi on retrouve dans son sein cette même zone civilisée tracée au midi, en opposition à une zone plus sauvage marquée au nord. Tandis que dans cette dernière les profondeurs de la forêt Noire et les marais de la Frise continuaient à servir d'asile aux défenseurs de la liberté germanique, successeurs d'Armin et de ses compagnons, les grandes provinces de la Norique, de la Rhétie et de la Pannonie, couvertes de villes romaines populeuses, imprimaient à la race indigène cette teinte méridionale et italienne qu'elle a conservée jusqu'à nous, et se rattachaient de proche en proche aux populations bataves et ripuaires qui fortifiaient de leur adhésion la ceinture des colonies romaines du Rhin.

Arrêtée, comme nous l'avons vu, dans toutes ses tendances vers l'Occident, passé tout entier sous la domination romaine, la Germanie se trouva rejetée sur le monde barbare dont elle forma dès lors la première ligne. Nous dirons bientôt quelle fut son impulsion sur la race slave, et comment elle agit sur elle par ces mêmes Goths qu'elle employa plus tard contre Rome à un usage semblable. Confondue alors par les Romains, comme elle l'est souvent encore par les modernes, avec les peuples qui la pressent à l'Orient, elle offre néanmoins dès cette époque tous les traits qui la séparent d'eux dans la nôtre. En gardant sa double direction extérieure pour faire face à la puissance romaine d'une part, et de l'autre aux invasions slaves, elle maintient sa distinction avec elles. Lorsqu'Attila les réunit toutes sous une loi commune, la Germanie vaincue dans sa résistance de ce côté, entre comme alliée dans cette grande ligue barbare qui élevait un empire contre celui de Rome. On peut voir dans la grande épopée germanique des Niebelungen le souvenir lointain et non encore effacé au XIIe siècle des idées et des sentiments de nationalité que fit éclater ce mélange. En effet, la veuve de Siegfrid, dans son hymen symbolique avec le conquérant tartare, personnifie l'alliance de la nation à la supériorité de laquelle l'étranger rend hommage ; et dans la salle du festin changée en scène de carnage, où la défaite de la race germanique est représentée dans celle des Bourguignons, s'ils succombent au milieu des hordes innombrables de Huns, c'est par le secours des Germains méridionaux guidés par le grand Théodoric. Ainsi éclate l'hostilité populaire, qui armera plus tard les races teutoniques plus sauvages contre celles qui avaient passé à la civilisation. Ce mouvement changeant d'expression selon les circonstances, se prolongera bien avant dans le moyen âge, depuis l'invasion des Lombards, réaction violente de la barbarie du Nord contre la résurrection semi-romaine du royaume germain d'Italie sous Théodoric et ses successeurs, jusqu'à la destruction par les premiers Francs des royaumes germains du midi de la Gaule. Détruits à leur tour par leurs rivaux de l'Austrasie, cette nouvelle domination, en devenant romaine sous Charlemagne, soulèvera contre elle de la part des Saxons, une résistance non moins opiniâtre qui sera sous cette forme la dernière protestation de la barbarie contre l'influence rivale qui ne cessait de l'envahir.

A côté de l'action exercée par la race germanique sur le monde occidental, il y aurait à signaler l'impulsion qu'elle reçut elle-même de la race slave. C'est ce que nous ferons ressortir ailleurs en n'insistant ici que sur la différence essentielle du mouvement qu'elle lui imprime. Étrangère à l'Occident, la race slave agit sur lui par masses et par évolutions rapides et passagères qui ne laissent aucune trace. La race germanique au contraire, obéissant à une loi de réaction, préparée par les mœurs et les affinités du sang et des intérêts, eut une influence continue et persistante aussi durable dans ses effets que le principe qu'elle se trouvait seule à représenter dans l'Occident, après la soumission successive de ses diverses parties. Le caractère spécial qu'elle porte dans cette propagande fut plus marqué après la séparation des peuples qui suivit la mort d'Attila. Rendue à elle-même par l'événement qui l'affranchit de son joug, la Germanie cherche à se constituer dans son indépendance, pendant que les hardis aventuriers sortis de son sein s'élancent dans le vaste champ du monde romain. Quoiqu'elle n'eût pas reçu partout l'action directe de la civilisation romaine établie sur son sol, le contact avait été trop fréquent, un trop grand nombre de Germains, soldats, officiers, généraux, en avaient rapporté l'expérience chez elle, pour ne l'avoir pas préparée à la recevoir. Aussi, en même temps qu'elle inonde l'Occident, le reflux lui revient, et les Mérovingiens sont à peine établis dans la Gaule qu'ils retrouvent au-delà du

Rhin des ducs de Bavière et de Lotharinge, et toutes les distinctions introduites par le régime impérial. Le règne de Charlemagne, qui fut l'apogée de la domination germanique, vint résumer dans une reprise de l'unité impériale ce double caractère empreint dans tous les éléments antérieurs, et dont la fusion plus rationnelle, mais trop peu durable, commença néanmoins l'ère du monde moderne.

## CHAPITRE IV.

**Le Monde féodal.**

La longue durée de l'Empire romain avait tenu sous l'oppression d'une loi générale et sous l'influence continue d'une civilisation partout semblable, les éléments primitifs de l'Occident. Mais comme toute civilisation s'introduit par la tête de la société et rayonne à sa surface, elle ne pouvait pénétrer dans ses profondeurs qu'en passant par l'épreuve de sa destruction apparente. Car, loin de la faire disparaître, la chute de l'empire n'était en effet qu'une phase nouvelle de cette civilisation, depuis long-temps travaillée intérieurement, et dont l'impulsion extérieure des Barbares ne fit que hâter le mouvement vers une révolution inévitable. Détruite dans tout ce qu'elle avait d'antipathique aux sentiments des peuples, elle resta entière dans ce qu'elle avait de large et de progressif dans ses institutions. Reconnue sous sa double autorité civile et religieuse par les Barbares eux-mêmes qui lui enlevaient le gouvernement de la société, il y eut une réaction générale de l'idée romaine appliquée et interprétée par le système germain qui, sous le nom de féodalité, va devenir jusqu'au XIII$^e$ siècle la loi de l'Occident.

On conçoit que dans une race qui avait à un degré inférieur le sentiment de l'unité, puisqu'elle était venue faire prévaloir le sentiment individuel, toute idée d'organisation générale ne pouvait être prise qu'en dehors d'elle. On a vu comme, dans leur éducation romaine, les chefs des Barbares, les Ataulfe, les Odoacre, les Clovis et les Théodoric s'étaient partout trouvés en état de se substituer, eux et leurs compagnons, à cette hiérarchie de ducs, de comtes, de grands officiers et de domestiques du palais qui formaient le système oriental de Constantin. Les Barbares, en adoptant cette organisation toute faite, y appliquèrent seulement ces relations de l'homme avec la terre empruntées à l'enfance de la propriété chez tous les peuples primitifs, chez lesquels, acquise par la conquête, elle est le prix d'un service rendu et la condition d'un service futur. Ce droit nouveau, greffé sur un droit ancien, d'une origine à peu près semblable, puisqu'il s'appliquait surtout aux propriétés des anciens possesseurs romains étrangers aux pays et disparus avec leur domination ; d'une application également facile, puisqu'il avait lieu d'ordinaire sur des domaines vacants, et qu'il ne troublait pas les autres propriétés, forma une des plus heureuses combinaisons qui releva la société de ses désastres, et favorisa partout ses nouveaux progrès. La dépendance originaire du compagnon envers le chef germain, était une obligation toute morale qui n'altérait en rien l'indépendance de l'homme ; appliquée à la possession du bénéfice militaire sous la condition de la redevance d'un service limité, elle fit succéder à ce qu'il y avait de violent dans la prise de force du domaine à l'origine, une protection adoucie de plus en plus par l'intérêt bien entendu de son exploitation, et la réciprocité morale qui régnait entre le prince et le possesseur de fief s'étendit peu à peu du propriétaire à tout ce qui relevait de lui. L'avantage d'une protection efficace au milieu des fluctuations et des bouleversements, faisait fleurir le domaine cultivé par le serf, supérieur à l'esclave antique ; car dépendant de la terre, non de l'homme, pour être libre de sa personne il n'aura plus qu'à revendiquer celle de la propriété. Cet état engagea toutes les autres propriétés d'origines différentes à se modeler sur elle, et de là cette organisation uniforme qui est la première constitution des campagnes ou des races primitives, réduites et annulées sous la domination de la cité antique. De là aussi cette vigueur du sol féodal, pénétré dans ses moindres replis d'un sens et d'une valeur qu'il donnait à l'individu et qu'il recevait de lui, pour le reporter ensuite, avec une importance proportionnée à sa force, dans un système général où il avait sa place marquée.

En présentant un composé de leur double principe cette organisation naturelle, bien supérieure à l'unité vague et abstraite de la civilisation romaine, réalisait pour la première fois la combinaison des deux éléments qui s'étaient exclus jusque là, c'est-à-dire les influences locales personnifiées et conciliées avec l'influence générale. Son seul défaut, qui lui est commun avec toutes les sociétés qui commencent, fut d'être fondée sur le privilége, cette première forme que prend la liberté partout exclusive et bornée au petit nombre avant de devenir générale. Quelque vivace et puissant que soit le privilége dans sa personnification des intérêts locaux, mille causes tendent à l'altérer, et son caractère circonscrit propre à immobiliser la société, laisse toujours à la liberté humaine le moyen d'échapper à ses liens, de se constituer en dehors de lui, et de revenir alors l'attaquer avec une puissance nouvelle dont la jeunesse hâte sa décrépitude. Cette faculté fantasque qui forme la liberté de l'âme humaine sous la fatalité des choses, qui se déplace continuellement et tantôt passe au souverain contre les peuples, et aux peuples contre le souverain, devait trouver facilement dans l'amalgame féodal le principe destructeur propre à le dissoudre. Comme la multitude des petites cités antiques avait trouvé dans l'une d'elles la dominatrice de toutes les autres, arrivée à leur absorption générale par l'usurpation successive de leurs droits, ainsi dans ce monde de petites souverainetés devaient se rencontrer la puissance qui grandira peu à peu sur leurs débris, en se fortifiant de l'alliance des intérêts froissés par elles.

Mais ce système n'apparut complet, tel que nous l'exprimons ici, qu'après avoir traversé une période de bouleversements qui n'eut pas moins de trois siècles de durée. C'est au milieu de cette confusion qu'il s'élabora lentement avec des chances variées de succès ou d'altération qui l'avançaient sur un point pour le retarder sur un autre. Le conflit des races, qui se heurtaient violemment avant de se reconnaître, s'animait de toute l'ardeur des passions individuelles échauffées au pillage d'une société livrée sans défense à leur avidité. Malgré les causes qui avaient contribué à en adoucir le choc, ce déchirement n'avait pas lieu sans douleur, mais il n'était pas senti partout au même degré. Ainsi, quoique le nord fût exposé à une action bien autrement violente, comme ces parties de l'Occident avaient moins perdu de leur caractère; que les villes gauloises, bretonnes ou germaines étaient restées à peu près dans leur premier état sous la domination romaine, la résistance cesse aussitôt ; à peine en trouve-t-on quelques indices, et le naturel reprenant le dessus, la fusion s'opère immédiatement. La société, toute brutale et grossière, paraît néanmoins constituée avec une vigueur qui donne aux rois chevelus une supériorité qu'ils appliquent des deux côtés du Rhin, dans toute l'étendue de l'ancienne domination de la race des Kimris que les Franks, mélange comme eux d'éléments gaulois et teutoniques, semblaient ressusciter. Au midi, au contraire, dans la portion gallique associée plus intimement à la civilisation romaine, et où les villes bien plus nombreuses se rapprochaient davantage de l'organisation des municipes romains, le mélange soulevait des réclamations et une résistance de préjugés et d'antipathies qui prolongeait la lutte et en même temps le désordre et la faiblesse. Quoique les Barbares s'y dépouillassent beaucoup plus vite que partout ailleurs de leur grossièreté native, qu'ils y devinssent rapidement semblables aux populations qu'ils tenaient sous leur joug, comme dans le royaume ostrogoth d'Italie, dans celui de la Bourgogne, dans les États visigoths de la Septimanie et de l'Aquitaine, et surtout dans le royaume des Visigoths d'Espagne, où les lois des Barbares furent si promptement adoucies dans leurs prescriptions, les plaintes sont d'autant plus fortes qu'elles restent plus libres d'éclater et qu'elles paraissent relativement moins fondées dans leurs griefs.

Quoique l'éloquence dégénérée et la mauvaise rhétorique pleine d'enflure et d'emphase qui faisait l'éducation des esprits cultivés à cette époque, aient produit l'exagération monotone des récits dictés par les impressions individuelles, il y avait encore une autre cause à cette répulsion dans le caractère d'indépendance des villes, qui avait toujours été celui de la zone meridionale. Comme il s'était promptement rétabli dans l'absence du pouvoir général qui se faisait sentir de moins en moins à l'Occident, la restauration des campagnes par la féodalité, en opposition avec l'influence urbaine, y trouvait plus d'obstacles dans les mœurs et les intérêts. L'organisation municipale, seul pouvoir qui survécût et qui transmît intacts le consulat et la curie romaine au mouvement communal du XIIe siècle, si elle était un moyen de force et de liberté pour les villes, était une cause de faiblesse et d'incompatibilité pour les États fondés par les Barbares ; et quoique les formes de la royauté s'y fussent développées avec une intelligence supérieure à l'autorité des princes franks, ils n'avaient pas le même avantage que leurs adversaires, celui d'un pouvoir incontesté. Ils succombent tous à la première attaque de ces barbares nouveaux venus, inférieurs à eux sous tous les rapports, et malgré les ressources qu'ils tenaient d'une civilisation naissante pleine de vie et de force apparente. Cette opposition du Midi était presque toujours impuissante pour résister aux irruptions du Nord; mais comme elle s'appuyait sur un progrès social remarquable, elle se trouvait assez forte pour réparaître avec une énergie toujours nouvelle après leur départ. Gagnant de proche en proche dans les États incessamment partagés des princes mérovingiens et à l'aide de leurs divisions, elle était ensuite brusquement refoulée lorsque leur unité se reformait par l'effet de ses provocations, et la barbarie revenait à son tour refluer jusqu'aux Pyrénées. C'est par cette suite d'agressions, qui tendaient à séparer en deux parties la race conquérante du nord, que la suprématie des Austrasiens devint de plus en plus décisive, surtout lorsque le Midi, fidèle aux traditions de son passé, n'eut pas craint de s'allier à l'Orient qui se rapprochait de lui; car de même que leurs ancêtres avaient cherché autrefois un appui dans les Phéniciens, les peuples méridionaux favorisaient les Sarrasins qui avaient passé le détroit en suivant l'attraction exercée par les races et la similitude constante de leurs intérêts..

On a beaucoup parlé du concours que les évêques catholiques prêtèrent aux usurpations des princes franks, et de l'empressement qu'ils mirent à adopter une domination qui les avait adoptés, en associant au principe d'unité de l'autorité religieuse l'unité du pouvoir civil dont ces princes apprirent les règles à leur école; mais on n'a pas assez remarqué la persistance de la démarcation qui avait existé précédemment entre le druidisme du nord et le polythéisme méridional, et qui se retrouva dans le christianisme lorsqu'il se fut établi dans l'Occident. A côté du principe d'unité qu'il apportait, il lui transmit les germes des grandes hérésies qui le divisaient à sa source. Si l'arianisme, représentant de la liberté individuelle, trouva de la répulsion dans le Midi, ce fut moins à cause de sa doctrine en elle-même, qu'en haine des Barbares qui l'avaient embrassée et qui armaient contre lui les intérêts qu'ils soulevaient contre eux; car le pélagianisme gaulois avait déjà, dès les premiers pas du christianisme en Occident, revendiqué avec éclat les droits de la liberté humaine sous le joug de l'autorité divine. Cette même indépendance qui des faits passait dans les idées, parlait plus haut que les antipathies religieuses, puisqu'elle était si loin de répugner à une alliance avec l'islamisme oriental, que c'est par un archevêque catholique que les Sarrasins sont appelés en Espagne. Favorisés partout dans leur marche, ils peuvent se hasarder au-delà des Pyrénées avec l'assentiment de la Gaule méridionale; elle parut même succomber avec eux à la journée de Poitiers sous l'influence de l'Austrasie et de Charles-Martel, dont la victoire fit payer au clergé chrétien sa connivence politique avec les infidèles.

L'idée impériale qui avait retenu si long-temps sous une seule loi le monde antique, quoique disparue par le fait, était toujours présente à l'esprit et à l'imagination des peuples, et elle ne pouvait manquer d'être relevée par quelqu'un des chefs militaires qui héritaient du système romain. Pratiquée déjà par Clovis et les Mérovingiens, elle se personnifie dans Charlemagne avec une puissance d'autant plus grande qu'elle s'allie avec l'idée religieuse entrée profondément dans le monde barbare, où elle donnait à la tradition de l'idée romaine le prestige de l'autorité divine. Si le christianisme des Barbares était trop récent pour ne pas flotter au gré de leurs passions et changer avec leurs intérêts, en revanche, tout ce qu'il y avait de vivace énergie et de profonde conviction dans les âmes, alarmé de voir la foi chrétienne anéantie à sa source et déjà menacée de l'être en Occident, se rallia aussitôt malgré ses griefs à l'unité occidentale relevée par l'Austrasie et reprise par la race qui l'avait toujours combattue, soit contre Rome en général, soit plus récemment contre une partie d'elle-même, chaque fois qu'elle avait tendu à se reformer sous les Mérovingiens. Toute cette restauration de la puissance impériale vivante dans les capitulaires où les appellations d'Auguste et de César se mêlent et se heurtent aux noms barbares; le comice romain aux mâls germaniques, et les dignités sénatoriales aux leudes et aux rachembourgs de la race conquérante, caractérise la tentative qui devait faire asseoir le barbare et le Frank-Austrasien sur le trône du nouvel empire d'Occident. Tandis qu'à l'imitation de Constantin, il traçait les degrés d'une hiérarchie qui donnait les royaumes aux princes de son sang, les provinces aux chefs militaires, les légations aux envoyés du prince, en descendant jusqu'aux vigueries attribuées aux officiers inférieurs, toute cette aristocratie qui s'était formée dans les mœurs par la distinction avec les races conquises, et dans les faits par le droit de propriété et la transmission des bénéfices, venait se rejoindre dans une institution supérieure même à l'empereur et qui manquait à l'édifice de Constantin. C'était la réunion périodique de ces grandes assemblées, application étendue et généralisée des réunions primitives de la race germanique, et qui devaient en conserver l'unité dans sa nouvelle fortune. C'était en même temps la sanction toujours renouvelée du pacte imposé à la dynastie carlovingienne, et la garantie de son association au pouvoir qu'elle avait consenti à lui reconnaître afin de mieux assurer le sien.

Si les lumières et la civilisation avancée que suppose l'exercice d'une telle constitution s'étaient trouvées à la hauteur du génie de son fondateur, elles ne pouvaient l'être dans ses successeurs ni dans la race dont la suprématie se trouvait établie par elle. Une si vaste création prêtait un accès facile dans le moindre relâchement du pouvoir aux agressions individuelles du dehors, qui recevaient encore un nouvel encouragement dans les différences de territoire et dans l'ambition et les intérêts particuliers des grands feudataires. Cette situation provoque la direction extérieure des pirates sarrasins et normands, appelés au nord et au midi par des résistances dont ils profitent en les secondant, tandis qu'au-dedans elle met aux prises les grandes existences qui rivalisaient avec la puissance impériale. Quoique la réaction fût violente et l'action de la nouvelle institution bornée presque tout entière à celle de son fondateur, l'intérêt qu'elle représentait était trop réel pour périr avec lui ; et dans le bouleversement de l'héritage carlovingien, le droit de suzeraineté réservé comme la garantie de l'ordre féodal fondé définitivement sur ses débris, devait sauver encore l'unité du naufrage. Mais ce droit unique à l'origine, subissait dans l'Occident un partage et une division assez semblable à celle qui avait séparé le monde romain en deux empires : c'était, d'une part, la Gaule coupée en deux zones parallèles dans toute sa longueur, dont la face celtique, soustraite de plus en plus aux influences germaniques, donne naissance à une nouvelle suzeraineté plus nationale, qui allait pousser ses ramifications dans la péninsule hispanique et dans la Bretagne insulaire ; tandis que sa zone orientale, exposée de tous temps aux influences qui lui venaient de l'Italie et de la Germanie, forme de l'autre un groupe avec ces contrées où les deux éléments qui s'étaient résumés dans l'autorité carlovingienne, se trouvent aux prises et vont essayer, dans une lutte violente de plusieurs siècles, de prévaloir dans leur constitution.

Dans cette zone orientale, la partie germanique et la partie italienne formèrent une nouvelle subdivision : conservant la tradition de l'idée carlovingienne retrempée à sa source germanique, le Nord développait dans son chef le caractère militaire de l'institution, et ralliait à elle les instincts de cette aristocratie belliqueuse établie partout avant le partage avec l'autorité du chef dont elle avait aidé l'usurpation. Quoiqu'elle l'eût affaiblie par l'élection, elle justifiait cette prétention à l'universalité d'un pouvoir qui n'était déjà plus qu'un souvenir par sa communauté avec la race qui avait conquis l'Occident sur Rome. Mais l'idée impériale, repoussée alors par l'Occident comme germanique, était contestée comme romaine dans la Germanie, où l'établissement du système de Charlemagne avait été une véritable invasion et une réaction de Rome contre la conquête germanique, opérée par le pouvoir civil et religieux. Cette bizarre opposition donnait aux empereurs des alliés dans les princes italiens contre l'usurpation des papes, et à ceux-ci des soutiens contre les empereurs dans les électeurs ecclésiastiques de l'Allemagne, tandis que les deux puissances rivales étaient également contestées comme étrangères dans leur propre pays.

Ce fut un duel soutenu entre les deux principes par les deux races qui en étaient l'expression historique et toujours vivante, entre deux pouvoirs également électifs, entre deux pays également morcelés et qui n'ont pu parvenir à la nationalité après avoir tour à tour imprimé le cachet de l'unité à l'Occident. Il fut entrepris courageusement par les papes pour se donner la puissance matérielle qui leur manquait, et qui ne leur laissait que des armes spirituelles à opposer à l'ennemi revêtu de cette force; contraints d'y chercher leur appui, il devait arriver par le développement de ce principe à la conséquence tirée naturellement par Grégoire VII d'une prétention à la domination universelle. Le christianisme, qui s'était installé malgré les persécutions des empereurs jusqu'à les forcer de capituler avec lui, se trouvait tout organisé pour résister à la violence de l'invasion barbare, et continuer sur elle cette œuvre de conversion qu'il avait exercée sur la société païenne. L'uniformité des institutions cléricales avait présenté partout les bases d'une unité nouvelle, après le morcellement de la conquête et celui du régime féodal. Les papes, animés de cet esprit envahisseur du moyen-âge et grandis à l'ombre de la puissance impériale, profitèrent de son affaiblissement pour rendre au Midi par l'idée religieuse l'action civilisatrice qu'il avait perdue. Par une habile confusion du respect traditionnel qui entourait encore le souvenir de Rome, avec celui qu'inspirait leur caractère sacré, ils rattachèrent la société au Vatican, comme elle l'avait été auparavant au Capitole. Cependant, toute usurpation ne peut s'arrêter sous peine de périr : pour que l'illusion sur laquelle se fondait toute leur puissance pût durer, il fallait qu'elle fût complète. Rome, qui avait été par sa position le pivot de deux mondes, avait cessé d'être un point central, et n'avait que le vide derrière elle pour résister au poids de l'Occident; aussi s'attacha-t-elle à ressusciter de fait comme de nom la puissance qu'elle remplaçait. Les croisades, ces grandes expéditions entreprises pour elle, furent conçues dans le dessein de faire rayonner son action dans la même circonférence où s'était déployée l'unité romaine. Les triomphes de l'islamisme et l'essor qu'avait pris par lui le génie oriental, firent évanouir cette prétention ; aussi, c'est du mauvais succès des croisades que date le déclin de la puissance de l'église romaine. Reléguée à une extrémité de l'Occident, réduite à se constituer en monarchie italienne, elle ne put pas même atteindre à ce résultat par l'effet de son principe, qui la destinait à une domination universelle.

L'unité échouée dans cette double restauration historique restée également impuissante, pouvait trouver une expression nouvelle par une transformation que la France semblait appelée à lui faire subir. Séparée la première du vaste système de Charlemagne, elle était, par sa position centrale; la mieux placée pour tenter une entreprise de cette nature ; elle pouvait se porter héritière de la race teutonique et de la race romaine; car elle participait de toutes deux; mais la puissance du droit lui manqua dans la nouveauté de son rôle. Quoiqu'elle eût dans la tradition de son passé l'exemple d'une vaste suprématie exercée dans les limites de l'Occident, le souvenir s'en était effacé au milieu des événements qui l'avaient rendue le théâtre des longs et sanglants débats de la barbarie et de la civilisation. Écrasée sous leur choc, elle n'avait pu reprendre le sentiment de sa personnalité, combattu toujours chez elle par l'inégalité et la séparation de leurs influences restées sur son sol et qui avaient toujours coupé en deux son territoire. Quoique la nouvelle division, en brouillant cette première démarcation, fût favorable à la naissance d'un nouvel esprit et commençât pour elle une ère d'affranchissement, la Gaule, depuis lors dominée tour à tour par Rome ou par les Barbares, devait paraître une esclave révoltée en face de ces deux grandes dominations historiques, et le nouvel état de la France était un parvenu d'une extraction trop récente, qui avait besoin, pour faire illusion, de se confondre avec le souvenir de la grande domination franque des deux dynasties précédentes.

Cette situation détermina le caractère froid et prudent, tout de raison et de calcul, avisé et comptant peu sur l'enthousiasme qui des chefs passera aux peuples, et qui, formant le trait distinctif des provinces ralliées à la portion centrale désignée sous le nom de France, dominera toujours l'élan des autres parties et règlera les facultés naturelles de leurs populations. On vit se dessiner dans ses princes le sentiment de cette position dès les premiers actes de leur pouvoir. L'espèce de conspiration des grands vassaux qui avait fait passer la couronne dans la famille obscure des Capétiens leur avait bien reconnu un droit de suzeraineté qu'ils devaient croire pour long-temps fictif et idéal; car, en fondant l'oligarchie féodale, ils n'avaient prétendu lui donner qu'un chef chargé de présider au maintien de sa constitution au dedans, et par sa position plus rapprochée des intérêts qui pouvaient la menacer du dehors, destiné à surveiller leurs agressions et à provoquer la défense générale de l'association par l'appel de tous ses membres. En lui reconnaissant également un droit d'arbitrage dans les querelles fréquentes qui devaient s'élever entre ces petites souverainetés, aucun d'eux n'avait prévu qu'ils l'investissaient d'une arme dont la force était alors aussi inconnue aux princes qui la recevaient qu'à ceux qui la cédaient imprudemment; il fallait, pour en révéler la portée, ce déplacement insensible qui se fait dans la puissance sociale, et qui tôt ou tard la rallie tout entière autour de l'autorité, revêtue du caractère de protection le plus nécessaire aux intérêts dans l'absence des autres garanties. Cette dynastie couvrit en même temps ses usurpations de l'apparence de la justice et de la légalité, pendant qu'elle s'armait contre l'ordre féodal de toutes les traditions et de toutes les influences romaines subsistantes à l'intérieur, en réveillant l'esprit des municipalités éteintes, qui se reformèrent dans les communes, et en créant un pouvoir judiciaire qui s'introduisit comme arbitre entre les populations et leurs chefs. Attirant à elle d'une part les intérêts civils de l'ancienne civilisation si long-temps étouffée, elle maintenait de l'autre par le droit féodal, le retour des fiefs à la couronne et sa supériorité sur les puissances grandies à côté d'elle. Appelée par les papes pour les soutenir contre les empereurs, elle devenait l'arbitre de leurs querelles, et la royauté française, dont le principe était mieux défini que partout ailleurs, fut investie dès lors d'une force toujours croissante qui hâta le déclin des autres pouvoirs et tendit à transformer de plus en plus la société en changeant toutes les relations établies.

Le mouvement des croisades, ce renouvellement des anciennes émigrations, parti du sein de la France, pouvait prêter à leur autorité une expression universelle, si l'esprit positif de ces princes n'avait préféré le faire tourner au profit de leur pouvoir monarchique. Moins dominés par les souvenirs du passé et tout entiers au présent, au lieu de le suivre pour en prendre la direction, ils s'attachèrent à tirer parti obscurément des avantages que leur aurait offerts, dans un intérêt général, ce magnifique élan de l'enthousiasme religieux et guerrier qui associait dans une même pensée et sous une même bannière tous les peuples de l'Occident. Pendant qu'il semblait obéir à l'impulsion morale de la France, ces souverains aux sentiments bourgeois, aux affinités si marquées avec les communes révoltées contre la domination féodale, ces astucieux Philippe, à la politique tortueuse et habiles aux petits moyens, ne parurent pas sentir l'opportunité de cette occasion sans égale pour faire reprendre à la modeste dynastie des Capétiens, la place brillante occupée par les premiers Carlovingiens. Sans contrarier un mouvement commandé par l'opinion dominante de leur temps, ils s'isolent de lui en excitant leurs vassaux à y prendre part et à gagner des couronnes à ces entreprises lointaines dont ils laissent aux rois d'Angleterre, leurs rivaux, l'éclat et le côté romanesque; ou, s'ils cédaient au cri de l'opinion et à la défiance qu'ils inspiraient, ils n'apparaissaient à la croisade que pour y montrer leur indifférence, ou bien y mûrir des desseins dont leur retour attestait la persistance et assurait l'exécution.

L'esprit machiavélique des gouvernements modernes se montre plus encore dans les actes où ces princes empruntent les formes de la légalité, comme dans la confiscation de la Normandie, par laquelle Philippe-Auguste cherchait à réparer l'imprévoyance de son prédécesseur. La royauté tendait ainsi à expulser du sol toute domination rivale de la sienne, tantôt par la force, tantôt par des moyens processifs et vulgaires conformes à la nature de cette race d'hommes nouveaux, affranchis des servitudes féodales, dont elle s'était assistée. Les arguties de l'ancienne procédure romaine revivaient dans le dédale inextricable que le privilége, armé de chartres et de titres souvent contradictoires, opposait avec succès dans les questions de droit, que le glaive était toujours prêt à trancher brutalement. Au lieu de s'appliquer à conserver l'extension du pouvoir nominal que la France devait à la présence de l'Angleterre sur le même sol, en perpétuant l'instinct général et en resserrant les liens matériels du système féodal, ils mirent tous leurs soins à détruire dans les peuples le sentiment d'union et de fraternité naturelle qui naissait de la relation qui avait subsisté entre eux jusque là.

Nous avons cru essentiel de fixer plus particulièrement le caractère qui ressort, chez la plupart de ces princes, de leurs actes et de la direction de leur politique, pour expliquer celui de l'institution qui allait s'emparer de la société et la former peu à peu à son image; car les mœurs se modèlent à la longue sur les intérêts qui naissent de la situation des peuples, et elles prêtent alors le concours de leur esprit à une direction qu'elles auraient sans cela combattue par elles-mêmes.

C'est qu'en effet en présence de cette vaste et compacte organisation de la féodalité dans l'Occident, qui, comme un vêtement aux plis amples et flottants, s'adaptait à toutes les formes de la société en même temps qu'il lui dessinait un caractère général plein de grandeur et d'unité, le vice radical de l'institution à sa naissance parut toujours dans la royauté, à qui les plus grands succès ne purent jamais enlever le sentiment d'infériorité qui la domine. La propriété féodale s'était fixée par une suite d'usurpations fondées sur des interprétations abusives qui l'avaient compliquée singulièrement : elles avaient réduit partout les larges et violentes passions de la conquête aux nécessités de l'attaque et de la défense légales, et aux contestations qui font de son histoire intérieure un procès perpétuel soutenu par toutes les classes de la société. La disparition successive des grands vassaux laissait à leur place une foule de petites puissances secondaires qui dénaturait complétement le sens de l'institution, et qui la déconsidérait de plus en plus par les prétentions qu'elle multipliait. Au lieu de l'orgueil, justifié par une haute position et le sentiment traditionnel du droit de conquête, elle substituait des vanités subalternes dont la rivalité, plus contestée, prêtait à cet esprit de profusion, à cette émulation de faste destinée à couvrir chez elles l'insuffisance du pouvoir. Les grandes inspirations s'en étaient allées avec l'enthousiasme des croisades, et l'esprit chevaleresque n'était plus qu'une représentation théâtrale toute extérieure et sans réalité, un jeu puéril qui durait encore quand les nobles sentiments n'existaient plus; mais il semblait un défi porté à l'esprit rangé et économe de la bourgeoisie, et une insulte à la misère des classes déshéritées; il créait comme deux nations différentes de mœurs et de sentiments dont l'incompatibilité croissante fut exploitée par les souverains, depuis le premier capétien jusqu'à Philippe-le-Bel, qui avoua hautement ce système, et jusqu'à Louis XI qui s'étudia à le représenter extérieurement dans sa personne en même temps qu'il en faisait à la société la plus terrible application.

Un seul prince, dans toute cette lignée, résuma admirablement le caractère chevaleresque et chrétien que leur politique aurait pu prendre, en alliant la supériorité des vues et la grandeur des sentiments à la pratique des intérêts subalternes ; saint Louis, dont la figure rayonne de l'héroïsme et de la foi ardente du moyen âge, unie à la sagacité et à l'intelligence des temps modernes. Pendant que sa famille, mêlée aux querelles de l'empire par son élévation au trône de Sicile, semblait devoir lui subordonner les deux puissances qui prétendaient à la domination de l'Occident, lui, tourné vers l'Orient, déployait une pénétration dans le choix des lieux et dans les moyens d'attaque, qui devançait l'expérience d'une autre époque. Ce prince, si grand par l'âme et par l'esprit, arrivait malheureusement à la fin des croisades et quand leur mouvement s'était épuisé. Il compromit, par le mauvais succès de sa tentative, la justesse de l'idée que mieux qu'un autre il aurait réalisée, s'il avait pu la prendre au début et dans toute l'ardeur de son premier essor. Mais l'intelligence de saint Louis parut plus encore dans la disposition qui lui a été souvent reprochée comme une faiblesse et un scrupule exagéré de ses principes religieux ; c'est la restitution qu'il fit, sans y être forcé et par le sentiment seul du droit et de la justice, des provinces françaises acquises par ses prédécesseurs sur les rois d'Angleterre. Cet acte était aussi judicieux qu'il paraît absurde d'après les idées de notre temps, si on se replace par la pensée au centre des mouvements de la société féodale et aux grands intérêts qu'elle aurait pu tendre à fondre et à unir, comme les mœurs s'y prêtaient alors, au lieu de s'appliquer à les diviser et à les rendre de plus en plus hostiles par une antipathie factice qui alla toujours croissant à mesure que les intérêts se séparèrent dans la forme qu'ils adoptèrent au sein de la société nouvelle. Car, la transition du monde féodal ou du moyen âge, au monde moderne, a lieu à travers les débats qui signalent la rivalité de la France et de l'Angleterre. C'est en voulant rétablir le principe de l'ancienne société qu'elles provoquent toutes les deux la révolution qui les constitue définitivement sur ses débris, et qui fit succéder à l'oligarchie féodale l'institution des monarchies et des nationalités actuelles.

L'Angleterre, par le désavantage de sa position isolée, si favorable à d'autres égards, n'a jamais pu sortir du rang secondaire sans cesser de s'appartenir. Celtique pure dans la période de sa constitution naturelle, elle prit après la conquête kimrique les marques d'une triple hostilité dans ses races qui est restée dès lors empreinte sur son territoire. Retranchée au milieu de l'Océan dans l'obscurité de son existence insulaire, elle put se croire triomphante de Jules César, qui ne fit qu'effleurer son sol, et elle devint l'asile du druidisme exilé de la Gaule par les persécutions de Claude. Rome, pour détruire les restes d'un système religieux qui conservait toujours une action politique sur sa nouvelle conquête, pénètre dans la seule partie de son territoire accessible à toutes les invasions. Coupée en deux par l'occupation romaine, c'est la portion kimrique de la Grande-Bretagne qui cède à l'influence que cette même race repoussait dans la Gaule et la Germanie, tandis qu'au contraire la fraction gallique qui l'avait acceptée dans la Gaule se retranche dans le Nord et dans les montagnes de la Calédonie, où elle soutient, avec les secours qui lui viennent par la mer des péninsules scandinaves et cimbriques, cette résistance indomptable dont Rome ne put mieux se garantir qu'en élevant une muraille destinée à contenir la barbarie dans les limites que sa civilisation n'avait pu franchir.

L'inégalité que Rome introduisait avec sa domination en brisant l'unité barbare naturelle, avait partout dans l'Occident le même effet. Tandis que dans la partie qui subissait son action elle avait pour résultat infaillible l'affaiblissement des vertus natives et une corruption de mœurs qui, chez les peuples neufs, marque leur passage à la civilisation, la force du tempérament barbare était entretenue par l'influence contraire, et quand le niveau qui la contenait fut rompu par sa retraite, elle livra sans défense cette partie déchue, éclairée à demi, aux ravages et à l'extermination d'une race qui vengeait ses griefs séculaires sur ceux de ses propres membres qu'elle regardait comme complices de l'usurpation. Privée de l'énergie barbare qui lui était nécessaire pour résister à l'action violente de la race gallique, elle chercha un appui dans les formes de la civilisation qui l'abandonnait à elle-même, et crut pouvoir constituer à son profit une imitation de la puissance romaine qui tombait. Dans la dissolution du monde romain, on la vit tenter à plusieurs reprises de s'élever à l'idée impériale, et parmi les usurpateurs amenés à leur tour sur la scène avec l'intérêt national qui les y portait, on trouve un empereur breton qui cherche à fonder un empire occidental de concert avec la Gaule, en essayant de réformer les liens de l'antique union celte par les colonies de la Bretagne et de l'Armorique. Mais trop faible pour suffire à la fois à la résistance barbare du nord gallique et à la prédominance par les armes qu'exigeait la suprématie affectée sur la Gaule et les restes de la domination romaine, elle chercha à soutenir son expansion continentale par son alliance avec le nord de la Germanie, où la rattachaient les souvenirs de la conquête kimrique sous Prydain et ses compagnons. Toute action par les races développant une force dont elles trouvent l'identité chez les autres, l'invasion saxonne d'auxiliaire devint dominatrice et prit sur la race bretonne dégénérée un ascendant qui atteignit, sous Alfred, au même degré de grandeur et de force que le principe germanique, alors dans toute son énergie, déployait dans l'Occident. Cependant cette civilisation superficielle et prématurée ne s'étendant pas à toutes ses parties, laissait en dehors d'elle trop d'oppositions pour ne pas susciter la race qui devait, en restant la dernière maîtresse de sa destinée, lui donner son expression définitive; mais, formée dès lors de la combinaison du double élément gaulois et germain, la Bretagne réagira à toutes les époques sur les contrées auxquelles sa consanguinité la rattache, allant de l'une à l'autre, et aidant à l'hostilité des peuples dont la nature l'avait faite le lien.

Dans ce jeu des races si persistant et si logique, on les voit se composer et se décomposer tour à tour sous l'activité d'un principe destiné à faire face à une situation morale. Ce fractionnement de races devenues incompatibles qui avait brisé l'unité du sol breton, en appelait toujours une nouvelle à sa reconstruction, et la domination saxonne, plus étrangère à la généralité primitive, devait lui attirer, dans ce rassemblement d'hommes partis de la Norwège et de l'ancienne Chersonnèse kimrique, des vengeurs de sa nationalité violée. Par le détour qu'elle prit d'abord, la race normande, qui ne formait encore ni un peuple ni un État, vint demander l'un et l'autre au sol de la Gaule, et se rattacher par lui à la tradition bretonne et à la civilisation naissante de la France. Dans la double application qu'elle en fit à l'Angleterre et à travers les violences d'une réaction favorisée par les mœurs, on aperçoit les causes qui donnèrent si promptement à cet amalgame une force que n'avaient pas eue tous les autres. La nouvelle direction de l'esprit national fut toute française à une époque où la France n'existait encore que sur un point de la Gaule, et où l'extension normande était le produit du même mouvement qui avait contribué à sa propre création. La conquête de Guillaume-le-Bâtard, loin d'en changer le caractère, continua de le développer dans sa double direction instinctive, qui la portait à la fois sur la Tamise et vers les Pyrénées dans toute l'étendue de l'ancienne Celtique.

La conséquence de cette agglomération si rapide semblait rattacher fatalement la suprématie de l'Occident à la fortune de Guillaume-le-Bâtard, et un moment on put croire que le conquérant avait transmis cette mission à sa famille, lorsque Henri II, par l'extension nouvelle de sa puissance, fut sur le point de réaliser, dès le XIIe siècle, la tentative essayée plus tard au XIVe par Édouard III.

La situation de la France au moyen âge, à qui le droit féodal avait constitué une suprématie sur deux puissantes maisons sorties successivement de son sein, et rattachées à elle par les liens de vassalité, a toutes les apparences d'une guerre civile et d'une dissension domestique dans les alternatives de laquelle les rois d'Angleterre faillirent devenir rois de France et finirent par perdre leurs possessions continentales. La royauté en Angleterre avait participé de cet esprit positif qui fit partout le caractère de cette institution, et il s'était même manifesté dès l'origine de la conquête par la constitution de la propriété la plus oppressive et en même temps la plus habilement calculée qu'on eût encore vue; car elle attestait par ses dispositions toute l'astuce et l'avidité tenace particulière à la race normande. Quoiqu'elle eût pris la forme féodale qu'elle avait partout dans le reste de l'Occident, la royauté était demeurée l'arbitre absolu de ce partage, et elle ne fit qu'une délégation de son pouvoir dans la concession des domaines. Cette distinction, qui n'existait nulle part d'une manière aussi tranchée, lui assura une supériorité qui résista aux révoltes des barons, à leur alliance avec les intérêts de la race opprimée et aux changements de dynasties amenés par leurs coalitions, pendant que le même principe en France, timide et irrésolu, s'introduisait furtivement dans la constitution qu'il faussait et n'avançait que par une suite d'usurpations longtemps contestées. Mais de cette constitution sortie toute d'un seul bloc de la conquête normande, et qui avait dessiné sur le même sol des pouvoirs définis et inséparables dans leur antagonisme légal, il était résulté un ensemble social dont l'alliage de bronze n'a pu être altéré depuis par la succession du temps, ni les variations de mœurs ou d'intérêts. L'empreinte féodale, qu'il reçut à l'origine, lui est restée dans toute son énergie native; et quand sa royauté se faisait trafiquante et marchande avec la Flandre, elle gardait sur le continent, ses prétentions aristocratiques et militaires, en soutenant l'autorité d'un principe affaibli dans la puissance qui avait en apparence le plus d'intérêt à le maintenir. Aussi, attaquée sans relâche dans ses possessions françaises, au nom du droit féodal interprété arbitrairement par la suzeraineté, elle fut forcée, pour se soustraire à ses atteintes, de l'attaquer à sa source et de chercher à s'en emparer à son profit afin de s'attribuer la seule force qui lui manquât pour dominer l'Occident. Fidèle à la double inspiration qu'elle tenait de son passé, l'Angleterre, dans son action violente contre la France, avait essayé de rallier l'Allemagne à son système, et ses souverains avaient tenté à la fois d'arriver par l'élection à l'empire germanique, et par le droit d'hérédité à la couronne de France. C'est ainsi que Henri V fut plus près que tout autre d'acquérir à l'Angleterre la domination de l'Occident, lorsque, devenu maître de la France par la victoire, il avait étendu le réseau de sa politique sur l'Allemagne, l'Italie et l'Espagne, dont il tenait les États soumis à son influence.

La maison de Bourgogne, sortie de la maison royale de France, fut plus maltraitée encore, et périt tout entière par suite de la même politique qui fit préférer aux rois de France sa destruction à l'extension d'autorité nominale qu'elle leur prêtait dans une direction opposée à l'Angleterre, en rattachant à l'héritage primitif de Charles-le-Chauve cette zone qui avait fait la part de Lothaire et après lui de Louis-le-Germanique. S'étendant de la mer du Nord à la Méditerranée, dans une position mixte et toujours con-

testée, entre l'empire et la France, elle donnait à
celle-ci une sorte d'introduction dans le corps
germanique et un droit d'arbitrage et par cela
même de suprématie dans ses querelles avec la
papauté dont le siége était alors établi dans la même
zone. Quoique cette bande intermédiaire fût le
théâtre d'une activité sociale et d'une industrie
supérieure à la civilisation des États voisins, son
peu de profondeur et de consistance seconda mal
l'ambition des princes qui la possédaient et le
projet qu'ils formèrent de s'affranchir en s'isolant. Dans leur révolte contre la subordination
féodale dont ils tenaient un rôle plein d'éclat,
souvent en contraste avec la modestie systématique du suzerain, ils furent eux-mêmes victimes
d'une inconséquence qui les mettait en contradiction avec le principe d'où relevait leur
pouvoir. Cette pression continue entre deux puissances qui devaient l'absorber développa au contraire la force centrale et intérieure de la France
qui, en éclatant par le mouvement des masses
populaires, rejeta l'une au-delà de l'Océan, et
assit sur les débris de l'autre une nationalité
compacte et définitive qu'aucune situation politique n'a pu entamer depuis cette époque.

## CHAPITRE V.

#### Le Monde moderne.

La monarchie moderne était née dans cette unité secondaire, plus forte et moins vague, dans cette proportion modeste caractérisée par l'esprit de l'institution et des princes qui l'exerçaient. Mais, dans la lutte de l'idée antique écrasée sous le génie moderne, le principe ne semblait s'éteindre sous une forme inférieure que pour se relever aussitôt et renaître dans une autre plus éclatante. Ainsi, la maison de Bourgogne s'éteignait à peine sous l'influence du cauteleux Louis XI, qu'elle revivait dans la maison d'Autriche, plus étrangère et par cela même plus dangereuse dans sa nouvelle rivalité. Charles-Quint, arrivait au moment où le principe d'unité, soit qu'elle fût fondée par la race ou par la civilisation, succombait sous une double négation en présence des grandes monarchies despotiques développées partout sur la décadence du pouvoir religieux et la ruine des résistances particulières. Il essaya néanmoins de les restaurer l'une et l'autre dans sa personne. Héritier de la nouvelle monarchie espagnole si long-temps détachée de l'Occident, il la recevait comme elle y rentrait avec la vigueur d'une race exercée dans une lutte opiniâtre de plusieurs siècles, et jetait dans la balance le poids d'un nouveau monde à peine découvert, mais grandi de tout le mystère qui l'entourait encore. A cette auréole de l'inconnu et de la nouveauté que les imaginations cherchent à l'aurore de toute puissance qui s'élève, l'élection impériale ajouta bientôt dans Charles-Quint la sanction du passé qu'elle consacrait en sa personne sous son expression historique la plus haute, et il put prendre par elle sur le Nord l'ascendant qu'il déployait sur le Midi.

Il se trouvait donc à la fois en position d'embrasser l'unité sous son double aspect matériel et moral, et de l'asseoir définitivement sur une base inébranlable; il y serait sans doute parvenu sans la résistance opiniâtre qu'il rencontra dans la France. Au début de cette brillante époque du xvi° siècle, qui devait être rempli par les débats de leur rivalité, il s'était fait comme une attente générale dans cette société pleine de passions neuves et ardentes. De la décision entre les deux prétendants à l'empire, allaient dépendre le sort et la direction de l'Occident, et la connaissance du caractère des deux princes, également jeunes et ambitieux, redoublait l'intérêt de cette élection. En effet, elle pouvait fixer à la France une suprématie qui lui échappe toujours au moment où elle est près de la saisir; et, en la décidant contre elle, on décida la nature de son opposition et en même temps le sort d'une tentative qui échoua par les causes qui semblaient devoir en assurer le succès. On a vu que quand l'idée impériale procède de la civilisation romaine, l'opposition devient aussitôt féodale; quand elle procède au contraire de l'ordre naturel, la résistance prend immédiatement la forme et le langage de l'idée romaine, et ces mêmes variations se retrouvent dans le caractère des souverains qui les représentent. Ici, par un bizarre échange, les deux princes rivaux avaient précisément les qualités opposées au rôle qu'ils devaient jouer et à leurs prétentions respectives. A François I*r*, soutien de l'ordre matériel introduit par le système monarchique, l'éclat chevaleresque, l'étourderie héroïque qui aurait convenu à l'ambition toujours un peu romanesque d'une domination universelle, et, après les désastres, la captivité, la ruine produite par cette direction d'esprit appliquée au maintien d'un système de raison, le triomphe assuré par les moyens et les défauts qui devaient le compromettre; à Charles-Quint le vaste coup d'œil, le sens profond du politique qui juge les hommes et les choses sans illusion, et, après les victoires, les grands desseins accomplis, une fortune toujours constante, l'impuissance reconnue d'une idée soutenue par les plus habiles calculs et le génie qui semblait le mieux fait pour la réaliser.

C'est qu'à un système qui devait répondre aux sympathies populaires et aux traditions historiques restées dans les masses, il appliquait les règles des gouvernements modernes contre lesquels il aurait dû réagir par son institution. Ainsi, il avait étouffé le mouvement communal en Espagne, anéanti toutes ses libertés et entraîné au-dehors la surabondance de sa vie guerrière, entretenue si long-temps par sa lutte avec les Maures, pour y substituer cette lente agonie et ce marasme du despotisme développé par ses successeurs. Pour opérer la même révolution en Allemagne, il se fit le champion de l'Église contre la réforme, après avoir habilement concilié en lui les prétentions opposées des empereurs et des papes. Cette politique, qui faisait du pouvoir religieux l'auxiliaire du pouvoir despotique, a été imitée depuis par tous les princes qui ont aspiré à l'unité, et, quoiqu'elle ait soulevé contre eux les mêmes obstacles, elle ne fut à personne plus nuisible qu'à Charles-Quint. C'était déjà pour le vieil esprit germanique une cause d'antipathie et de répugnance que cette origine espagnole d'un pouvoir venant imposer au Nord la prédominance méridionale contre laquelle il luttait depuis cinq siècles sous une forme politique, et cela dans le moment où il allait engager avec elle un débat social bien plus grave sous la forme religieuse.

Cette difficulté, qui fit prendre une face inattendue au sentiment populaire indispensable à l'œuvre de fusion qu'il avait entreprise, mettait Charles-Quint dans la nécessité de se prononcer entre le catholicisme, héritier de l'esprit romain dans la fraction méridionale de l'Occident, et le protestantisme, qui développait dans sa partie septentrionale le principe d'indépendance individuelle appliqué à la foi qu'elle avait autrefois fait prévaloir contre Rome dans l'ordre politique. Après quelques hésitations, Charles-Quint, par la pente de son esprit, se décida pour la cause la plus sympathique à ses tendances absolues, et rendit par là plus inconciliable ce qu'il devait réunir. Il mit contre lui les affections populaires soutenues par les intérêts des princes et les secours de son rival, qui, dans une prévoyance du même genre, et le même instinct despotique, étouffait chez lui la révolution qu'il encourageait au-dehors. L'intérêt qui avait été sur le point de lui faire adopter le protestantisme ayant décidé Charles-Quint en faveur de l'Église, il parut moins obéir à une conviction réelle qu'à une nécessité politique, lorsqu'on vit surtout son armée s'emparer de Rome et tenir captif le représentant de la domination religieuse qu'il prétendait exercer sur l'Occident. Cette sorte d'incrédulité affichée officiellement, qui viole la liberté d'une institution en maintenant scrupuleusement sa forme, blesse la principale condition d'un pouvoir universel qui, de sa nature, est avant tout une puissance d'opinion. Charles-Quint se trouva précisément dans la même inconséquence de conduite et de pensée que Napoléon, se heurtant trois siècles plus tard à l'autorité spirituelle et forcé de tenir sous une geôle le représentant naturel d'un principe qu'il aspirait à imposer au monde sous sa direction.

La retraite de Charles-Quint, amenée par le dégoût des déceptions de la fortune, rompit l'union momentanée de l'association germanique avec le Midi, et le débat entre les deux grandes monarchies de l'Occident reprit ce caractère d'altercation domestique et de divisions de familles terminées par des alliances et des mariages, tel qu'il avait eu lieu au moyen âge entre les grandes maisons féodales. L'esprit de la propriété avait passé dans les institutions autrefois plus larges et empreintes d'un sentiment plus universel, mais moins assises sur le sol. Ce puissant contre-poids mis à l'instinct d'aventure et de conquête, avait développé toute une face de la société du moyen âge, et transformé l'esprit de destruction et de pillage en système de conservation. Il avait été le principe de ce grand travail de décomposition des habitudes militaires de la société féodale où, depuis les lois des Barbares jusqu'aux Établissements de saint Louis, toutes les lois ne sont que des réglements de la propriété et les moyens de lui donner des garanties contre les mœurs générales en l'appuyant sur les intérêts particuliers. L'esprit personnel, qui s'était dégagé de ce système, avait été favorisé de plus en plus par les intérêts naissants du commerce et par les intérêts pacifiques des classes inférieures. La concentration du pouvoir dans les capitales avait fait passer à une seule direction l'impulsion que la société recevait autrefois de tous les points du territoire, et la formation des cours avait groupé autour du souverain les influences aristocratiques disséminées sur le sol. Enfin, la substitution des corps privilégiés aux convocations périodiques des assemblées générales, avait enlevé à l'esprit de race les seules occasions qui lui restassent de se retrouver et de se retremper, et n'ayant plus dans la société qu'une représentation indirecte et infidèle, il s'était réduit à la même proportion restreinte et exclusive que les autres pouvoirs.

Cette situation nouvelle pour l'Occident, et sans exemple dans le passé, avait puissamment contribué à la fixité des États, devenus inébranlables dans leur constitution particulière, et désormais sûrs de vivre à travers toutes les vicissitudes. La portion mobile et passionnée de l'âme humaine, qui puisait autrefois ses inspirations dans le sentiment et le besoin des masses, restreinte comme tout le reste aux vues personnelles des gouvernements, s'était associée sous la forme des nationalités à l'ambition des princes et des cabinets; ceux-ci calculaient dans l'ombre et le secret, loin de toutes les passions populaires, les combinaisons d'une science politique nouvelle, dont les résolutions n'étaient plus comme autrefois les résultats de l'entraînement de tout un peuple ou les conceptions mûries d'un corps oligarchique qui, même dans la constitution la plus exceptionnelle, reçoit toujours l'impression des masses. Dépendant du degré d'ambition des princes ou du génie des hommes d'état qui les avaient conçus, leurs projets, soumis à l'arbitraire de la faveur et des influences individuelles, n'avaient de suite et de fixité que par la permanence des intérêts nationaux représentés incomplétement dans les dynasties, et celles-ci par la nature de leur institution ramenaient toutes les solutions à la même mesure de satisfactions données à l'homme, substitué idéalement à l'état. Le sentiment des nationalités, comprimé de plus en plus par les formes despotiques des monarchies, ne venait éclater dans ces querelles que quand leur existence était mise en question, et il retrouvait alors l'expression caractérisée des peuples effacée sous l'uniformité des gouvernements, comme on le vit apparaître dans la révolution d'Angleterre et dans les guerres religieuses de la France et des Pays-Bas.

La continuation de l'œuvre de Charles-Quint par son fils n'avait pas été moins menaçante pour la liberté de l'Occident, et elle était plus fortement assise que la précédente puisque, partant d'une réaction générale du catholicisme dans tous les États où il avait été ébranlé, en France, en Angleterre, dans les Pays-Bas, elle aurait entraîné dans le mouvement l'Italie et l'Allemagne. Mais transportant son point d'action dans la péninsule hispanique, et imprimant à son système ce caractère d'isolement qu'il tenait déjà de sa position excentrique, Philippe II, par la pente de son esprit, lui donna cette expression sombre et insociable qui en fit comme une vengeance impitoyable du passé contre toutes les tendances du présent. Ce fut toujours l'écueil de ces desseins qui, partis d'une idée juste en ayant pour but la reconstitution de la société troublée dans son unité, s'attachent à une forme vieillie dont l'impuissance est attestée par les infractions qui l'ont discréditée dans la pratique. Cette inhabileté qui se croit savante en consultant plutôt ses vues que les besoins d'une époque, tenait de plus chez Philippe II, à l'emploi qu'il faisait pour l'établir des moyens qui avaient contribué à la ruiner. Ainsi, appliquant à une œuvre d'union les procédés de division de la politique italienne, et ramenant tout à une idée personnelle mise à la place de l'intérêt général, après avoir été un moment maître de l'Angleterre par un mariage, et de la France par la Ligue, il raffermit les liens du système de séparation monarchique en alarmant les sentiments des peuples. Il provoqua cette explosion également politique et religieuse, comme celle qui avait éclaté contre son père, et qui, commencée par la révolte des Pays-Bas, fut suivie du grand ébranlement de la révolution d'Angleterre. A la suite des agitations qui marquent les règnes des derniers Valois, elle aboutit en France à l'avénement de la maison de Bourbon, qui devait fonder sa grandeur sur l'abaissement de la maison d'Autriche.

Les infractions faites à chaque époque à l'unité primitive de la race l'ont toujours reproduite dans toute l'étendue où elle agit par un principe simple et uniforme, auquel la société s'est trouvée partout subordonnée ; c'est par là qu'elle s'est maintenue sous la loi d'une même impulsion, destinée à la conserver au milieu de la décomposition que lui font subir les rivalités individuelles. Toute l'existence du monde antique se réduit à la prédominance de la cité sur les éléments simples de la tribu, tandis que l'âge intermédiaire, en constituant la société au point de vue du fief ou du domaine, fit prévaloir dans cette nouvelle organisation l'influence effacée dans la première. La monarchie, dont nous avons suivi le long enfantement, pour arriver par l'usurpation à l'envahissement du système dont elle était une partie, s'étant appuyée sur le mouvement de renaissance des villes, tendit à modeler la société dans le cadre de la corporation, imitation du privilège féodal moins la hiérarchie et l'indépendance. Cette forme avait successivement envahi toutes les institutions et les avait rapetissées à la proportion de classes privilégiées, enfermées dans les villes sous l'action permanente d'une autorité désormais sans rivale par l'abaissement de tous les pouvoirs. La noblesse, le clergé, les parlements, les ordres religieux, les communes, les associations marchandes et industrielles, se tenant en échec mutuellement, ne pouvaient avoir la vigueur de l'ancien privilége qui, dans son indépendance incertaine et contestée, puisait une énergie et une activité qui étaient alors la condition de son existence au milieu de tout ce qui tendait à l'envahir. Pourvues d'une organisation officielle, les classes sentaient peser au-dessus d'elles une puissance supérieure qui les condamnait à l'immobilité, et elles présentèrent bientôt cette apparence de pouvoirs fictifs qui vivent à l'extérieur longtemps encore après que la vie s'est retirée d'eux.

Cependant, l'esprit d'indépendance des masses qu'on avait senti s'agiter confusément derrière ces institutions, avait offert une force presque toujours inappréciable, puisqu'elle n'avait pas de représentation directe, mais dont la présence n'en agissait pas moins d'une manière irrésistible sur la marche générale des choses. S'arrachant aux types vieillis sans vouloir entrer dans les nouveaux, et flottant à la surface de la société jusqu'à ce qu'il trouve l'idée qui lui donne une forme et une puissance visible, on l'avait vu d'abord faire irruption par les croisades en échappant à la régularité de l'oppression féodale. Pendant les luttes du xive siècle il éclata par de brusques apparitions entre les partis, et ses manifestations révélaient en dehors de la société, une masse compacte à laquelle l'unité de situation et de sentiments tenait lieu d'ensemble et formait un lieu commun. Dans les deux siècles suivants, il rencontra deux issues qui ouvrirent une carrière infinie à son activité : ce fut au-dehors la découverte du Nouveau-Monde, et au-dedans les guerres religieuses produites par la réforme. On sait l'immense influence que le premier de ces événements exerça sur la société en général; il étendit la sphère des facultés humaines par la direction qu'il donnait aux idées et aux sciences, et il créa par le commerce une nouvelle puissance industrielle qui modifia sensiblement les intérêts et les rapports des États. Mais quoiqu'il ait surtout contribué à l'affermissement de l'ordre monarchique, et développé chez plusieurs peuples des vocations et des aptitudes particulières, il n'altéra que faiblement la loi naturelle de leur constitution : elle continua d'agir dans le sens que leur avait imprimé leur passé, en observant les conditions morales de réciprocité et de relation que cette extension de leurs forces semblait appelée à changer matériellement.

La réforme eut une action bien plus étendue, car l'ébranlement qu'elle produisit eut tout le caractère des mouvements opérés par les races, et elle aurait pu renouveler la société si l'idée impériale s'y était associée. Née du plus faible incident, par l'une de ces mille contestations élevées entre les corporations rivales qui avait mis aux prises deux ordres religieux, l'entraînement populaire lui donna seul cette signification qui dépassa de bien loin la pensée du réformateur. Luther, tant qu'il put douter de l'avenir de son œuvre, en eut toute l'ambition et la proportionna à l'immensité de son entreprise ; mais comme tous les réformateurs qui réussissent, il se contenta d'un succès médiocre en acceptant pour elle la forme subalterne des institutions locales et en se hâtant de faire d'une doctrine de régénération universelle une doctrine de conservation d'un ordre particulier, auquel il se trouva dès l'abord associé. L'union de la puissance impériale avec l'unité catholique le détermina à cette conduite, qui put être habile comme politique momentanée, mais qui arrêta l'élan de son idée avant qu'elle fût complètement développée et la frappa de la même interdiction vers le progrès indéfini qui avait immobilisé la doctrine catholique. Au lieu d'entraîner l'Allemagne dans une impulsion unanime, il ajouta à son fractionnement par celui des esprits, et ne pouvant que balancer l'influence contraire, il devint pour elle une nouvelle cause de division qui prolongea ses déchirements et sa faiblesse jusqu'à la fin de la guerre de trente ans. Calvin, au contraire, imprimant à sa réforme le principe d'indépendance républicaine, dont la doctrine socinienne avait déjà fait l'application à l'Italie, eut une fortune plus haute et conforme à la nature de sa propre origine, qui se trouvait appartenir plus intimement aux deux grands pays qui la mirent en œuvre.

La réforme, en Angleterre, avait voulu, à l'exemple de celle de Luther, se faire d'abord sociale et politique, et se légaliser par son union avec le pouvoir. Elle ne fit que précipiter l'esprit populaire dans la doctrine démocratique de Calvin, qui semblait devoir déraciner les abus à peine effleurés à la surface par sa rivale, et perpétués par cette nouvelle consécration. L'énergie sauvage du puritanisme s'allia aux vieilles haines de race contre ses deux rivaux étrangers, le catholicisme romain et l'anglicanisme officiel dans sa révolution qu'il rendit par là trop locale. En France, il trouva surtout le Midi fidèle à ses instincts d'opposition ; celui-ci se hâta d'embrasser une doctrine favorable à l'indépendance individuelle, dont l'idée n'avait jamais péri dans son sein et qu'il avait transmise directement de l'hérésie des Albigeois à celle des Vaudois. Sa propagation rapide dans les populations rurales, alarma les villes ralliées au catholicisme et souleva le mouvement de la Ligue pour la conservation de leur influence menacée. Le peuple, l'aristocratie, la royauté elle-même, se partagèrent entre ces deux intérêts sous la forme religieuse qu'ils venaient de prendre, et introduisirent dans le débat les puissances qui les représentaient au dehors. La force supérieure acquise par les cités dans la civilisation moderne, finit par l'emporter, surtout quand la querelle, en se prolongeant au milieu des massacres et des dévastations, eut créé, comme toujours, un esprit de transaction qui profita à la royauté, devenue la garantie de la trêve acceptée par les oppositions. La bourgeoisie parisienne, pour reconquérir l'action de la royauté errante dans les provinces et tentée de s'y fixer, scella son alliance avec elle en abandonnant toute idée de liberté, et la nouvelle dynastie put marcher sans obstacle à l'anéantissement des autres pouvoirs, regardés dès lors comme une cause de trouble au lieu de protection pour la société.

Quoi qu'on ait dit des vues d'Henri IV sur une reconstitution de l'unité européenne, cette œuvre, au sortir de la crise que la France avait subie, était alors prématurée : elle ne pouvait être que l'un de ces projets suivis patiemment dans le cours de plusieurs générations, que le chef d'une dynastie transmet à ses successeurs comme la condition et en quelque sorte l'expression même de l'intérêt qui les a portés au trône. La France, dans sa lutte systématique contre la maison d'Autriche, passa dès lors de la défense à l'agression, et ne s'arrêta plus dans ses progrès qu'elle n'eût englouti la plus riche partie de ses domaines. Dans ce mouvement ascendant, favorisée par la décadence rapide du grand corps impérial qui achevait de mourir avec sa dynastie, mais dont les deux têtes séparées menaçaient toujours de se rejoindre et de relever l'unité sous sa double expression traditionnelle, la France grandissait sous la forte direction de Richelieu et de Mazarin. Quel que fût le génie de ces hommes d'état, leur position secondaire éloignait toute idée de domination générale qui ne s'allie qu'avec une institution supérieure, comme celle de la puissance royale consacrée par les mœurs, ou bien avec l'action d'un peuple personnifiée dans une dictature souveraine. Plus habiles pour empêcher que pour fonder, ils préparaient partout des résistances que la France devait un jour retrouver contre elle dans la réalisation de la même pensée sociale. Cette complicité, qu'elle demandait à l'Angleterre et à la Hollande, qui amenait la Suède au cœur de l'empire, fit naître un nouveau droit public européen dont le traité de Westphalie fut la consécration. Il établit une solidarité, entre les princes, qui les liguait tous contre la puissance qui violerait le nouvel équilibre politique constitué entre les membres désormais indépendants de la grande unité impériale ;

traité souvent invoqué avec fruit, malgré les événements qui ont toujours tendu à le rompre. La France, après l'avoir provoqué, ne le signa qu'avec l'arrière-pensée d'y déroger, car, quoique dicté par sa politique, il était fait contre elle, et elle était alors dans l'un de ces moments de sève et de maturité qui ne permet pas aux nations de s'arrêter devant les obstacles, par un sentiment de supériorité qui vient autant de la conscience de leur force que de la faiblesse relative de tout ce qui les environne.

Louis XIV appuya bientôt les prétentions de sa maison de toute la grandeur d'un perfectionnement social qui avait trouvé en quelque sorte la langue de la civilisation et fixé le caractère de son universalité. Son système politique, basé sur l'unité catholique, se résumait dans l'accession des Stuarts en Angleterre, l'abaissement de la Hollande, cette citadelle du protestantisme, et enfin l'éventualité de la succession espagnole. C'est par ce point surtout que Louis XIV sortit des proportions monarchiques : il créa un système nouveau qui n'était plus la grande idée impériale, ni la condition médiocre de cette autorité suspecte et en conspiration flagrante avec la société qu'elle régissait. Il l'avait définitivement affranchie en l'émancipant de la tutelle des parlements et en achevant de détruire, sous une forte administration, ce qui restait de l'ancienne constitution. Au dehors son système se ressentit du caractère absolu de l'homme qui avait confondu l'État dans sa personne; malgré la grandeur et l'éclat de son règne, il eut quelque chose de subalterne et d'artificiel comme toutes les combinaisons qui ne reposent que sur l'égoïsme individuel. Son pacte de famille liait les princes plus qu'il n'engageait les peuples, et n'ayant pas cherché les sympathies et les affinités nationales, il n'avait pas non plus pour auxiliaire une large et décisive association de leurs intérêts particuliers, mais un intérêt mesquin de personnes et de dynasties, dont l'insuffisance devait bientôt ressortir en présence du progrès général de la société. La confusion de l'idée religieuse avec l'idée politique, qui avait fait échouer le projet de Charles-Quint, fut également funeste à celui de Louis XIV; elle assura sa domination sur le Midi, mais elle le sépara du Nord, où l'Angleterre se mit à la tête des intérêts protestants et rallia les éléments de la résistance allemande, qui avait amené précédemment la séparation de la portion germanique de l'héritage de Charles-Quint.

L'Angleterre, sous cette forme nouvelle, ressuscita sa rivalité ardente du moyen âge et commença avec la France cette lutte terrible, tantôt ouverte, tantôt cachée, qui a duré deux siècles et s'est prolongée jusqu'à nos jours avec quelques rares intermittences. Le caractère plein d'une grandeur chevaleresque qu'elle avait déployé sous Édouard III, et surtout Henri V, lorsqu'elle put aspirer à une suprématie continentale, avait cédé, lorsqu'elle se vit frustrée de cette espérance et refoulée dans son île brumeuse, à une humeur insociable qu'elle tourna d'abord contre elle-même dans les guerres sanglantes des Deux Roses, et plus tard dans sa révolution empreinte des fureurs d'un sombre fanatisme, qui en rendit le principe inapplicable aux autres peuples. Bientôt elle l'épancha au-dehors dans une lutte violente et lointaine avec la nature matérielle, et des races étrangères sous toutes les zones et sous tous les climats. Échouée dans ses combinaisons sur l'Occident, elle embrassa avec ardeur le principe de circonscription nationale sur le continent adopté par la monarchie, et seconda, sous ce rapport, toutes les fautes de la France dans sa rivalité avec l'Espagne, pendant qu'elle y dérogeait elle-même en se préparant, à l'insu de l'Europe, un surcroît de force exceptionnelle. L'Angleterre étant condamnée par la nature à demeurer circonscrite dans les limites qu'elle lui a tracées, tandis que les autres peuples ont tous devant eux une carrière d'agrandissement, sa politique consiste à empêcher l'extension des autres États. Du jour où un seul peut rompre l'égalité des proportions avec elle, son influence décline d'autant; mais c'est surtout à l'agrandissement de la France, en considération de son voisinage, qu'elle s'est opposée avec une obstination et une énergie égales au péril qu'il lui faisait courir. Cependant, pour obéir à cette loi d'agrandissement, qui est la loi du mouvement et de la civilisation, elle a cherché à suppléer à ce qui lui manquait. A l'exemple du Portugal et de la Hollande, qui s'étaient élevés au rang de puissance par un large développement de la marine et du système colonial, elle tourna son génie vers des conquêtes lointaines, et, avec une hardiesse inconnue jusqu'alors, elle se créa de vastes empires sortis tout entiers de son sein, et qui n'ont d'autres liens avec elle que ses vaisseaux. Elle jeta deux empires anglais, l'un dans le nord de l'Amérique, l'autre dans le midi de l'Asie, en même temps qu'elle combattait pied à pied la France sur le continent, et profitait de l'avilissement du principe monarchique sous les successeurs de Louis XIV.

Le catholicisme et le protestantisme, dernière expression religieuse de la double force morale qui avait constitué la société moderne à sa naissance, un moment ranimés, s'étaient épuisés dans leurs démêlés à la fois politiques et théologiques sous Louis XIV. Au plus fort de leur querelle naquit, du progrès des sciences physiques, en Angleterre, la philosophie sceptique du xviiie siècle, qui était la négation de ces deux formes usées, et qui devait préluder par le radicalisme religieux au radicalisme politique. Son principe actif, inoculé à la France, opéra ce que n'avait pu faire jusque là le protestantisme armé et appuyé sur des institutions civiles; mais la chute de l'édifice religieux devait entraîner celle de l'édifice politique, qui se trouvait lié trop intimement avec lui. Cependant, l'Angleterre sentit la première atteinte de l'arme qu'elle avait aiguisée, et le nouvel esprit philosophique fit la première application de ses principes en fondant l'indépendance américaine, suivie de près par le grand mouvement de rénovation sociale accompli par la révolution française. L'aristocratie britannique sentit le sol trembler sous elle : éclairée par le sort de l'aristocratie française, disparue avec les vestiges de l'ancienne société, elle s'arma du courage du désespoir; elle réchauffa toutes les vieilles passions de l'Angleterre qui, saisie d'un nouveau paroxisme de fureur, jeta dans cette guerre à mort tous les trésors de son industrie et ceux de l'univers devenu tributaire de sa haine contre la France. En vain Napoléon, en disciplinant la nouvelle société révolutionnaire, chercha à la rapprocher de l'ancienne ; l'Angleterre, pour sa part, ne voulut jamais entendre à aucune transaction dont la première base établissait, pour la France, un droit d'extension que sa proximité lui rendait mortelle, et elle ne s'arrêta que quand elle fut maîtresse de l'homme qui l'avait secouée sur ses fondements.

La violente impulsion produite par cette lutte inconsidérée, eut d'abord un effet contraire à celui qu'elle en devait attendre. Pendant que cette avidité commerciale, accrue toujours par le succès, absorbait toutes les facultés de la nation, elle se trouva pressée entre le mouvement d'affranchissement de l'Amérique et l'explosion révolutionnaire de la France. Rejetée par l'une du Nouveau-Monde, où à la place d'une extension de ses propres forces elle voyait se dresser au-delà de l'Océan une rivale maritime et commerciale, elle était encore menacée par l'autre de son expulsion de l'Europe. Elle déploya dans cette situation une résistance analogue aux intérêts exceptionnels qu'elle lui créait, et pour laquelle son génie la disposait admirablement. Séparée de l'Europe par ses intérêts comme par sa position, elle put la traiter avec cet orgueilleux mépris qui ne voit dans l'humanité que des instruments de sa grandeur, puissance aussi dangereuse pour ses alliés que pour ses ennemis, et déployant avec une effrayante énergie la rapacité insatiable du marchand, la ruse du contrebandier et la férocité du pirate, élevées à la hauteur d'un système de domination et d'envahissement universel. En cherchant à supplanter partout la France dans son existence coloniale, elle la força de se replier sur elle-même, et par là elle contribua à l'élan intérieur qui devait la jeter dans un système d'extension continentale. L'Angleterre voulut aussi s'imposer la tâche d'interdire à la France cette nouvelle direction, en soudoyant contre elle toutes les coalitions formées en haine de son principe. Mais elle ne fit que créer pour elle la nécessité d'appliquer aux autres peuples une rénovation qui devait lui rester particulière.

Le temps était venu pour la France d'entrer dans une carrière de rénovation la plus vaste encore qui se fût ouverte à aucun peuple, et d'arriver, par la conquête de sa propre liberté, à celle de l'humanité tout entière. Quoiqu'elle eût été précédée dans cette tentative par l'Angleterre deux siècles plus tôt, et plus récemment par l'Amérique, ces deux événements, suivant l'esprit de la race qui les avait accomplis, avaient gardé un caractère de spécialité qui les a bornés à une influence secondaire et privés de cette force universelle où atteignit d'abord la révolution française. Le premier, malgré son énergie, n'a pas même eu le pouvoir de réformer la société anglaise, et a laissé subsister toutes les inconséquences monstrueuses de sa constitution; le second, continuant l'application à la société civile des principes d'indépendance religieuse qu'elle devait à son origine, eut une action toute municipale, et ne dut quelque force de généralisation qu'au mélange des idées françaises qui vinrent y imprimer leur activité pendant que les secours de la nation s'y associaient matériellement. L'Amérique, pour mieux prouver tout ce qu'elle avait dû à ce contact, en a laissé s'effacer l'empreinte après la retraite de son allié, et une fois le triomphe assuré, elle est rentrée dans ce développement de l'esprit positif et matériel qu'elle tenait de sa nature par une exploitation habile mais subalterne, et pour ainsi dire mécanique, d'une civilisation sans idée générale.

Par l'affaissement de l'ancienne société concentrée et immobilisée dans le cadre monarchique, la France put dégager subitement l'idée qui, sous la forme philosophique, commença par se soustraire aux conventions sociales et à s'armer contre elles de la même incrédulité systématique que le pouvoir avait employée contre les institutions du passé. C'est par cette pente que les esprits se trouvèrent entraînés à rompre la tradition et à se lancer dans des expériences sociales qui ne reposaient plus que sur des bases fantastiques. L'idée monarchique ayant été l'altération continue et persévérante des anciennes formes, et par le fait de leur décadence s'étant substituée à tous les pouvoirs, elle se trouvait seule en face de la force naturelle, la seule qu'on ne puisse faire disparaître, et elle voyait se dresser devant elle cette unité que la nature a gravée dans la race et que, par une vue opposée, elle avait travaillé à reproduire dans son œuvre. Mais cette fois l'auxiliaire, qui l'avait aidée à détruire les anciennes formules, se retournait à son tour contre elle-même avec une unanimité qui ne lui laissait pas de prises pour l'entamer. Cette force, qu'on a vue dans son action irrégulière et indisciplinée s'échapper sous différentes apparences dans les crises générales des époques précédentes, avait pris, depuis le XVIIe siècle, sous l'uniformité despotique qui avait pesé sur l'Occident, celle de l'opinion publique. Associée au mouvement des idées et à l'impulsion littéraire que le perfectionnement social avait produite, elle fit irruption dans le domaine des spéculations théoriques. Encore religieuses et contenues dans la polémique réformatrice de Port-Royal, rêveuses à dessein dans Fénelon, dissimulées dans les œuvres plus indépendantes mais plutôt frondeuses qu'ouvertement rénovatrices des autres écrivains, elles prirent, sous la régence et le faible gouvernement qui lui succéda, un caractère de généralisation de plus en plus audacieuse. L'esprit littéraire devenu une puissance sociale, passa des hardiesses satyriques de Voltaire qui se contentait de détruire, aux paradoxes éloquents de Rousseau, plus dangereux parce qu'il aspirait à substituer un autre ordre à celui qu'il attaquait : derrière ces deux noms se rua une mêlée confuse de talents secondaires, encyclopédistes, philosophes, économistes, qui, par la multiplicité et la continuité des attaques, l'unanimité des efforts, présentait l'apparence d'une masse de plus en plus compacte et arrivait par degré à la consistance et à l'autorité d'un parti national. Ralliant à lui toutes les idées et pénétrant dans les classes constituées, à la suite de leurs débats avec le pouvoir, ses principes s'insinuaient dans les parlements et jusque dans les conseils de la royauté livrés aux intrigues des favorites, et le cri public la réduisit enfin à chercher son salut dans une tentative de restauration des formes de l'ancienne société.

En se reconnaissant dans l'institution qui l'avait autrefois représentée directement, l'opinion publique se trouva dès l'abord organisée pour agir, et en se dégageant de la forme primitive des États-Généraux, elle fit prévaloir contre la démarcation de ses classes l'unité qu'elle allait appliquer à la société. Quelque habile et mesurée qu'elle parût dans cette refonte générale des institutions répudiées ou adoptées par elle en les renouvelant, l'Assemblée constituante n'était qu'au commencement des difficultés qu'elle croyait avoir résolues. L'élan des idées qu'elle avait soulevées, et l'émancipation trop subite qui en était résultée pour toutes les classes, laissaient à chacune la faculté d'attaquer le nouvel ordre, les unes avec leurs préjugés blessés, les autres avec leurs espérances à demi satisfaites. D'ailleurs, un mouvement de résistance intérieure, soutenu par la répulsion générale des gouvernements étrangers, formant une masse d'opposition, força l'esprit nouveau, dans ses aspirations aventureuses, à s'élever à une proportion générale qui n'était plus seulement dans les idées mais déjà dans les choses. Seule contre tous, la France arriva à l'unité démocratique absolue, comme le pouvoir était arrivé au pôle contraire de l'unité politique, et par cette effrayante personnification de la force qui n'avait encore eu lieu nulle part, dans le chaos sanglant et gigantesque des passions populaires déchaînées, la France vécut plusieurs siècles en quelques années. Après une si longue privation de sa liberté personnelle, elle se sentait en possession d'elle-même ; aussi en fit-elle une expérience à tous les degrés qui la remua dans ses profondeurs et au sortir de laquelle elle se trouva renouvelée complétement. Ses différentes constitutions, variables comme les passions qui les produisirent, manifestaient cette vie intérieure et nouvelle dont l'énergie se répandit au dehors avec un éclat incomparable.

Dans la période philosophique de la révolution française, on avait vu les gouvernements venir au devant des réformes réclamées au nom de la raison, et toujours acceptées par eux dans ce qu'elles avaient de favorable à leur pouvoir. Mais dès que le principe de leur existence fut attaqué, la France se trouva entre deux pressions constantes parties de points opposés et qui, depuis lors, ont toujours agi dans le même sens. L'Angleterre d'une part, dont on a vu la direction, et de l'autre sur le continent, une ligue soutenue par le dernier débris de l'ancienne domination germanique subsistant dans l'Autriche, et le récent État de la Prusse, qui avait été la création d'un homme et d'une famille plutôt que celle d'un peuple. Derrière eux apparaissait un empire nouveau, inconnu dans ses éléments, et dont l'action dissimulée jusque là échappait aux appréciations ordinaires. L'Europe, le jugeant d'après elle et l'associant à la défense de ses vieux intérêts en ne se préoccupant que de l'accroissement de force qu'il semblait lui apporter, réduisait de plus en plus la France, par le renouvellement et la constance de ses coalitions, à se répandre au dehors dans un système de propagande extérieure et de transformation des États qui la touchaient le plus près. La conduite des divers gouvernements révolutionnaires fut commandée par cette position; ainsi, la convention et le directoire tendirent à créer autour de la France, comme une barrière destinée à la couvrir, une ligne de petites républiques calquées sur la sienne, et qui, dominées par son influence, devenaient solidaires de l'existence de leur métropole.

Quoique la révolution d'Angleterre n'ait eu à combattre que des résistances intérieures, elles avaient suffi pour créer un parti militaire qui, en se personnifiant dans Cromwell, substitua bientôt une constitution despotique aux habiles tempéraments par lesquels le parti parlementaire et presbytérien avait tenté de limiter l'autorité royale. C'est l'écueil inévitable des révolutions qui aspirent à fonder la liberté civile; car ayant à briser la résistance d'une société organisée militairement par la force et la conquête, il faut qu'elle finisse par en appeler contre elle à la dernière raison, celle des armes. Alors l'esprit démocratique qui touche par son origine et son unité aux mêmes éléments qui ont servi à constituer la société aristocratique et féodale de l'Europe, trouve plus naturel de retourner contre elle l'organisation dont il s'affranchit violemment, et qui répond bien mieux à sa nature que toutes les nuances sociales et les dégradations hiérarchiques maintenues par les intérêts des classes intermédiaires. La lutte se prolongeant en France, et prenant des proportions colossales à mesure que les événements se développaient et amenaient sur la scène de nouveaux défenseurs de l'ordre ébranlé, le mouvement révolutionnaire se transformait à l'intérieur. Après avoir passé des livres et de la discussion littéraire aux orages et aux délibérations des assemblées législatives, il prit un élan nouveau dans la violence et le développement des sociétés particulières, et dans les insurrections populaires et les combats de la place publique. Transporté à l'extérieur et sur les champs de bataille, où il était entretenu par un duel continu et corps à corps avec la société européenne tout entière, il devait faire prévaloir l'esprit militaire sur les formes de la liberté civile dont l'existence semblait trop dépendre de son triomphe.

Mais quand cette excitation n'eût pas existé, l'issue aurait été la même ; car indépendamment des inclinations guerrières de la nation, l'état militaire composant dans l'ancienne monarchie le patrimoine exclusif de l'aristocratie, c'était pour la démocratie un moyen de la supplanter dans la prérogative qui flattait le plus ses passions, et qui répondait le mieux au besoin immense d'activité dont elle était travaillée. Cette rectitude de sens et d'esprit qui l'avait engagée à jeter dès l'abord le fardeau des formules du passé sous lequel se traînent péniblement les autres sociétés, qui lui avait fait ranger sous le même niveau mathématique les démarcations de son territoire, les distinctions de classes, les règles administratives et tous les détails de sa vie intérieure, sans égard pour les habitudes et les traditions, devait s'accommoder de préférence d'un régime qui répond davantage à l'égalité naturelle, et qui compense la soumission à un seul par la domination sur tous. La liberté civile succomba donc d'autant plus facilement qu'elle parut représentée avec plus d'éclat et une incomparable supériorité dans l'homme resté maître des destinées de la nation. Le caractère de législateur, l'instinct et les hautes qualités de l'homme d'action appliqués à l'organisation de la société, vinrent compléter heureusement un génie guerrier qui avait paru seul à la hauteur de l'immense mouvement de la révolution française, et qui, le faisant passer d'un système timide de résistance à la plus brillante expansion de ses principes et de ses forces dans toutes les directions, avait porté au plus haut degré le sentiment de sa puissance et de sa fortune. Cet équilibre entre des facultés contraires, admirablement résumées dans le premier consul, maintenu encore dans les premières années de l'empire, s'effaça peu à peu dans l'homme ainsi que dans son système, et il finit par disparaître tout-à-fait devant la prédominance de l'instinct despotique et militaire.

Napoléon partant de la compression du mouvement révolutionnaire à l'intérieur, ne pouvait cependant représenter en effet que son principe d'unité dans son expression la plus générale. Comme elle n'était encore que dans les idées et non pas dans les choses, il devait commencer par l'établir au dehors avant de pouvoir se relâcher au dedans de la dictature violente et désormais sans limites à laquelle son système de gouvernement était progressivement arrivé. Il fit en attendant un composé de l'idée monarchique de Louis XIV, agrandie et fondue dans l'imitation de l'œuvre de Charlemagne. Mais la monarchie ne reposant plus sur la tradition ni sur l'esprit de famille et de propriété dont elle avait reçu un caractère paternel qui en adoucissait l'exercice, il ne restait plus sous la pression des formes administratives et en l'absence de toute représentation réelle de la société, que le sentiment du despotisme dans toute sa crudité. Par la création des royautés vassales qu'il plaçait dans sa famille comme les degrés de son édifice impérial, Napoléon ne fit d'autre changement au plan suivi précédemment par le Directoire que de le mettre en rapport avec la nouvelle forme monarchique qu'il donnait à la France républicaine, et il remplaça les copies de la grande république par des reproductions en petit de son grand établissement impérial. Le caractère de personnalité violente qu'entraînait un système appuyé à la fois sur l'usurpation des droits de la société civile au dedans et la dépossession par la force des royautés étrangères en fit la faiblesse; malgré l'éclat qui le couvrit au milieu des plus étonnantes prospérités, le déclin fut aussi rapide, et le résultat vint prouver l'impossibilité désormais démontrée de toutes les combinaisons qui ne reposent pas sur l'intérêt général et sur la participation directe des peuples à l'exercice de la puissance souveraine qui en est la seule garantie.

La facilité que Napoléon avait trouvée à se rendre maître d'un mouvement devant lequel s'étaient anéanties toutes les résistances, avait dû diminuer la valeur des autres obstacles pour l'homme qui joignait la puissance d'un pareil levier au sentiment de sa fortune et de ses facultés prodigieuses. Certes le moment était venu ou jamais de fonder l'unité occidentale après l'événement qui en avait rendu la direction à la race gallique, et rétabli ses relations primitives dans toute la sphère de son action au-delà du Rhin, des Alpes et des Pyrénées. Il n'a manqué à cette admirable position que le sens intime qu'elle contenait, et qui échappait aussi bien au créateur du nouvel empire qu'à ses contemporains. Aveuglés par la force, ils négligèrent l'idée qui seule donne à tout système le pouvoir de fonder et d'être durable. On ne peut imputer à celui de Napoléon l'ignorance historique qu'il accuse, car elle était le fait de son siècle, et elle n'a pas le droit de surprendre dans le sien quand on voit encore de nos jours, après des épreuves réitérées et la démonstration répétée des événements et des révolutions le sentiment des relations générales si peu répandu, et si mal apprécié de tout le monde. Il faut lui savoir gré au contraire de l'admirable instinct qui parut le guider dans plusieurs de ses combinaisons, et où il fut heureusement servi par son génie naturel, lorsqu'il reprit par exemple la continuation de l'idée romaine, dans l'Occident, dont il releva et rendit l'expression à l'Europe arrêtée dans le fractionnement monarchique. Il avait senti que la généralité du principe révolutionnaire ne pouvait plus s'accommoder du moule conventionnel qu'elle avait brisé, et qu'il voulait être représenté dans une institution qui reproduisît son universalité.

En passant à l'exécution il avait dans l'Angleterre l'ennemie irréconciliable d'une conception devenue pour elle un arrêt de mort, tant que l'état des opinions aussi peu avancées dans les deux partis ôtait toute possibilité de la lui présenter autrement. Obligé pour le succès de son entreprise de réduire cette puissance par la force, il la poursuivit à travers les coalitions successives qu'elle formait contre lui, et au fond desquelles il ne voyait et ne cherchait que sa rivale. L'opposition que l'unité occidentale avait rencontrée à toutes les époques historiques dans l'unité barbare, se reformait également dans les choses de son temps, et sous les dénominations nouvelles qui les déguisent. Il aurait pu sans difficulté tourner à son avantage cet intérêt que l'Angleterre armait contre lui, s'il avait su s'en rendre compte. Mais dans la foule des idées vieillies qu'il avait acceptées du passé, et remises en circulation, au moment où son système bouleversait toute l'ancienne démarcation monarchique, il en appliquait encore les traditions. Ainsi, au lieu de s'associer dans la Russie une puissance nouvelle et jeune comme la sienne, il suivit servilement cette politique de contre-poids, qui avait recherché l'appui tantôt de la Prusse et tantôt de l'Autriche pour des combinaisons où elles ne devaient prêter qu'un concours douteux et secrètement hostile. Dominé par ce conflit de vues contraires, il dépouillait ces États en les admettant comme parties nécessaires de sa politique, et trouvait par là le moyen de se faire un ennemi secret dans un allié mécontent.

Les guerres de la période révolutionnaire avaient eu l'avantage de faire disparaître toutes les nuances intermédiaires et de partager l'Europe entre deux idées qu'elle portait dans son sein, et sous la forme bigarrée de sa constitution. C'était à réaliser cet état que Napoléon devait tendre, et il en eut plus d'une fois le sentiment comme dans les actes qui firent entrer successivement avec la domination directe de l'Italie et de l'Espagne le protectorat de la Suisse et de la confédération du Rhin, ensemble imposant, dont les traditions historiques en se ranimant auraient pu relier toutes les parties au point de le rendre indissoluble. Mais appliquant à un système de civilisation les formes de la conquête barbare, il forçait la pensée sociale de se réfugier dans le régime contraire, et par la fausseté de sa création il fit naître le mouvement historique réel qui a ramené notre époque au sens véritable des choses. Ainsi son vaste empire suspendu tout entier à l'idée de sa personnalité, laissait sous le déploiement de la force le sentiment d'un État fragile et sans avenir, dans lequel la France absorbant l'Europe, disparaissait à son tour dans cette extension illimitée où aucun principe d'union ne venait remplacer celui de sa nationalité. Et quand une complication de catastrophes l'eut privé d'une partie de ses moyens militaires, il ne trouva plus sous sa main le fonds inépuisable des forces sociales entretenues par la vie intérieure des institutions civiles ni l'enthousiasme d'une nation soulevée pour son indépendance. Au-dehors il vit se rallier contre lui au faisceau d'intérêts qu'il avait essayé de briser, une puissance morale nouvelle qu'il était incapable d'apprécier. Elle éclatait en Allemagne par les rêves du teutonisme et la renaissance des traditions germaniques, et dans le Midi par les souvenirs de l'indépendance des premiers âges réveillés au bruit des batailles, dans ces guerres immenses qui ramenaient l'état sauvage au milieu d'une société perfectionnée.

Cette accumulation de fautes à peu près inévitables, et la secousse violente et prolongée qui arracha l'Europe à l'ordre artificiel où elle avait été enfermée depuis cinq siècles, ont fait survivre à l'empire toutes les idées naturelles qu'il semblait appeler à réaliser, même après l'effort malheureux qu'il fit pour se relever de sa chute en s'alliant avec le mouvement de liberté civile, trop comprimé sous son règne pour qu'elle sympathisât sincèrement avec lui. La rapidité de cette chute, produite par les accidents imprévus du dehors et non amenée par une décadence intérieure de la société, a contribué à conserver toute l'énergie de ce sentiment en France et jusque dans les États qui avaient formé la ligue opposée à son influence. Après avoir vécu d'une vie générale pendant quinze ans, la société n'a pu adopter que comme une forme transitoire le rétablissement de l'Europe dans les limites du traité de Westphalie, et sur les bases d'équilibre et de garantie mutuelle qu'il consacrait entre les États. Cette constitution artificielle, violée dans le présent comme elle l'avait été dans le passé, a régi l'Europe sous le nom de Sainte-Alliance jusqu'à nos jours, sans rien changer à l'état fondamental des choses, pas plus qu'à la marche des gouvernements, qui ont continué leurs usurpations à l'abri de ce voile commode de légalité, pendant que les peuples suivaient la pente de leur nature en dépit du frein qui devait les contenir. En rendant la France à la proportion monarchique dont elle était sortie par son terrible élan révolutionnaire, cette cruelle revanche qui la reléguait dans une position inférieure à son passé au sortir d'une domination universelle, avait créé pour elle et pour l'Europe une situation sans issue entre un état de guerre permanent et une paix apparente, mise en question à chaque événement.

Les progrès de la liberté civile et ceux de la richesse industrielle, en effaçant de cette situation la partie matérielle de ses inconvénients, avaient laissé subsister un sentiment d'irritation qui dut aux fautes du pouvoir l'occasion de se satisfaire, et la révolution de Juillet, en faisant éclater les liens dans lesquels on l'avait enlacée, vint rendre à la France, avec la liberté de ses mouvements, l'initiative de sa puissance révolutionnaire dont elle retrouva aussitôt chez elle et au-dehors l'exercice vainement comprimé. Cependant l'esprit d'indépendance civile qui avait contribué à la chute du régime intérieur de l'empire, et lutté contre la pente rétrograde de la restauration, loin de disparaître dans ce mouvement, fut mis par lui en possession du pouvoir retrempé dans le principe révolutionnaire. Il s'est trouvé de force à le dominer jusqu'ici malgré la violente inconséquence qui l'obligeait à ne pas sortir de la forme secondaire de la monarchie au moment où il intronisait le principe de domination universelle. L'Europe s'est vue de nouveau partagée en deux camps, et l'espèce de trêve armée qui a subsisté depuis dix ans, a pris de nos jours un caractère plus hostile par des complications récentes. Au fond la situation n'a pas varié et le monde demeure toujours suspendu dans l'attente d'une solution générale devenue plus impérieuse par l'inefficacité de toutes les conclusions partielles. Préparée déjà par les événements du passé, il nous reste à la chercher dans ceux du présent pour en tirer la démonstration du seul système politique qui réponde à l'unité des intérêts de l'Occident. Son exposition appartient aux développements ultérieurs de ce livre, mais elle ne peut être abordée qu'après avoir établi les distinctions extérieures qui servent à le définir dans les limites de sa personnalité et qui, traçant avec lui des différences de nature et de principe, l'éclairent tout à la fois de leurs oppositions et de leurs rapports.

# DEUXIÈME PARTIE.

TABLEAU DE L'UNITÉ ORIENTALE.

## CHAPITRE VI.

#### Le monde slave primitif.

Le monde slave ou oriental, que nous posons en face de l'Occident dans une correspondance morale et physique avec lui, présente la seconde expression de la nature européenne et ses traits peuvent au besoin servir de preuve mathématique à l'appui de la première. En effet, l'existence de la race slave, aussi impossible à nier que facile à constater, suppose, au degré d'extension qu'on lui trouve, celle de la race occidentale dans une proportion égale à la sienne, comme une corrélation nécessaire sans laquelle toutes les lois d'équilibre observées partout dans la nature seraient violées. L'ensemble qui reste ailleurs obscur et douteux ne l'est plus ici, et les rapports primitifs qui se sont effacés sous les altérations produites par les invasions et les bouleversements politiques, subsistent dans toute la force de leur analogie. Presque toujours contestables par l'effet de la nature complexe de l'Occident, ils prennent chez la race slave un degré d'évidence qui tient à la simplicité de ses éléments. Ainsi, sans parler même des autres traits de ressemlbance qui les rapprochent, une parenté directe peut être établie entre les peuples par la communauté de langage, et il est hors de doute que, puisque le Poméranien des bords de la Baltique, le Bohémien et le Polonais du centre de l'Allemagne, le Dalmate de l'Adriatique et le Bulgare de la mer Noire, peuvent s'entendre et presque converser avec l'indigène du Volga et du Don, ils appartiennent à la même famille. Ce qui pourrait paraître incertain ou conjectural par l'extension que nous donnerons au fait principal sur des points où l'on n'est pas habitué d'en faire l'application, trouvera sa démonstration dans le tableau que nous allons tracer du mouvement de cette race.

Ici on vient, comme à l'Occident, se heurter contre le préjugé scientifique qui assigne obstinément à l'Asie l'origine des peuples européens. Quoique plus rapproché de la source sacrée et mystérieuse de cette erreur, nous ne soulèverons pas le voile du sanctuaire que nous nous réservons plus tard de faire tomber; il nous suffira de faire ressortir l'individualité des peuples slaves en présence des races asiatiques qui viendront s'y mêler par l'Est, aussi bien que nous l'établirons pour l'Occident dans les influences qui lui viendront de ce côté. Quant à son unité originaire, toute vivante dans son état actuel, elle est en rapport complet avec celle de son sol, plus compacte, moins brisé d'îles et de péninsules que l'Occident, ce qui a contribué à la maintenir dans son harmonie primitive. A peine entamé sur quelques unes de ses extrémités, il n'a point subi l'éducation romaine, ni passé par les modifications du moyen âge et des sociétés modernes ; les seules invasions qui l'aient remué ne lui ont apporté que des éléments encore simples à l'époque de leur mélange. Le titre de Slave, qui ne désigne particulièrement aucun peuple, mais qui les embrasse tous dans une appellation honorifique, s'applique plus spécialement à la masse centrale du territoire, comme à la majorité de ces populations qui n'offrent que deux variétés un peu tranchées, dans la race scandinave au nord, et dans la race hellénique au midi. Mais ces dissemblances, beaucoup plus apparentes que réelles, s'expliquent et disparaissent bientôt dans l'examen des causes qui les ont produites.

Placée entre les races asiatiques d'une part et la face germanique de l'Occident, la race slave a reçu la première impulsion de la grande famille des Kimris. On trouve ces conquérants voyageurs, occupant les premiers tous les points où s'établiront à leur exemple les peuples sortis de l'Occident et attirés dans les mêmes lieux par des causes semblables; car on remarquera que chaque fois que la race slave, disparue en apparence dans le flot des invasions extérieures, se relève et dessine sa personnalité, c'est toujours pour appeler à elle les peuples de l'Occident contre l'oppression des races asiatiques. Cette situation marquée une fois dans l'histoire et se reproduisant à toutes les époques, il est à supposer, quoique aucun monument ne l'indique, qu'elle a toujours déterminé les mouvements et les relations des races qui l'ont dominée tour à tour. Quelle que fût la cause qui ait amené les Kimris dans ces contrées, leur séjour, qui plus tard eut une si grande influence sur la destinée de l'Occident dont elle hâta la civilisation, est attesté par les dénominations galliques qu'elles conservent. La Tauride, ainsi appelée du mot gallique qui désigne une contrée montagneuse, est représentée chez les historiens antiques comme le principal établissement de ces terribles Kimmeriens que l'imagination grecque a entourés d'une superstitieuse terreur et mêlés aux plus sombres épisodes de sa mythologie. Cette péninsule, d'un accès difficile, hérissée de montagnes qui en font comme une fortification naturelle, a été successivement occupée par tous les peuples qui ont cherché à dominer la race slave, comme le point le plus propre à assurer cette domination. Quant aux Kimris venus de la Chersonèse cimbrique, elle offrait trop de rapport avec leur patrie pour ne pas avoir déterminé leur choix, quand il n'aurait pas été dicté par la facilité qu'elle leur donnait pour étendre leur influence, d'un côté sur le Danube, le Dniéper et le Don, et de l'autre sur la Colchide, la Grèce et les États de l'Asie-Mineure.

C'est à travers l'obscurité des âges qu'on entrevoit à peine cette civilisation kimrique dont le caractère peut être présumé par celui qu'ils imprimèrent à l'Occident après leur retour vers lui lorsqu'ils établirent, dans le nord de la Gaule et le midi de la Grande-Bretagne, la théocratie religieuse et guerrière du druidisme. La Colchide, située sur le versant du Caucase, où la Grèce a placé le théâtre de ses traditions les plus noires, établi le séjour de l'expiation et du crime, où elle a semé les poisons et mis le berceau de la magie et des enchantements, était une colonie de l'Égypte et de la Phénicie. Pendant que l'une y apportait les idées de son organisation théocratique, l'autre y introduisit sans doute les superstitions sanglantes de sa théogonie pleine d'épouvante et de mystère. Le voisinage explique comment elles se trouvèrent confondues dans le système si complet du druidisme gaulois et transportées avec la race que les invasions asiatiques forcèrent bientôt à refluer vers l'Occident devant ces Sarmates ou Sauromates, peuples aux yeux de lézard dont le nom semble les rapprocher des races purement asiatiques et d'origine mongole. A leur suite viennent les Bastarnes, nommés ainsi du chariot qui les transportait, les Jaziges et toutes ces peuplades scythes, c'est-à-dire nomades dont les traditions des âges primitifs signalent le point de départ dans le centre du continent asiatique, et dont les mouvements mal appréciés ont fait conjecturer que tous les autres peuples avaient antérieurement suivi la même voie.

L'apparition continue de ces peuplades jusqu'à des époques très voisines de nos temps, nous montre dans quelle proportion ces émigrations ont toujours eu lieu, et l'idée qu'on doit se faire des plus éloignées par le spectacle des plus récentes. Leur présence a toujours tenu à une configuration particulière du continent slave, dont les parties fertiles sont coupées par de vastes plaines qui sont comme le prolongement des steppes du continent asiatique, éternel séjour des races pastorales et qui n'admet pas d'autre genre de vie que l'existence nomade. Pendant que la race slave indigène, livrée de tout temps à la culture de la terre, mais dispersée sur un sol étendu et dont la contiguïté est rompue par ces landes naturelles, pratiquait la vie sédentaire et devait bientôt à son heureuse position, à la direction de ses grands fleuves favorables à la circulation intérieure du commerce, et à son voisinage de l'Asie, un prompt développement de civilisation ; ces bandes dévastatrices qui rôdaient éternellement entre ses parties séparées, profitant des moments de désunion ou de faiblesse, les attaquaient à l'improviste et avant que rien n'eût annoncé leur présence. Étaient-elles trop faibles pour étendre leurs incursions, après quelques dégâts et une courte apparition, elles rentraient dans les déserts, ouverts de toutes parts pour elles, mais fermés pour le Slave sédentaire qui n'aurait su où les saisir, et que la différence de ses habitudes rendait incapable de les poursuivre. Étaient-elles nombreuses, leurs ravages s'étendaient au loin sur toute la contrée ; tout ce qui était ville ou établissement fixe périssait, seulement le Slave des campagnes continuait de les cultiver, exposé aux déprédations et aux violences d'un maître barbare qui, de son côté, fidèle à ses mœurs natives, continuait de parcourir ces contrées à cheval et sur les chariots qui transportaient ses tentes vagabondes. Dans cet état l'indigène disparaît dans l'histoire, qui ne distingue plus à sa place que les conquérants d'un jour, quelquefois peu nombreux, mais portés par leurs habitudes sur les points les plus éloignés, ce qui fait supposer qu'ils dominent partout où on les rencontre et substitue leur nom à celui des possesseurs du sol; c'est ainsi que les mêmes lieux ont successivement été désignés par les noms de Scythie et de Sarmatie, jusqu'à ce que de nouveaux dominateurs étrangers soient venus expulser les peuples qui avaient déterminé ces dénominations. De là cette distinction qui montre constamment chez les Slaves les classes dominatrices gouvernant pour ainsi dire à cheval, pendant que les classes subjuguées, soit dans les armées, soit dans les réunions publiques, sont exclues d'un privilége que la continuité du fait a transformé pour elles en marque distinctive de la puissance. Ainsi, la nation polonaise, qui a conservé la dernière sa constitution slave primitive, dans les circonstances extraordinaires apparaissait tout entière à cheval dans la convocation de la pospolite, où chaque noble, membre souverain de la nation, venait régler ses intérêts comme au temps de ses ancêtres nomades, pendant que les serfs et les vassaux, issus de la race conquise, suivaient à pied sa bannière.

Cette situation, pour ainsi dire normale, explique les oscillations de la race slave, passant de l'oppression des races asiatiques à celle des races occidentales, et allant des unes aux autres quand le joug est devenu intolérable ou que l'occasion de s'affranchir et de se venger vient s'offrir avec l'arrivée de nouveaux dominateurs étrangers. La retraite des Kimris, après un long séjour dans ces contrées, devant l'invasion des Sarmates et des autres peuplades asiatiques, paraît avoir été déterminée par une réaction de ce genre d'après les circonstances mentionnées par Hérodote, qui indiquent une division dans le sein de la nation conquérante et un soulèvement de la classe inférieure ou conquise contre les chefs qu'elle dépossède du pouvoir. L'invasion sarmatique, restée maîtresse du sol qu'elle opprime à son tour pendant plusieurs siècles d'obscurité, voit se former contre elle une nouvelle réaction de l'Occident dont la race gothique, dans le premier siècle avant notre ère, fut l'instrument. Nous avons dit déjà l'origine de cette émigration sortie de la Scandinavie sur deux vaisseaux, et qui touche à peine le sol de la Germanie qu'elle attire à elle, et entraîne sur ses pas les tribus teutoniques associées à son expédition. L'expression germanique de ce mouvement nous conduit à examiner, dans ses rapports avec la race slave, l'influence de la race germaine, dont l'action se mêle à son existence comme à la nôtre, dès l'origine de son histoire, dans une lutte dont le caractère peut se constater par les traits qu'elle présente encore aujourd'hui. On a vu que la conquête romaine, coupant l'Europe transversalement et faisant un angle vers le Nord par son extension sur la Gaule et la Bretagne, avait eu pour effet d'isoler la Germanie de l'Occident, au point d'affaiblir sa communauté avec lui et de la rejeter sur des races voisines, mais séparées d'elle par une différence originaire plus complète. De cette relation est née une civilisation intermédiaire qui agit sur le Nord pendant que Rome modifiait le Midi; le point où elle se développe d'abord, fut ce grand archipel septentrional que l'abaissement des mers a changé par degrés en une vaste presqu'île rattachée aujourd'hui au continent, mais qui se découpait alors en îles dont le réseau, déroulé sur toute cette face de l'Europe, aboutissait au groupe britannique. C'est dans cette carrière favorable à la rivalité des races, à leurs invasions réciproques et aux progrès qui en sont la suite, à l'invention des arts maritimes et du commerce qu'elle provoque par sa forme, qu'on trouve dans les populations les traces du mélange des Celtes et des Germains avec une race indigène que l'invasion slave d'Odin vint exciter à une réaction contre cette domination étrangère.

L'opinion que nous exprimons d'une manière affirmative sur l'origine présumée du législateur du Nord, est confirmée à nos yeux par l'examen de ses institutions, et surtout par les relations qui se dessinent dès lors entre les peuples slaves et germains. Sans doute on trouve dans la loi d'Odin un grand nombre de traditions conformes aux systèmes religieux des Celtes et des Germains, mais sous ce rapport l'Edda ressemble à toutes les constitutions religieuses du même genre, conçues dans des circonstances analogues. Le législateur, venu avec des notions nouvelles et représentant d'un ordre d'idées qui aspiraient à se produire, transformait, mais ne détruisait pas ce qu'il trouvait établi ; il ne donnait souvent aux choses qu'un nom différent, ou adoptant les traditions reçues, il fondait une loi nouvelle sur des bases antiques et rajeunissait par l'interprétation tout un système déjà entré dans les mœurs. C'est ce que fit le christianisme en Occident, c'est ce que nous verrons le mahométisme opérer dans l'Orient. Quant à l'origine d'Odin, on la trouve écrite dans l'Edda qui indique également et met en scène en quelque sorte les circonstances particulières de cette invasion à la fois religieuse et sociale. Dans la vision de Gylfe, qui forme la fiction principale de l'Edda, ce souverain du pays envahi par des étrangers qu'il qualifie de nouveaux venus de l'Asie, se déguise pour se rendre lui-même auprès du conquérant ; là, sous le faux nom de Gangler, il cherche à connaître les causes d'un triomphe qu'il attribue à la magie et aux enchantements, car c'est toujours sous l'apparence du merveilleux que l'imagination superstitieuse des peuples barbares représente la supériorité de la civilisation. Dans ses longs entretiens avec l'étranger, les questions de Gylfe et les réponses d'Odin développent tout le système religieux de l'Edda, mêlé de fictions bizarres, les unes grotesques, les autres terribles : elles personnifient en quelque sorte sous une forme symbolique le prosélytisme de la nouvelle doctrine combattu par la subtilité du néophyte, jusqu'à ce que la conviction sortie de cette lutte ait soumis au joug l'incrédulité qui la repousse.

L'exposition de ce système, qui forme le plus curieux monument des premiers âges de l'humanité, fournit un grand nombre de traits qui prouvent le caractère d'importation de cette doctrine : tantôt c'est le vin inconnu au Nord et dont le dieu s'abreuve ; ailleurs la connaissance des lettres étrangères aux races de l'Occident et communiquée par elle ; plus loin l'usage de brûler les morts accompagné dans les funérailles de Balder des cérémonies qu'on retrouve à celles des héros d'Homère ; et jusque dans les épreuves de Thor la trace de plus d'un usage encore en vigueur en Russie, comme celui qui consiste à vider une corne de vin, sorte de punition qu'on trouve prescrite dans un réglement de Pierre-le-Grand. Toutes ces particularités, qu'on pourrait multiplier, se joignent aux traditions religieuses des Slaves qui avaient pour centre l'île de Rughen, placée par quelques auteurs dans la mer Glaciale, mais qu'il nous semble plus naturel de chercher au sein de la Baltique, dans l'île de ce nom, qui servait de lien commun aux deux cultes et recevait encore les dons des rois de Danemark, même après leur conversion au christianisme. L'émigration, qu'on fait partir du voisinage de la Perse pour expliquer ces rapports, est une interprétation inutile, car ces faits, dont la transmission ne paraît possible que par ce moyen, voyagent aussi bien et passent plus sûrement encore dans les langues et les mœurs des peuples par les civilisations. Or, il y a plus d'une probabilité qu'il existait chez les anciens Slaves une civilisation indigène, née des relations de ces peuples avec l'Inde et la Perse, dont les marchands venaient de toute antiquité à travers ce vaste continent, et, en suivant ses fleuves, commerçaient sur les bords de la Baltique. C'est en conversant avec eux, comme plus tard Mahomet avec les marchands syriens, que Sigge, qui prit par lui-même ou reçut des peuples le nom d'Odin, confondant ainsi le dieu même avec le prophète qui l'annonçait, dut prendre les premiers traits d'un système mythologique frappant par ses analogies orientales qui se montrent encore plus dans son système politique. En effet, à peine s'est-il rendu maître de ces peuples par la double conquête de la force et de l'enthousiasme religieux, qu'on le voit développer une institution inconnue et antipathique aux Celtes et aux Germains, celle d'une monarchie régulière qui conserve la couronne pendant plus de mille ans dans la famille d'Odin. C'est par là surtout qu'il se détache complétement du système de l'Occident livré, comme on l'a vu, tout entier à l'organisation de la tribu primitive reproduite plus tard sous la forme de la cité. Cette distinction si tranchée et si capitale a frappé Tacite, qui remarque que seuls de tous les peuples germains les Suéuons, qui sont les Suédois de nos jours, obéissent à l'autorité royale avec des règles de dépendance pour les peuples et d'hérédité pour les chefs qui n'avaient d'analogue nulle part. Ce caractère de l'autorité se retrouve chez tous les peuples slaves, et leur communauté avec les peuples scandinaves qui apparaît dans tout le cours de leur histoire, est tellement étroite dans la période de ces relations primitives, que, d'après la tradition, dans le partage que le conquérant fait de ses États, la Russie échoit à l'un de ses fils; le nom même d'Odin est un mot de la langue vulgaire russe, et désigne l'unité qui caractérisait sans doute l'idée de la divinité chez ces peuples : enfin, quoique la langue des peuples scandinaves ait gardé des affinités germaniques très nombreuses, elle montre les traces de cette révolution par l'adoucissement de l'idiome rappelé aux formes et à la sonorité des langues slaves, et moins empreint de la rudesse teutonique.

L'hostilité marquée à l'origine entre les Suédois et les Goths, encore distincts aujourd'hui sur le même sol, nous explique le départ, au moins en majorité, de cette race indocile sans doute à la nouvelle loi ou du moins aux nouvelles mœurs qu'elle avait introduites; car son émigration, soit qu'elle ait précédé celle des Cimbres, et contribué au mouvement qui les précipita sur la Gaule et l'Italie, ou bien que, venus après leur départ, ils aient suivi leurs traces et substitué partout leur domination à la leur dans les lieux qu'ils avaient quittés, toujours est-il qu'elle coïncide avec l'arrivée d'Odin et son établissement dans le Nord. Repassés dans la Germanie où ils se recrutent des Vandales et des Hérules, leur destinée, ou plutôt les affinités qu'ils avaient contractées avec les races slaves, les ramènent vers elles, et ce grand peuple qui devait changer la face de l'Occi dent par la destruction de l'empire romain, prélude à cette œuvre par la fondation d'un empire slave sur les bords du Danube et du Dniéper. Maîtres de l'Ukraine et des bords de la mer Noire, ils relèvent dans les mêmes lieux la domination des Kimris, pressant comme eux la frontière romaine et ses établissements de la Germanie sous le nom de Daces dans la lutte de Trajan contre Décébale, et sous le nom de Marcommans dans leurs guerres avec Marc-Aurèle. Du côté de l'Orient leurs expéditions maritimes font trembler la cour de Byzance; et le grand empire d'Hermanric, tantôt allié, tantôt ennemi de celui des Romains, allait en égaler l'étendue et peut-être bientôt la civilisation, comme l'attestent la possession des richesses et tous les signes d'une industrie en progrès, lorsqu'il fut arrêté par une révolution soudaine, et renversé par l'apparition des Huns en Europe.

La grandeur et la civilisation relatives où les Goths parvinrent rapidement par leur mélange avec les peuples slaves, viennent à l'appui de ce que nous avons dit sur l'existence d'un état civilisé chez ces derniers, toutes les fois qu'une nouvelle domination, en se fixant sur le sol, laissait reprendre à la race subjuguée ses habitudes paisibles de peuple sédentaire et agricole. Leur soumission à cette race étrangère donne-t-elle lieu à une longue résistance? c'est ce que l'histoire ne peut dire faute de monuments ; mais les peuples, dans leurs oscillations et leurs mouvements mystérieux, sont aussi des monuments qui ont un sens pour l'esprit qui sait les consulter. Parmi les exploits de cet Alexandre des Goths, Jornandès mentionne une victoire qui porta sa puissance au plus haut point, et qu'il remporta sur les Wendes et les Slaves, dont le nom apparaît pour la première fois dans l'histoire écrite : il indique en même temps leur inexpérience dans les armes et leur multitude innombrable, deux traits qui servent à les distinguer partout dans la sujétion qui les masque et les confond avec les races étrangères. Plus tard, et lorsque l'invasion hunnique est commencée, c'est la désertion des Roxalans, dans le nom desquels l'on retrouve à la fois les Russes et les Alains, provoquée par un abus de pouvoir de ce prince, qui décida la ruine de son empire et força à la retraite les dominateurs venus de l'Occident. Dans la situation que nous avons dessinée pour les peuples indigènes, il devait se rencontrer ce qui se rencontre partout dans une position analogue, c'est au sein de la race conquise une division et un parti toujours prêts, selon la nature de l'oppression qui pesait sur elle, à chercher au dehors un appui contre son joug. La même réaction qui avait aidé l'expulsion des Sarmates par les Goths de l'Occident, et donné à ceux-ci des auxiliaires dans les Slaves, devait se retrouver dans un autre sens en faveur des races asiatiques. Ainsi, dans les rangs et à l'avant-garde de ces Huns qui venaient se répandre pour la première fois dans l'Europe, figurent les Alains, distingués de leurs alliés difformes par la régularité de leurs traits, et qui sortis, d'après la tradition, des pays où ils rentrent, semblent des exilés ramenés dans leur patrie. A la peinture qu'Ammien trace de leurs mœurs et de leur extérieur, à leur origine qui les fait arriver un siècle avant en Asie, des contrées mêmes où ils rentraient alors, on s'explique la cause qui les ramène avec les Huns pour auxiliaires parmi des peuples, leurs frères par le sang, qu'ils viennent affranchir du joug étranger. Le nom même d'Alani n'est sans doute qu'une corruption du mot Slaveni, semblable à celle que les Grecs avaient fait subir aux Wendes, transformés en Antes dans leurs annales, et selon l'apparence ils durent au concours de leurs compatriotes la force de renverser un empire qu'on avait vu résister à toute la puissance romaine.

Entre l'événement qui précipita, dans l'année 376, l'émigration violente de la nation gothique et de ses diverses branches sur le territoire de l'empire romain et la grandeur soudaine où s'éleva, au milieu du siècle suivant, l'empire des

Huns qui avaient remplacé leur domination sur les peuples slaves, il se passa un siècle entier pendant lequel les Huns vainqueurs, et sans sortir des limites de leurs conquêtes, ne font pas sentir leur présence à l'Occident. Ce long effacement, cette nuit profonde répandue sur leurs exploits, suivie d'un éclat foudroyant et imprévu, rendit leur apparition, sous Attila, presque surnaturelle et enveloppée de cette obscurité mystérieuse à l'origine qui empêche d'apprécier l'intervalle entre les faits arrivés à leur développement et les degrés successifs par lesquels il a passé. La puissance d'Attila s'étendait des profondeurs de l'Asie et des limites de la Chine aux peuples de la Baltique et jusque sur les nations de la Germanie, dont les rois comptaient parmi ses gardes et ses vassaux : établie à l'insu du monde civilisé sans qu'il ait pu en suivre les progrès, et se révélant à sa faiblesse par la menace des plus formidables invasions, elle a contribué surtout à l'exagération qu'on a faite de leur multitude. Les historiens qui ne s'arrêtent qu'à la surface des choses, ont été même jusqu'à supposer plus tard, par cette raison, que les peuples slaves en étaient sortis ; mais nous avons déjà dit combien est invraisemblable ce déplacement de masses créées par l'imagination troublée des peuples vaincus, et qui ne soutient pas un examen sérieux. On a vu pour l'Occident comment toutes les grandes invasions, qui par leur étendue auraient pu répondre à l'idée exagérée qu'on s'en est faite, ont échoué partout; et que les seules émigrations qui aient été transformées peu à peu en établissements définitifs, étaient au fond des corps de barbares admis sur divers points de l'empire comme sujets et auxiliaires, qui profitèrent du maintien de leur organisation et de leurs rapports avec les populations des provinces, pour fonder leur indépendance. Nous avons dit dans quelle proportion étaient les Francs et les Bourguignons avec la Gaule; les Goths, les Suèves et les Vandales avec l'Espagne, l'Afrique et l'Italie. Ce fait irrécusable pour l'Occident, l'est également pour l'Orient de l'Europe où l'état de fluctuation se maintint plus long-temps, et où la transformation des peuples en nations fut plus lente puisqu'elle est à peine accomplie de nos jours. Grâce à ce retard, l'on peut également rectifier la plupart des notions erronées admises sur elles dans ce qui les touche, aussi bien que dans ce qui nous est relatif.

Long-temps un effet d'optique singulier a fait se précipiter en masse de contrées stériles et désertes, où l'espèce humaine se développe lentement et dans des conditions d'existence peu favorables à sa propagation, des multitudes armées et toujours renaissantes. Ainsi l'arrivée d'une faible peuplade barbare, repoussée des limites de la Chine et rapprochée par son besoin de brigandage de celles de l'empire romain, parut déterminer la grande commotion qui changea la face de l'Europe au v$^e$ siècle. Si leur organisation militaire, leur introduction violente et toujours fortuite dans des intérêts et chez des peuples qui leur étaient étrangers, facilita la rapidité de leur succès, elle ne doit pas faire illusion sur leur nombre. Nous avons caractérisé le mouvement qui commença le iv$^e$ siècle par l'expulsion des Goths, en l'attribuant à une réaction générale des peuples slaves, soutenus dans leur révolte par l'incursion simultanée des Huns et des Alains. On sait que de vastes steppes partent des profondeurs de l'Asie et viennent de proche en proche pénétrer dans le continent européen : elles tournent la Caspienne, remontent le Volga, côtoyent les Palus-Méotides, le Don, le Dniéper, et forment, du côté de l'Asie, une frontière semblable aux *borders* de l'Écosse et aux vagues espaces qui séparent ailleurs certaines contrées. Elles avaient amené plus d'une fois les hordes asiatiques jusqu'au cœur de l'Europe, souvent au hasard, sans dessein formé, quelquefois à la suite d'une chasse et en s'égarant à la poursuite d'un animal fugitif qui faisait découvrir un nouveau monde à d'ignorants barbares. Ce fut précisément un hasard semblable qui attira les Huns sur l'Europe, mais après l'incident matériel commence le fait moral et raisonné, et c'est dans leur union avec les Alains ou Slaves exilés qu'il faut chercher la cause secrète de leur succès et du vaste ébranlement qui s'ensuivit. Quoiqu'on l'assigne communément aux premiers, il est probable qu'ils n'entrèrent que pour une faible part dans le soulèvement de ces peuples qui, rendus à leur indépendance, furent confondus par les Romains avec ceux qui les avaient aidés à l'établir. Dans ce curieux mélange de nations et cette fermentation de leurs éléments dans le cadre fictif de l'unité romaine encore existante, qui rend si instructive l'histoire de sa destruction, il est intéressant de suivre la persistance des instincts naturels. Écrasée par les Goths, Rome leur opposait dans son propre sein les haines de races qui les y avaient jetés malgré eux; ainsi des corps nombreux de Huns, pris à sa solde, venaient y continuer cette rivalité et sauver l'Italie des ambitieux projets d'Alaric, comme plus tard les Goths à leur tour, employés par Rome contre les Huns, préservèrent l'Occident de l'invasion d'Attila.

Quels étaient ces Huns qui n'inspiraient plus cette horreur exprimée si vivement par Jornandès à leur apparition, et que les Goths avaient apportée aux Romains lorsqu'ils virent pour la première fois les traits hideux de la race asiatique? Nul doute qu'ils n'appartinssent aux peuples slaves, chez lesquels la race conquérante n'était plus démêlée des masses où elle s'était fondue, que par quelques individus qui portaient dans leurs traits les marques de leur origine. Ces traits durent subsister plus particulièrement dans les familles et les dynasties de chefs, quoique déjà modifiées par un mélange lointain. Ainsi dut paraître Attila, dont l'extérieur présentait celui d'un Kalmouck ou d'un Tartare moderne, et qui, héritier du sang comme de l'autorité des premiers Huns venus chez les Slaves, dut faire croire aux Romains que tous ces peuples avaient une origine asiatique commune, opinion qui a passé d'eux aux modernes par qui elle a été souvent reproduite. Mais on conçoit que dans cette fusion, qui ne confondait pas seulement les races slaves avec les Huns, mais encore les races germaniques, la suprématie militaire avait dû rester au peuple qui avait été le principe de ce mouvement. Son autorité puisait d'ailleurs une force de compression qui servait à la maintenir et à l'étendre dans l'appui qu'elle trouvait, grâce à son origine, chez les races asiatiques appelées à la soutenir ainsi qu'à la partager, depuis les rives de l'Iaxarte jusqu'à celles de l'Oby et du Jenissei.

Mais par cela même que la civilisation romaine était occidentale dans son esprit et ses éléments, tout en s'appuyant de ses rapports avec l'Orient et la Grèce, la réaction barbare devait être slave dans son expression la plus générale, quoiqu'elle mêlât accidentellement à son action le concours des races asiatiques avec celui des peuples germains forcés de suivre son impulsion. Cette différence dans la nature de ces derniers, qui auraient dû par la loi de leur affinité défendre l'Occident qu'ils attaquaient, devient sensible dans le mouvement qui porta contre lui Attila, quand il eut consolidé sa vaste domination et rangé sous ses lois la Germanie tout entière. On voit d'un côté le chef d'une des races slaves de la Baltique, Genseric, roi des Vandales, l'appeler du fond de l'Afrique, et, après avoir mutilé la fille du roi wisigoth Téodoric, l'engager à intervenir dans l'Occident au milieu de ces haines nationales qui continuaient de diviser les Barbares transplantés sur le sol romain; de l'autre, au contraire, on voit l'alliance des races germaines et gauloises, Wisigoths, Francs, Espagnols unis aux Romains, faire reculer cette invasion et préparer, par sa retraite, l'affranchissement de la Germanie qui rentre dès lors dans le mouvement de l'Occident.

L'unité de la race slave éclata mieux encore en se dégageant des peuples germains et des races asiatiques, quand la mort d'Attila vint rompre et dissiper cette confédération de tant de nations rivales, maintenue par la présence et l'autorité d'un seul homme. A peine a-t-il disparu, que chaque peuple retourne à sa pente naturelle, et ce qui restait de véritables Huns, effrayés de cette désertion et de l'isolement où ils demeurent au milieu d'eux, se pressent autour d'Ellac, l'un des fils d'Attila, pour livrer la bataille du fleuve Nétad. Dans le récit qu'il fait de leur défaite, le Goth Jornandès triomphe de l'humiliation des vainqueurs de sa race, et décrit cette mêlée gigantesque de peuples se ruant avec leurs armes, leurs langues et leurs passions diverses. Réduits à quelques faibles débris, les Huns reprennent la route de leurs déserts; ils quittent un sol où ils devaient se remontrer huit siècles plus tard sans pouvoir y prendre racine, et pour y remplir le même rôle, avec une destinée semblable. C'est alors qu'on voit apparaître, dans Procope, cette longue chaîne des races slaves, jusque là invisibles pour tous les historiens: elles montrent leur identité avec une évidence qui les frappe et leur découvre du premier coup un monde particulier s'étendant de proche en proche de l'Hémus et des bords de l'Adriatique à ceux de la Baltique et au-delà. L'Illyrie, la Mésie, la Pannonie, foulées par le passage de tant de races, étaient restées inconnues des Romains qui n'y conservaient de rapports que ceux qu'établissent des stations militaires placées pour la défense générale de l'empire. Elles remplissent tout-à-coup des espaces déserts, naguère abandonnés indifféremment aux tribus qui les demandent ou les enlèvent de force. La race indigène, dissimulée sous l'occupation, revient à la surface, et ces provinces, tantôt comprises dans l'empire d'Occident, tantôt dans l'empire d'Orient, reprennent avec leur indépendance une forme qui leur est propre et qui dessine de plus en plus le type slave. L'émigration gothique s'était divisée dès l'origine en deux branches qui paraissent avoir séparé les éléments teutoniques des éléments slaves qu'elle avait entraînés avec elle. Ces derniers, restés dans la Mésie pendant que la portion germanique des Wisigoths suivait sa pente vers l'Occident, dégagés d'une nouvelle émigration teutonique dans la portion des Ostrogoths qui suivit Théodoric en Italie, reviennent à l'organisation slave dont les éléments prédominaient chez eux. Les évangiles de leur évêque Ulphilas en sont un témoignage, car leur langage, rapproché de quelques termes conservés de la langue vandale, marque plus d'analogies avec celle des Slaves, tout en montrant par ses rapports avec les idiomes tudesques, le mélange qui avait fait vivre ensemble les deux races avant leur séparation.

La tendance de la race slave à reprendre son identité en cherchant à individualiser l'Orient avec elle, n'est pas une des lois les moins curieuses à étudier parmi celles qui dénotent ses relations et ses affinités. Déjà, dès le IVe siècle, cette pression extérieure des races et cette domination insensible qu'elles exercent sur le cours général des choses avaient amené la grande scission de l'empire d'Occident et de l'empire d'Orient qui, dans la portion des deux unités européennes, occupées par la conquête romaine, rétablit la distinction naturelle qui existait dans la réalité. Dès lors la loi d'attraction vers une civilisation sympathique d'origine et d'effet, entraîna les races slaves vers Constantinople par un mouvement parallèle à celui qui précipitait les races occidentales vers Rome. Le même sentiment de l'histoire qui porte à rattacher à la terre celte la Péninsule italique, théâtre de la civilisation romaine, conduit à considérer comme partie intégrante de la terre slave la péninsule hellénique, théâtre de la civilisation grecque. Si les influences de l'Asie et de l'Égypte vinrent s'y développer et obscurcir pour long-temps l'ordre naturel, comme elles le firent pour l'Occident, en se développant plus tard en Italie, nulle part leur action n'a été plus superficielle. Après une durée historique de tant de siècles, d'abord avec les conditions de liberté pour elle et de suprématie sur les autres pendant l'époque de sa civilisation, puis sous une dépendance de Rome qui était plutôt une association à sa domination universelle; enfin, après une existence de dix siècles sous sa forme byzantine et impériale, les rapports qui l'unissent à la race slave, long-temps effacés, reparaissent avec une évidence irréfragable, que chaque événement vient confirmer et mettre de plus en plus en lumière.

Sur la surface de cette terre voilée pour nous par les nuages de l'antiquité grecque, on voit aujourd'hui se grouper des populations qui réfléchissent tous les traits d'une race commune, et dont les analogies vont de proche en proche se rattacher jusqu'au pôle dans une direction opposée à celle qu'on leur a prêtée jusqu'ici. Nous avons prouvé partout qu'au rebours de la nature qui s'occupe plus de l'espèce que de l'individu, l'homme s'attache au contraire aux créations de sa personnalité en leur attribuant une puissance qui le trompe sur leur durée et sur leur influence. Ainsi les longues rivalités de ces petites cités grecques si remplies de mouvement et de vie, cet ensemble incomparable de génie, d'héroïsme et de poésie qui rayonne du sein du monde hellénique, s'empare de l'imagination au point d'effacer pour elle toutes les proportions et de substituer le fait local et passager au fait général et éternel. Aujourd'hui ces débats animés, qui ont intéressé pendant tant de siècles les générations cultivées de tous les pays et formé les annales de l'humanité, reviennent à la mesure qu'ils avaient à l'époque de leur existence, lorsqu'on rétablit en présence les oppositions et les intérêts personnifiés dans les races. C'est par une illusion dont notre imagination est complice, que ces querelles d'Athènes et de Sparte, ces péripéties du drame intérieur de la Grèce, qui se jouait dans un coin de la Méditerranée, qui souvent ne franchissait pas leurs murailles, et restait toujours sans action extérieure, ont pu prendre une importance aussi exagérée. La Grèce, qui la première par le sentiment de sa supériorité introduisit dans la langue la définition de barbare appliquée à tout ce qui n'était pas elle, avait par là tracé la limite de son intelligence et en même temps les bornes de son action, en la circonscrivant elle-même par cette répulsion qui a fait la faiblesse de son système comme elle a fait depuis celle de la plupart des civilisations.

Dans toute civilisation il y a une force qui réfléchit les rayons d'une lumière extérieure, laquelle se modifie et se décompose par les propriétés du sol qu'elle éclaire. Le caractère oriental de la civilisation grecque, que nous retrouverons ailleurs à sa naissance, subit d'abord une modification radicale en passant de vastes continents à un territoire étroit et découpé par un archipel de petites îles qui lui donnèrent une direction essentiellement maritime, dans le même temps qu'elle en changeait les proportions matérielles. C'est ce qui explique comment en face des conceptions gigantesques et monstrueuses du génie égyptien et chaldéen, le génie grec trouva par opposition cette admirable mesure qui atteignit du premier coup, et par le seul effet du contraste, à la perfection des formes, soit dans les arts, soit dans les idées, et qu'il transporta dans les institutions politiques. La royauté orientale, brisée dans son unité par le sol qui la recevait en germe, céda bientôt la place à la cité grecque qui n'était pas tout-à-fait la cité telle que nous l'avons vue se développer dans l'Occident, quoiqu'elle s'en rapprochât par son esprit et par son but. Rome avait dû à sa position méditerranéenne et continentale un sentiment prompt de la nature et des relations qui devaient lui servir à proportionner son unité à celle de l'Occident tout entier. La cité grecque, au contraire, exclusive à l'intérieur où la constitution la plus démocratique laissait encore en dehors d'elle la plus grande partie de la population, transportait systématiquement chez les peuples étrangers l'exclusion absolue et répulsive sur laquelle elle était fondée. Aussi, malgré la brillante expansion de son génie dans toute la sphère maritime, dont elle occupait le centre, sa civilisation, bornée au littoral, ne pénétrait jamais à l'intérieur et restait sans progrès possible comme sans racine sur le sol qu'elle exploitait. Marseille, après six cents ans de séjour dans les Gaules, leur était aussi étrangère qu'au premier jour ; les colonies de la grande Grèce et de la Sicile, malgré leur puissance et leurs nombreuses populations, ont disparu sans laisser la moindre trace devant l'ascendant des populations intérieures quand le principe de leur propre vitalité s'est éteint et n'a plus combattu l'essor des éléments italiques et occidentaux. Les colonies de l'Asie-Mineure et du Pont-Euxin, malgré des rapports de race plus directs et plus complets, ont également conservé ce caractère circonscrit qui limitait leur influence et l'empêchait de se généraliser.

La petite peuplade hellénique était ainsi en minorité vis-à-vis de la grande péninsule slave dont elle occupait à peine l'extrémité, et elle ne voyait déjà plus que des barbares étrangers au-delà des montagnes de la Thessalie, où ses traditions religieuses avaient placé le théâtre fabuleux de sa lutte avec les indigènes, transformés par elle en Lapithes et en Centaures. La même relation qui fait trouver plusieurs des noms de la mythologie scandinave dans la langue usuelle des peuples slaves, y fait retrouver également presque tous les noms mythologiques de la Grèce. Il est surtout à remarquer que les noms de la première génération des grands dieux, tels qu'Uranus, Vesta, Saturne, détrônés par l'invasion des dieux crétois et phéniciens, appartiennent aux idiomes vulgaires slaves, et les lieux comme Dodone, consacrés par leur antiquité religieuse, n'ont de signification que par eux. La Grèce, qui s'est empressée de transformer en dieux ces premiers conquérants étrangers, a conservé ainsi dans la victoire le monument de l'existence indigène de ces Pélages, rangés parmi les peuples celtiques par ceux qui désignent indistinctement sous ce nom tous les peuples primitifs de l'Europe dans l'ignorance des rapports qui nous les font reconnaître comme Slaves. Il en est de même des races qui les avoisinent, tels que les peuples de l'Illyrie, de la Macédoine, de la Thrace, dont les dénominations locales, antérieures à toutes les émigrations, se retrouvent aussi dans la langue slave vulgaire. Parmi les divers peuples helléniques, on sait que deux branches de cette race se disputaient la suprématie de la Grèce, l'une supérieure par l'antiquité de ses traditions, son caractère primitif d'une simplicité austère qui éclate dans son architecture grave et robuste, ses dialectes profonds et d'une beauté sévère, ses institutions fortes et originales, tout dans la race dorienne, maîtresse de l'Éolie et du Péloponèse, et dont Sparte était la plus haute expression, justifie sa prétention à une priorité indigène qui, par son caractère, la rapproche du type slave; tandis que la race ionienne, sa rivale, expulsée de la Grèce qu'elle avait civilisée une première fois, et y revenant par son alliance avec les peuples de l'Orient, apparaît comme une de ces races mêlées, moins originales parce qu'elles sont moins simples, mais plus flexibles et plus sociables par la diversité des éléments qu'elles combinent, répandant dans ses productions le luxe, l'éclat, l'élégance, ce goût orné et voluptueux qui brille dans la richesse et la variété de ses dialectes, la souplesse de son génie, la pompe théâtrale de ses institutions, enfin tout cet ensemble merveilleux dont Athènes est restée l'expression toujours vivante et harmonieuse.

Le principe d'exclusion qui avait formé la civilisation grecque et fait d'elle l'anneau brillant qui rattachait l'Europe au monde oriental, n'avait pu se déployer et saisir l'idée harmonique du beau qu'en s'isolant pour mieux se personnifier. Mais en la condamnant à un développement tout local il lui laissait ignorer les peuples qui la touchaient le plus près et dont elle portait à son insu, dans ses traits comme dans sa langue, ces ressemblances qui faisaient dire au Scythe Anacharsis transporté dans Athènes, que sans le savoir les Grecs *scythisaient* en parlant. Aussi, du moment où leur civilisation se généralisa, c'est que la Grèce avait cessé de s'appartenir. L'un de ces peuples, qu'elle traitait de barbare, donnant à l'esprit grec un corps et un instrument qui lui manquait, et rétablissant dans le pouvoir l'unité de l'institution orientale brisée par l'interprétation hellénique, disciplina une force dont l'initiative ne lui appartenait pas, mais qu'il rendit capable d'action en l'élevant tout-à-coup à la plus haute expression de puissance et de développement matériel. La domination macédonienne, quoique l'interprète servile et sans idée du génie grec, a laissé dans l'Orient plus d'une marque de son origine slave dans les États fondés sur les débris de la Perse, où elle retrouva aussi des vestiges des invasions qui avaient amené les tribus de la même famille par le Bosphore de la Thrace et celui des Palus-Méotides. En tombant sous la domination romaine, la Grèce, condamnée à l'immobilité politique, reprit grâce à la fécondité de son génie et sous le poids de l'oppression qu'elle recevait des races si long-temps méprisées par elle, un sentiment plus large de l'humanité qu'elle tourna, comme toutes les puissances spirituelles opprimées, contre la force qui l'annulait en cherchant à la transformer par la pensée. Elle accueillit dans son sein l'idée chrétienne qui lui arrivait de l'Orient, et s'en saisit comme d'une arme destinée à l'affranchir : bientôt l'élevant par la grandeur du nouveau sentiment de fraternité générale qu'elle avait substitué à son esprit d'exclusion, elle l'envoya conquérir la société matérielle de l'Occident. Cette révolution eut pour effet de déplacer le centre de la puissance romaine, par cette pente irrésistible qui attache et associe toujours la force à l'idée. Rome, transplantée et rajeunie par son double baptême chrétien et grec, commença sur le Bosphore une nouvelle existence de douze siècles, pour opérer sur le monde slave la même œuvre de conversion à la vie sociale et civilisée que la Rome antique avait accomplie dans l'Occident. Elle devait passer par les mêmes luttes prolongées et par les mêmes alternatives de défaites et de victoires dont les épreuves allaient signaler l'initiation sanglante et laborieuse des nations du monde moderne, jusqu'à ce qu'elle eût comme elle disparu au terme de sa mission providentielle.

## CHAPITRE VII.

Le Monde slave actuel.

Dans la variété des éléments qui composent une race, les traits saillants détachés de l'ensemble ont fait long-temps supposer des oppositions profondes et radicales là où il n'y avait en effet que des diversités du même type, s'éloignant assez de l'expression primitive pour le vivifier par une nouvelle, mais pas assez pour déroger complétement à sa nature. C'est ainsi qu'au midi du monde slave nous avons observé dans la race hellénique une altération semblable produite par des causes spéciales et qui la rattachent long-temps à un ordre de faits dont elle était trop voisine pour ne pas en subir l'influence exclusive. Au nord et sur toute la face septentrionale qui touche presque aux régions polaires, se remarque également une variété non moins caractérisée quoique plus obscure : c'est celle des peuples Tchoudes, qui occupaient les rives orientales de la Baltique en s'étendant le long de la mer Blanche jusqu'à l'embouchure de l'Oby et dans les profondeurs du continent asiatique. Ces contrées, aujourd'hui presque désertes dans les parties qui forment la vaste solitude de la Sibérie, paraissent avoir été le théâtre d'une civilisation disparue avec les races qui l'avaient produite, mais dont les vestiges leur ont survécu. Ce sont des tombeaux et surtout des mines, des galeries creusées dans les montagnes de l'Altaï, ouvrages qui attestent la plus haute antiquité et paraissent surtout étrangers aux peuples actuels. Ceux-ci ont remplacé assez récemment dans ces contrées la race blanche qui les occupait, comme elle occupait également la Bactriane et les bords de l'Iaxarte. Sur le double versant de la chaîne de l'Oural, dont l'un descend vers l'Oby et l'autre vers le Volga, habitaient les principales branches de cette variété de la race slave. Les plus éloignées, qu'on verra sortir de l'Obdorie ou pays de l'Oby, appelé aussi de leur nom Ougorie, se répandront, au $IX^e$ siècle, jusque dans l'Occident, et viendront fonder la Hongrie dont ils forment encore l'aristocratie conquérante connue sous le nom de Maggyars. Avant eux et avec plus d'éclat étaient partis déjà de la Permie et des contrées du Volga, les Bulgares ou Volgares, dont le nom rappelait l'origine, et qui, de tous les peuples slaves, furent les plus près de se substituer à la domination dégénérée de l'empire byzantin. Ils formaient ainsi un courant d'invasions septentrionales parties des points les plus extrêmes pour réagir sur le foyer central de la race slave, dans une direction opposée à celui qui venait par le midi des races intermédiaires de la Caspienne et de l'Orient, auquel se mêlaient quelquefois les races mongoles ou purement asiatiques.

Les Tchoudes de la Baltique, qui composent la population indigène de la Livonie, de l'Esthonie, de l'Ingrie, de la Finlande, et vont se perdre dans la Laponie et la Norwège, se rattachent d'un côté aux peuples scandinaves par toutes les nuances et les dégradations physiques, et de l'autre aux Slaves du centre avec lesquels leur histoire les confond aussi bien que la conformité de leurs langues. Les particularités qui leur sont propres ont été exagérées dans le désir de trouver des différences sur des points où, dans un esprit contraire, nous cherchons à trouver les rapports dont la nature a fait des principes d'union et de rapprochement. Cette identité, que peuvent obscurcir quelques dissemblances, reparaît surtout dans l'application faite par les Bulgares, à diverses parties de l'empire d'Orient, d'une domination dont le caractère slave est irrécusable. Cependant l'éclat de cette domination bulgare établie sur le sol de l'empire et jusqu'aux portes de Constantinople, et qui rivalisa, par sa civilisation rapide, avec celle des Grecs, ne doit pas seulement être attribuée aux vingt mille Bulgares qui la fondèrent. Il y a ici, comme pour la Servie, la Dalmatie, la Valachie et les autres parties comprises dans l'ancienne Dacie, d'où l'on vit sortir plus tard la Hongrie et la Bohême, cet oubli de la race indigène qui attribue toujours au petit nombre venu du dehors l'œuvre qui eût été impossible sans la présence et le concours de ceux du dedans. Ces pays, dont les noms slaves remplissent les descriptions de Strabon et de Pline, quatre cents ans avant l'arrivée des migrations qui les ont constitués avec leurs éléments naturels, nous montrent le même spectacle que l'Occident. C'est toujours la civilisation se mouvant dans un ordre de faits qui lui est inconnu quand il ne lui est pas étranger, auquel elle se superpose et qui reparaît après qu'elle s'en est retirée, tel qu'il était antérieurement et qu'il doit être jugé d'après les indications naturelles.

Ainsi, cette nature slave existait sans aucun doute chez les Dardaniens, les Triballes, les Scordisques et chez toutes ces peuplades que l'antiquité grecque voyait au pied du Rhodope et de l'Hémus, dans l'Épire et l'Illyrie : elle existait également chez les Thraces et les Gètes au temps où Ovide conversait avec eux dans son exil, puisque les noms de ces peuples ont une signification précise dans les langues slaves; enfin, dans la Vénétie et la Dalmatie où le Dalmate saint Jérôme composa en slavon la traduction de l'Écriture sainte deux cents ans avant que quelques hordes, venues de la Moravie et du Danube sous le nom de Croates et de Serbes, y parussent, comme avant eux les Vlaques et les Bulgares y étaient arrivés avec le même caractère. On ne saurait sans cela expliquer la situation singulière de l'empire d'Orient au milieu des invasions qui viennent l'assaillir. La domination byzantine, fille de la grande domination romaine, dont elle maintenait la tradition et l'image impériale à travers tous les bouleversements du monde, en paraissait d'autant mieux l'héritière depuis qu'elle s'était éteinte dans l'Occident. Mais elle avait subi les changements qui ne tardent pas d'arriver dans les colonies, surtout quand le lien qui les rattachait à une métropole s'est rompu ; c'est en conservant une relation extérieure et officielle, qui est plutôt dans les mots que dans les choses, de laisser reprendre peu à peu l'ascendant aux éléments plus nombreux qui la composent. Ainsi, ces Romains qui avaient transporté Rome sur le Bosphore, disparus ou transformés eux-mêmes, avaient laissé à leur place la race hellénique, si long-temps écrasée sous le joug de sa rivale barbare et s'essayant à continuer et à reproduire cette domination qu'elle n'avait pas fondée, qu'un hasard était venu mettre à sa portée, et à l'exercice de laquelle son isolement de plusieurs siècles n'avait pas dû la préparer.

En appliquant d'une part une idée qui lui était étrangère et qui, chez elle, n'avait pas par conséquent cette plénitude de force intérieure que donnent une longue préparation et un développement progressif et continu, elle était de l'autre, par la situation excentrique de Bysance, privée de la sève nourricière qu'une puissance tire du sol où elle est née et des entrailles du peuple qui l'a produite. Dans le petit système exclusif de l'ancienne Grèce, qui ne dépassait pas la Thessalie, l'ancienne Bysance n'avait été qu'une obscure colonie perdue chez des peuples barbares qu'elle méconnaissait. La nouvelle offrait également un petit monde factice sans racines dans le sol, et où n'affluaient pas les principes d'une vitalité réelle. Enfermée dans une enceinte de murailles sur une circonférence de plus de trente lieues destinée à la préserver contre ces flots toujours croissants qui venaient battre le pied de ses murs, elle voyait s'élever à ses portes des royaumes puissants dans la Servie et la Bulgarie. Sa population bâtarde s'était formée d'aventuriers de tous les pays qu'aucun sang nouveau ne venait rajeunir, et dont aucune institution sévère et patriotique ne maintenait la dignité; tout s'y était rapetissé misérablement, et le christianisme lui-même y était devenu une superstition bigote dont les règles étroites et monacales ajoutaient à la pusillanimité de ces esprits livrés à toutes les passions des faibles, à la fureur des querelles théologiques, aux factions du cirque et aux intrigues des eunuques du palais, dans cette demi-sécurité où ils s'endormaient lâchement, protégés, à l'ombre de leurs murs, par l'image encore imposante de la puissance impériale, et défendus par une marine dont le développement avait été favorisé par la situation de cette capitale.

Dans le mouvement consécutif des races consanguines qui venaient le renouveler par le nord, l'empire grec ayant retiré à lui toute la vitalité qui restait au régime militaire de l'empire romain, sauva toujours le siége de sa domination. Ce fut un malheur pour lui sans doute, car, en se retrempant à leur source première, les populations helléniques se seraient trouvées plus en état de résister aux invasions qui l'attaquèrent plus tard par le Midi, et la race slave eût rendu au christianisme le même service que la race germanique lui avait rendu à l'Occident, en arrêtant les conquêtes de l'islamisme vainqueur. Mais il se faisait alors dans ces contrées une sorte de renaissance des races indigènes dont les historiens bysantins portent le témoignage, malgré les préjugés et l'ignorance qui la rendent méconnaissable pour eux et pour le pouvoir dont ils interprètent et racontent l'action. Dans sa lutte avec cette Slavonie qui grandissait partout sur les débris de l'empire, ils laissent percer leur étonnement en voyant les villes grecques comme Nicopolis et Thessalonique reconnaître des compatriotes dans ces barbares, entourés encore des images de la fable antique pour ces écrivains élevés dans l'éducation officielle. En retrouvant partout des Slaves dans la Thessalie, l'Épire et jusqu'au fond du Péloponèse, on cherche en vain la place du monde hellénique disparu avec les vestiges de cette société éclipsée et ses écoles de sophistes et de rhéteurs, dernière expression dégénérée de sa civilisation. Ce mouvement ramenait les peuples vers une barbarie momentanée, mais plus sympathique avec les tendances locales et celles de la nature générale qu'ils tenaient de leur affinité slave; il faisait disparaître partout les villes, foyers éteints de l'ancienne civilisation, pour retremper la race grecque amollie par elle, dans la reconstitution de la tribu des montagnes dominant celle des plaines et recommençant la vie guerrière et pastorale des premiers âges. Il fut plutôt dissimulé que suspendu par la domination des Turcs à l'abri de laquelle le sol slave s'est reconstitué silencieusement pour reparaître avec tous ses caractères au jour de l'indépendance. En se remontrant, il découvrit à la place de l'ancienne race hellénique, thrace et macédonienne, les analogies de la race primitive rétablies dans les populations moréotes; albanaises, serbes et dalmates, échelonnées de proche en proche jusqu'en face de Venise. Slave de nom et d'origine, elle forme le dernier anneau de cette chaîne du côté de l'Occident, et reproduit, sur l'Adriatique, le souvenir d'une ville du même nom habitée par les Vénèdes, aux bords de la Baltique où sa filiation la rattache.

La facilité de la race slave à se plier sans effort à une civilisation qui réparait promptement ses désastres, avait pour elle le même effet que l'on remarque chez les races de l'Occident : c'était de lui attirer des dominateurs plus barbares qui venaient détruire l'œuvre à sa naissance, ou du moins en faire le patrimoine d'une nouvelle conquête : soit que dans leur passage au christianisme une transition trop brusque des habitudes nomades à la vie sédentaire amenât un amollissement des âmes énervées par la jouissance d'une richesse inconnue; soit, ce qui est plus probable, que l'oisiveté des chefs, accoutumés aux agitations d'une vie turbulente, fît éclater entre eux des divisions et des querelles qui les livraient à la merci de toute attaque soutenue et combinée.

Mais pendant que l'Occident se reconstituait en empire sous l'invasion austrasienne, cette transformation, qui rétablissait l'unité à l'intérieur, semblait provoquée en même temps par l'impulsion extérieure de la race slave, renouvelant au ix⁹ siècle l'action qu'elle avait eue au v⁹ sous Attila. Devenue limitrophe du vaste empire des Francs, c'est elle que Charlemagne, après les terribles efforts qu'il fit pour abattre les restes de la résistance germanique, trouva avec étonnement derrière les Saxons, et dont l'apparition, bien plus que les incursions partielles de quelques pirates, lui fit pressentir le peu de durée de la puissance qu'il avait fondée. L'instinct politique, qui dirigeait plus qu'on ne le suppose les masses barbares, les ralliait toutes dans un sentiment commun contre cette reconstruction de l'empire qu'elles avaient abattu, et qui, rétabli déjà dans l'Occident, menaçait encore de s'unir à l'empire d'Orient par une alliance d'intérêts. Aussi, un mouvement général des races slaves se fait sentir sur tous les points attaqués à la fois par les Normands, les Slaves de la Baltique et ceux du centre. Charlemagne dirigea tous ses efforts contre les Avares, puissance formée dans le foyer de l'ancienne domination des Huns, des débris des hordes asiatiques, comme l'indique le titre de chagan que portait leur chef; mais la destruction de cette force étrangère à la race slave, ne fait que rendre la place libre à l'invasion des Ougres Maggyars formant, sous la conduite d'Arpad, sept hordes représentées par les sept châteaux, siége que la tradition donne à cette puissance dont les terribles effets se firent sentir au-delà des Alpes et dans l'Italie. Ils se répandent jusque dans le midi de la Gaule, pendant que les Normands-Scandinaves l'entamaient au nord et affectaient en même temps, dans une direction opposée, la suprématie sur toutes les races slaves, en jetant les fondements de l'empire et de la nation des Russes.

Ce peuple occupait le territoire occupé jadis par les Goths, sous le nom de Polaniens ou habitants de la plaine, dénomination qui a passé à l'une de ses branches quand elles se furent séparées. Devenu voisin immédiat de l'empire d'Orient par la destruction de la puissance intermédiaire des Bulgares, il montre dès cette époque, sous la direction des Varègues, tous les instincts qui le rendent aujourd'hui si dangereux pour l'Europe. Cette domination n'était pas une conquête, mais une protection militaire consentie par la race slave, habituée à la chercher dans ces mêmes contrées contre les invasions asiatiques et ses propres divisions intérieures. Maîtres de la république commerciale de Novgorod, entrepôt du commerce de l'Asie avec le Nord et qui avait semé de ses comptoirs le grand archipel septentrional, les princes de la dynastie scandinave de Rurik suivent dès ce temps la politique des souverains modernes de la Russie, qui ont successivement déplacé le centre de leur puissance, et transporté leur capitale selon les aspirations et les besoins de leur politique. C'est ainsi qu'établis à Kief, leur puissance méridionale grandit; la mer Noire est déjà pour eux une mer russe; leur influence domine dans les conseils de Constantinople, qui, sous le nom de Tzaragrad ou ville impériale, apparaît dans leurs annales comme le point d'attraction sympathique qui les attire toujours, soit qu'ils s'en approchent en ennemis, soit qu'ils y entrent pacifiquement pour traiter avec les empereurs grecs, et en rapporter dans leurs déserts le germe du christianisme oriental, destiné plus tard à les ramener sous ses murs pour sa défense.

La supériorité précoce que prit la puissance russe sur les autres races slaves tenait à la variété des intérêts qu'elle embrassait au Nord et au Midi. Perpétuée pendant quatre cents ans dans la même famille, cette fixité en indique la force pendant que ses chefs montrent à travers les désordres inséparables de l'instabilité du pouvoir, de la division et du partage des États entre les fils du prince, la même persistance de vues et la même aptitude déployées à l'Occident par les Francs avec lesquels leur histoire présente des rapprochements singuliers. Elle fut développée encore par leur accession au christianisme bysantin, choix hardi et d'une prévoyance presque prophétique comme tout ce qui tient à l'instinct des nations. En effet, une vague prédiction avertissait déjà les empereurs grecs que leur capitale devait tomber un jour au pouvoir de ces Barbares qui avaient successivement remplacé tous les autres, en restant seuls toujours entiers et de plus en plus redoutables. Aussi lorsque Constantinople sera tombée, au 15ᵉ siècle, au pouvoir des Turcs, la Russie, représentant par son système religieux l'empire d'Orient effacé, se trouvera investie d'un pouvoir moral et d'un avenir que seule entre les peuples slaves elle aura su se préparer en maintenant les liens naturels avec les races opprimées. Elle devient plus décisive au xıᵉ siècle, où de tous les peuples de ce siècle elle est seule en possession d'une langue nationale déjà distinguée par ses productions à une époque où l'Occident n'avait pas même une langue qui lui fût propre, et offrait partout le spectacle de l'ignorance et de la barbarie. La Russie paraît dans ce siècle la puissance dominante de l'Europe alors déchirée à l'Occident par les divisions de l'empire Frank des Carlovingiens, tandis qu'à l'Orient elle présente l'unité qu'il avait offert sous Charlemagne dans la domination d'Iaroslaw, comme lui conquérant et législateur. Ses alliances, qui rattachaient indirectement à son influence la Norvège et la Hongrie, l'étendaient même jusque dans la France des Capétiens, par l'union de sa fille aînée avec Philippe I$^{er}$. On voit éclater dès lors tous les témoignages d'une nationalité robuste prête à s'affaisser sous ses propres divisions et sous des attaques combinées, venues de différents points, mais qui ne cessera pas cependant de se maintenir à travers les épreuves auxquelles devait l'exposer la naissance des nationalités rivales dans la Hongrie, la Pologne et la Suède.

La formation des États slaves dans la partie centrale de l'Europe, fut exposée à des fluctuations semblables à celles qui empêchèrent si long-temps l'Allemagne d'acquérir une assiette fixe. Cette conformité entre les deux faces voisines et adhérentes des deux unités européennes, tenait à la ressemblance de conformation de ces deux parties identiquement divisées en petits États d'une proportion égale, et qui ne donnait à aucun la force de prévaloir sur les autres d'une manière définitive. Pendant que d'une part la Souabe, la Bavière, la Saxe, la Franconie, dominaient tour à tour l'unité germanique en se passant de l'une à l'autre le titre impérial, sans cesser pour cela de garder leur indépendance particulière ; de l'autre, sur toute la ligne qu'on peut appeler la frontière slave, la même constitution physique et politique brisait les États en petites souverainetés qui n'avaient pas même pour moyen d'union la fiction impériale de la ligue opposée. La Bohême, la Prusse, la Pologne, la Lithuanie, la Hongrie, la Moravie, la Transylvanie, formèrent successivement des royautés locales et passagères doublement frappées d'instabilité, et par l'infériorité de leur puissance, et par la continuité du principe électif qui ne cessa d'être celui de leur constitution. Ce principe, qui avait régné chez tous les peuples primitifs, et particulièrement chez les Barbares, s'était rapidement modifié partout où ils se trouvèrent en contact avec la civilisation romaine. Les Germains dans l'Occident, comme les Slaves dans l'Orient, s'élevèrent à l'intelligence d'une autorité nouvelle, et pendant que les Francs lui devaient leur fortune, les Russes avaient également reçu de Byzance la communication de cette idée. La même loi du sol et des mœurs rendit au contraire cette transformation impossible aussi bien pour l'Allemagne, collection de petits États indépendants, qu'elle le fut pour les États slaves du centre.

La Bohême, qui devait son nom à la domination gallique, mêlée bien plus qu'on ne le croit à l'histoire des peuples slaves, s'éleva rapidement la première à une civilisation précoce combattue dans ses effets par le vice radical dont nous avons parlé. Circonscrite par la nature dans un bassin étroit formé de hautes montagnes, elle était comme la gardienne de l'indépendance slave, au confluent des races occidentales au milieu desquelles son territoire se trouve engagé. Toute son histoire répond à cette configuration physique qui la liait malgré elle aux intérêts de l'Allemagne, pendant que toutes ses affinités étaient ailleurs et l'appelaient tantôt à la domination de la Pologne, tantôt à celle de la Hongrie. Soulevant contre elle toute l'Allemagne quand cette union avait lieu contractée par la disposition passagère de l'aristocratie slave, la plus imprévoyante et la moins constante dans ses vues et ses affections, elle était exposée à une résistance contraire quand elle laissait prévaloir chez elle l'esprit et les idées de l'Allemagne. Admise, sous Wenceslas, par le premier empereur Saxon comme membre du corps germanique, elle montra toujours son irrésolution entre les deux intérêts qui la pressaient, ne sachant pas profiter de l'ascendant que lui donnait sur les États slaves la supériorité d'une civilisation soutenue par un peuple ingénieux et passionné, et jouant à regret dans l'empire germanique un rôle brillant, mais qui répugnait à sa nature. Après avoir été redoutée sous le règne des trois Ottocares, le dernier des princes qui aient porté ce surnom laisse passer sur son refus le titre impérial au fondateur, alors bien humble, de la maison d'Autriche, dont la domination devait en grandissant frapper de déchéance toutes ces puissances slaves, alors florissantes et bien éloignées de prévoir leur sort. Appelée presque toujours malgré elle à l'empire, la Bohême parut, sous Charles IV, promulgateur de la Bulle d'or, lui imposer une nouvelle constitution, et Prague opulente et éclairée devenir le centre de la puissance impériale. Mais sa nature slave échappe à cette fusion artificielle, et ce lien rompu de nouveau par les capricieuses résolutions de son aristocratie, la rejette dans cette instabilité qui devait la faire tomber devant l'ascendant lent, mais inflexible, de la maison d'Autriche.

Les mêmes causes amenaient les mêmes résultats pour la Hongrie. Centre sous Attila de cette grande domination, qui avait eu la race asiatique pour principe, elle s'était toujours ressentie de ce passage qui l'avait rendue le point d'attraction des mêmes peuples. Les Maggyars, qui l'occupèrent en dernier lieu, la constituèrent telle qu'elle est encore de nos jours, avec sa race slave indigène tombée dans le servage et son aristocratie conquérante également slave, mais étangère et appartenant à la famille semi-asiatique des races de l'Oural et du Volga. Son esprit guerrier plus fort, avait été entretenu par son organisation militaire et ses luttes extérieures qui la mettent aux prises avec les agressions renouvelées des Asiatiques, depuis les attaques des Petchenègues jusqu'à celles des Mongols et des Turcs. Son histoire reste secondaire et ne put s'élever à une expression générale malgré les circonstances qui lui associèrent successivement, d'un côté la Pologne et la Bohême, et de l'autre la Transylvanie et les États slaves de l'empire d'Orient. Elle n'a pas, sous ce rapport, les brillantes aspirations de la Bohême, ni les velléités chevaleresques de la Pologne; et, quoique mieux placée que la Russie pour s'emparer de la direction slave de l'empire d'Orient, elle ne parut pas comme elle avoir l'intelligence de cette vocation. On peut attribuer cette infériorité politique au catholicisme que le voisinage de l'Occident introduisit chez les peuples slaves. Peu sympathique avec leur nature, on sait combien il s'est étrangement altéré chez ceux qui s'y montrent le plus attachés. Déraciné sans effort chez les Scandinaves, éloigné de son esprit chez les Polonais, les Hongrois et les Bohêmes, cette doctrine contribua à la chute de ces États devant l'invasion allemande, et elle paralysa leur influence dans la direction opposée en les privant des moyens de raviver l'empire d'Orient. La Bohême, avec cet instinct développé chez elle plutôt qu'ailleurs, parut sentir la nécessité de marquer une différence religieuse profonde avec l'Occident, en tentant un siècle avant Luther, la réforme dont Jean Hus donna le signal. Ce mouvement aurait pu prendre en se propageant ce caractère de résistance slave à l'influence de l'Allemagne que révèle la lutte religieuse de la Bohême sous l'aveugle Ziska.

L'effet de cet obstacle paraît mieux encore dans la Pologne, dont le développement plus tardif la laissa dans une longue obscurité, pendant que les États voisins comptaient déjà plusieurs siècles d'une existence brillante et glorieuse. D'abord simple duché, partagée bientôt par douze woiévodes ou palatins, elle ne sort de cet état d'anarchie, sous une succession de quatre rois, que pour retomber pendant deux siècles sous le régime des ducs, et ce n'est qu'au xiv$^e$ siècle qu'elle reparaît avec le nom et l'autorité royale. Elle ne parvint à former un État que par sa réunion avec la Lithuanie, sous la domination des Jagellons. Dès lors, elle put aspirer à une influence extérieure et suivre la pente de sa nature, qui la portait à disputer la suprématie à la portion de la race avec laquelle elle avait été confondue à l'origine. Sa rivalité avec la Russie commence au berceau des deux nations, et reproduit par ses phases et son expression toutes les alternatives et presque les incidents qui distinguent celle de la France et de l'Angleterre pendant le moyen âge. Ce sont des deux côtés la même identité de mœurs et de caractère confondant les deux nations, mêlant leurs intérêts, puis les séparant peu à peu et introduisant dans leurs relations une antipathie qui ne les rompt pas, tant s'en faut, car elle rend leur action plus violente et leur rapprochement plus précipité et plus direct à mesure que l'intimité morale se change en hostilité décidée. C'est sur le territoire long-temps occupé par les Russes, à l'origine de leur puissance, que la nationalité de la Pologne commence et se développe, comme celle de l'Angleterre part de la Normandie pour s'étendre vers la Tamise et les Pyrénées. Kieff, la ville sainte dans les annales des deux nations, revendiquée par elles comme leur berceau commun, est disputée au nom de cette origine dans les débats successifs où elles s'engagent. C'est à la cour de Pologne que les princes russes viendront se réfugier et nouer ces intrigues qui se formaient au moyen âge entre les princes d'une même famille ; enfin la Pologne, après avoir régné à Moskou, sinon directement, comme l'Angleterre à Paris, du moins par un intermédiaire de son choix, se verra comme celle-ci dépouillée des provinces où elle était née, qui seront reprises sur elle par sa rivale au même titre qui fit confisquer à la France les possessions que l'Angleterre avait sur son sol. Malgré l'archarnement apparent qui marqua ces divisions, elles offrent un trait de plus de ressemblance avec les nôtres en ce qu'elles ont développé et maintenu, par l'excès même de leur hostilité, les principes de rapprochement qu'elles portaient en elles. Cette fusion violente qui faillit plus d'une fois effacer leur nationalité, aurait, après tout, transporté l'influence slave à une race de même nature et qui aurait reproduit le même fait sous un autre nom, comme l'Angleterre restée maîtresse de la France; mais le schisme religieux traça toujours entre elles une division profonde malgré tout ce qui tendait à les réunir, et elle mit obstacle à un rapprochement qui leur aurait été nécessaire pour faire face aux nouvelles invasions des anciens Huns d'Attila, devenus les Tartares de Gengis-Khan.

Le retour des Asiatiques, au milieu des déchirements de la race slave, vint jeter un élément de barbarie parmi les causes de décadence qui travaillaient sa jeune civilisation, et arrêter pendant plusieurs siècles un développement qui semblait de nature à devancer même celui de l'Occident. Quoique la race slave ait eu constamment à lutter pour son existence contre les peuples nomades venus dans la même direction, ils étaient loin d'appartenir tous aux races purement asiatiques. Il y a ici une confusion qui tient à une cause que nous expliquerons bientôt; elle semblait cependant d'autant plus facile à éviter que la nature a pris soin de marquer une différence profonde dans les hommes par les traits comme par le caractère. Nous avons dit que la race blanche avait originairement occupé toute la partie de l'Asie dont la face regarde l'Europe, et que la présence de la race jaune ou purement asiatique sur plusieurs points de ce continent était très récente. Telles sont les solitudes de la Sibérie, peuplée jadis par la race blanche de l'Oural; le Caucase, foyer de la même famille à laquelle il a donné son nom, et les contrées de la Transoxiane et de la Caspienne où la présence des Tartares dans le centre de leur domination n'a pas fait disparaître complétement la race blanche, dont les restes subsistent dans la population assujettie des Tadjiks de la Boukarie actuelle. Le mouvement qui porta toute l'activité de la race blanche vers l'Occident de l'Europe, délaissait des contrées livrées au double envahissement qui suivit la décomposition du sol et des races; l'une provenant des sables, changeait de fertiles contrées en déserts, l'autre affaiblissant des populations autrefois nombreuses, les exposait aux incursions et en même temps au mélange du sang des Asiatiques. Nous avons vu comment ils se sont trouvés introduits accidentellement dans les agitations de la race slave. Mais, quoique leur présence soit irrécusable, tantôt sous la dénomination de Sarmates, tantôt sous celle de Huns et en dernier lieu de Tartares, il y a une distinction essentielle à faire entre eux et les peuples avec lesquels la ressemblance de leurs mœurs et de leur genre de vie porte à les confondre. Ainsi toutes ces peuplades, formant les Scythes de l'antiquité, reproduites dans l'histoire des Slaves et celle de l'Orient, tantôt sous le nom de Petchenègues, de Torques et de Polovtzi, tantôt sous celui de Turcomans et de Tartares, étaient une variété de la race blanche européenne qui réagissait sur elle en vertu des lois de son affinité, et dont les particularités tenaient à cette configuration du sol que nous avons décrite.

Par une double impropriété, que les réclamations de la science n'ont pu faire rectifier encore, le nom de Tartare, terme inconnu à l'Asie, a été appliqué à la race asiatique des Mongols qui ont au contraire détruit la puissance des Tatares avec lesquels on les a confondus. Tous ces peuples de la Caspienne et du Caucase, qu'il serait plus exact d'appeler la race circassienne, traçaient du côté de l'Asie une zone septentrionale, tranchant par le caractère avec la race méridionale de la Perse, de la Syrie et de l'Arabie, dans la même opposition que nous avons signalée chez les autres fractions de la race blanche. Embrassant par ses deux rivages le bassin de la mer Noire, ils venaient du côté de la race slave soutenir dans leur hostilité les Khozares et les Patzinaces des Byzantins, les Polovtzi des Russes, dont le nom répond à celui de chasseurs, et qui, après une longue existence de brigandage favorisée par la disposition des lieux contre la portion sédentaire de la race slave, finissent par disparaître et se fondre dans son sein. Ainsi dans l'Occident les clans des montagnes de l'Écosse tranchaient par leur genre de vie avec ceux des plaines, les pirates scandinaves avec les habitants des côtes et de nos jours les brigands de l'Espagne et de l'Italie, les Bédouins de l'Afrique et de l'Orient accusent encore des existences mais non des races exceptionnelles. On le vit à la première apparition des Mongols, quand ces terribles et indomptables Polovtzi qui avaient ébranlé tant de fois les États naissants de la Russie, de la Hongrie et de la Pologne, pris à revers par les races asiatiques, appelèrent à leur secours ceux dont ils avaient tant de fois compromis l'existence. Réunis avec eux contre l'ennemi du dehors, ils cessèrent dès lors de s'en distinguer et se fondirent dans le peuple dont ils partagèrent toutes les infortunes. Après la retraite des Tartares, la nouvelle population qui vint les remplacer dans les lieux que l'invasion avait laissés déserts, put servir, par sa formation, à expliquer la manière dont s'étaient composées les peuplades précédentes. Les Cosaques Zaporogues de l'Ukraine et les Cosaques du Don et du Jaïk, dont la réunion en corps de peuple ne remonte pas au-delà de trois siècles, débris de ces troupes d'aventuriers qui s'étaient levées de toutes parts dans les longues agitations produites chez les Slaves par les invasions des Mongols, vinrent, après leur refoulement, occuper un sol dont la concession leur était abandonnée à la charge d'éclairer et de défendre cette frontière contre les établissements fixes des Tartares de la Crimée, et l'état encore formidable des Khans du Kaptchac ou de la Horde Dorée.

De toutes les races asiatiques, la race mongole, qui occupe du côté de l'Asie entre les riches bassins des peuples sédentaires de la Chine et de l'Inde, la même zone de landes et de déserts sablonneux que la race ouralienne du côté de l'Europe, paraît la plus flexible et douée mieux que les autres d'une aptitude à la civilisation du moment où elle passe de la vie nomade à la vie fixe et assise. Elle doit sans doute cette supériorité à son contact plus fréquent avec la race blanche, dont le sang s'est mêlé au sien, et à la variété d'éléments qui lui sont venus de la Perse, de l'Inde, de l'Arabie et de la Chine. Son existence flottante et active entretenant chez elle le sentiment de la supériorité par un exercice constant de la force et de ses facultés, lui donnait l'avantage du caractère sur les autres races passives de l'Asie, abruties dans un long esclavage et une immobilité séculaire. C'est elle qui paraît avoir créé la civilisation spirituelle du Japon, et quoi qu'on ait dit des effets violents et oppressifs de sa domination barbare sur l'Inde et la Chine, elle seule a imprimé de la vie et du mouvement à ces grands corps inertes et engourdis ; chez la première par l'invasion mongole de Baber à Aureng-Zeb, et chez l'autre par la conquête mantchoue des fils de Tchengis-Khan, dominations où l'éclat et la force n'ont pas plus manqué que la durée, et dont l'originalité asiatique ne doit sans doute céder que devant la supériorité européenne, comme il est déjà arrivé pour la première. La puissance mongole, développée subitement par le génie d'un seul homme, étalait à son foyer cette énergie individuelle qui remplace, chez les peuples barbares, les longues préparations de l'éducation sociale, lorsqu'ils se trouvent maîtres d'une force unie et concentrée au milieu de civilisations plus éclairées et supérieures en réalité mais divisées et corrompues. Samarkande, dans son éclat si rapidement éclipsé, présentait alors ce mélange de magnificence par les arts et le luxe que Bagdad avait montré sur les bords de l'Euphrate ; il amenait chez elle les intérêts et les hommages de tous les peuples, depuis les ambassades de saint Louis et du pape, les tentatives de Venise et les voyages de Marco-Polo, jusqu'aux hommages de vassalité et de soumission des peuples slaves, qui ressentaient plus directement leur atteinte.

La diversité même des intérêts sur lesquels l'influence mongole s'exerçait extérieurement, montre la nature de son action. Tandis qu'elle édifiait solidement et pour des siècles sa domination dans l'intérieur du continent asiatique, dont elle prenait la souveraineté, elle réagissait en masse sur toute l'Europe à la fois par une pression lointaine et générale sans prétention à une domination directe. Renversant dans l'Orient l'empire naissant des Turcs, avec lesquels ils n'ont point les rapports qu'on leur suppose, ils contribuent au libre développement de l'Occident en occupant et en détournant l'activité des races slaves, qui éprouvent alors toutes les calamités des invasions que leur pression lui avait fait subir si longtemps. Quoique la Hongrie et surtout la Pologne aient senti le contre-coup de leurs irruptions, la Russie, la première sur leur passage, éprouva toutes les horreurs d'une conquête inflexible privée des sympathies qui réparaient ses effets destructeurs pour les races. Un système d'extermination calculée parut pratiqué par eux, surtout dans la première période où les Khans mongols venaient sans idées d'établissement chez les peuples qu'ils dépouillaient. Kieff perdit sans retour dans cette épouvantable tempête sa suprématie sur les races slaves dont elle était le berceau religieux et civilisateur, et ce reflet de l'art grec et byzantin qui était venu briller dans ses monuments, s'éteignit dans les flammes d'un embrâsement dont elle ne se releva plus. On avait vu, par une prévoyance politique particulière, les souverains russes transporter successivement leur capitale sur les points où les progrès de leur domination semblaient appeler leur présence. Dès l'origine ils avaient quitté Novgorod, la ville à la civilisation scandinave, pour le séjour de Kieff qui inocula à la race slave le sentiment et les rapports de la civilisation byzantine. Souzdal, Volodimer et en dernier lieu Moscou les avaient tour à tour attirés; la première les mettant en contact direct avec les Tchoudes de la Permie et de l'Oural, la seconde avec ceux du Volga, et la dernière devenant enfin le foyer d'une puissance destinée à faire tête, au milieu de l'existence la plus orageuse, à tous les chocs des races asiatiques et à sauver l'Europe avec la race slave. Ce déplacement caractéristique du pouvoir qu'on ne trouve que là, et qui s'est répété en transportant son action à Pétersbourg et à Varsovie pour aspirer de nos jours à Constantinople, rompt alors tous les liens de la civilisation de la Russie avec le Midi : elle devint exclusivement septentrionale par ses rapports intérieurs, tandis qu'à l'extérieur elle cessa d'exister en quelque sorte pour l'Europe, et cette contrée, qui avait été mêlée si intimement aux grandes phases de son histoire, parut un nouveau monde découvert quand l'Anglais Chancellor trouva, au xvie siècle, la route d'Arkhangel par le pôle.

La supériorité des Tartares tenait à la rapidité de leurs mouvements, qui leur faisait transporter sur les points les plus éloignés des masses armées auxquelles les Slaves divisés n'opposaient que des forces insuffisantes. Cette infériorité, qui avait existé contre tous les peuples qui les avaient assaillis par les mêmes points et par les mêmes moyens, devait, malgré les progrès de la civilisation, subsister à l'égard des Mongols qui s'appuyaient au-delà des steppes sur un État formidable et l'opposition naturelle d'un monde à part. Cette lutte colossale eut, pour la race slave, exactement le même effet que les croisades pour l'Occident. Il est à remarquer que les Slaves restèrent complétement étrangers au mouvement religieux qui cependant avait fait passer sur leur territoire plusieurs de ces saintes expéditions dont le sens leur était inconnu. C'est après avoir été aux prises avec l'Asie que l'Occident quitta son organisation féodale, comme si cette crise extérieure avait pu seule l'arracher à ses liens. Il en fut de même pour la Russie qui du premier coup avait développé à l'origine le sentiment de l'unité naturelle dans toute l'étendue de sa domination actuelle : depuis elle l'avait perdue complétement dans les morcellements et les divisions qui facilitèrent l'agression des Mongols, et qui marquèrent la fin de la dynastie de Rurik, après une durée de huit siècles. Elle la retrouva au milieu des catastrophes qui bouleversèrent son sol et reconstruisirent péniblement, au milieu du sang et des ravages, le sentiment effacé de l'union primitive de ses peuples, parmi lesquels on voit se développer une institution dont nous avons montré partout l'origine asiatique. L'autocratie des Tzars sortit de cette lutte sauvage toute formée au contact et à l'imitation des Tartares, et en relevant l'unité détruite du sol et de la nation, elle frappa de mort l'esprit libre des Slaves qui fut emporté par cette révolution.

L'influence de la nouvelle institution se manifesta par l'extinction du foyer de la liberté slave, et la chute de Novgorod constata pour elle, comme elle l'avait fait pour celle de l'Occident, la naissance de cette nouvelle force des sociétés modernes, élevées partout sur l'anéantissement des brillantes individualités qui s'étaient formées par le développement spontané et le libre génie des races. Cette ville, fameuse par sa civilisation commerciale et son indépendance républicaine, turbulente et factieuse comme Gand, mais déployant une politique éclairée qui faisait d'elle la Florence du Nord, se trouvait comme le point de jonction des races scandinaves et tchoudes avec les races slaves dont elle avait été la première création fixe. Elle dominait toutes ces parties du Nord, alors florissantes et peuplées, devenues presque désertes et sauvages après sa disparition. Liée d'intérêt avec les villes anséatiques de l'Allemagne, elle avait établi des comptoirs à Lubeck, sur tous les points de la mer du Nord et de la Baltique, et jusqu'à Londres. Ses richesses égalaient sa puissance et avaient donné lieu au proverbe célèbre des Russes : « Qui peut résister à Dieu et à la grande Novgorod? » Elle subit le sort de ces républiques commerciales du moyen âge, fondées sur un principe d'exception trop égoïste pour prévaloir contre l'intérêt général qu'elles n'eurent pas la prévoyance de fixer dans leur sein : croyant qu'elles seraient toujours assez fortes pour le dominer, elles refusaient de l'admettre à la jouissance de leurs priviléges et de leurs avantages, illusion qui a toujours perdu les pouvoirs exclusifs. Après avoir ouvert la Russie à l'intrusion des Varègues et tenu par eux sous sa loi les autres fractions slaves, elle avait usé tous ses efforts pour empêcher leur réunion en favorisant les rivalités et les partages entre leurs princes. Long-temps son indomptable esprit de faction retarda l'expulsion des Tartares et fournit des prétextes à leurs ravages, mais il fit retomber sur elle la même force d'association générale qui avait effacé dans l'Occident toutes les cités indépendantes et qu'on avait vu retracer, au sein de l'organisation féodale, l'image de ces grandes cités antiques qui formaient des empires. La réaction eut le caractère barbare du prince, espèce de Louis XI, qui l'exerçait, et elle se manifesta par l'extermination qui fit disparaître son peuple et jusqu'aux débris de ses monuments. La cloche de la *vetché* cessa, comme le beffroi dans les villes flamandes, de convoquer le peuple sur les places désertes, et ses ruines ne laissent plus soupçonner aujourd'hui sa puissance passée, comme toutes les villes qui avaient brillé au même titre dans l'Orient et dans l'Occident.

La disparition de Novgorod, en laissant un grand vide dans le Nord, enleva l'obstacle qui s'opposait de ce côté à la marche envahissante de la civilisation allemande; elle s'avançait en tournant la péninsule scandinave et par les pays de la Baltique livrés à l'oppression de l'ordre teutonique. Le mouvement de l'invasion germanique qui, dans l'origine, se dirigea vers le Midi, fut arrêté bientôt par le ralentissement naturel des invasions et la formation des nationalités : alors il se porta vers l'est de l'Europe, et se continua quelque temps dans cette direction où les races, n'étant pas encore constituées en nations, opposaient moins de résistance. L'ordre teutonique, sous le prétexte de la conversion religieuse, conquit les populations des bords de la Baltique, et de proche en proche s'insinua dans le vaste continent moskovite. La race germanique, en s'y introduisant, y porta les institutions féodales au moment même où dans le reste de l'Europe ces institutions s'effaçaient et tendaient à disparaître. Comme toujours, elle réduisait en système oppressif une organisation éloignée de son origine, et par cela même dépouillée de ce que les mœurs y ajoutent dans l'application par une interprétation qui la justifie et la facilite à la fois.

Ainsi, elle vint transformer la dépendance naturelle et de tradition du cultivateur en servage légal et oppressif, et l'autorité patriarcale du maître en exploitation officielle. A la place des affections de famille et de communauté fraternelle qui avaient cimenté cette association, elle mit les préjugés du sang, le mépris de l'espèce justifié par l'infériorité sociale, et cette séparation dans les mœurs qui donnait aux uns la supériorité artificielle de la naissance, et aux autres le stygmate d'une dégradation morale commencée avant de naître. Aussi l'invasion allemande, subie alors par tous les peuples slaves, excitait chez eux l'antipathie caractérisée énergiquement par l'expression de *nimieski*, ou muets, qu'ils leur appliquaient comme s'ils étaient séparés d'eux par la privation de l'organe qui manifeste l'intelligence et établit un lien sympathique avec les autres hommes. Son système, repoussé dans toute application directe, n'a pu s'établir qu'en prenant la forme des intérêts slaves et en abdiquant toute prétention de conquête sur les peuples. Ce ramas d'aventuriers et de brigands qui composa l'ordre teutonique et celui des chevaliers porte-glaives, manifesta la répulsion qu'il rencontrait autant que celle qu'il éprouvait pour les peuples victimes de ses brigandages en les qualifiant de païens, titre le plus injurieux à cette époque. Mais il se vit enfin réduit à abandonner ses plans de souveraineté indépendante, et, pour sauver ses conquêtes, à céder tous ses droits à la Pologne en se réfugiant dans la vassalité de cette couronne.

La disparition de cette puissance coïncidant avec celle de la république de Novgorod, remit en contact direct avec la Russie renaissante et sortant des ruines de l'invasion tartare, la Suède alors sur le point de devenir une des puissances militaires les plus formidables de la nouvelle Europe, par l'assimilation de toutes ses relations slaves dans la circonférence du bassin de la Baltique. L'étroite association originaire qui avait porté son action sur le monde slave pendant sa lutte avec l'influence occidentale, d'abord contre Rome, puis contre l'unité germanique de l'empire carlovingien, s'était étendue encore par la fondation du grand empire scandinave des Varègues, où les guerriers de la Péninsule venaient offrir leurs services aux princes de ces États, et leurs propres souverains demander, comme Harald, des épouses pour former des alliances nationales. Cependant, travaillée intérieurement par les rivalités que lui créait la division de son sol partagé en trois peuples d'une force égale, la Scandinavie reste sans action extérieure jusqu'à l'époque où l'union de Calmar vint consacrer pour elle un principe de grandeur qui semblait dans le vœu et les prévisions de la nature, et que l'expérience démentit cependant de la manière la plus éclatante. Cette dérogation à une constitution qui semble le but définitif des sociétés et à laquelle, par une merveilleuse révélation de l'instinct, elles atteignent du premier coup pendant l'époque de leur enfance, ne préjuge pas contre la vérité de cette loi naturelle, car elle tient à des causes qui expliquent à la fois le principe et l'inconséquence qui l'a méconnu. Dans la triple association scandinave il y avait précisément des éléments de dissidences qui rentrent dans l'action des races que nous avons montrée jusqu'ici. Pendant que le Danemark, par ses affinités cimbriques, était attiré vers l'Angleterre et entraînait avec lui la Norwége dans cette sphère d'un empire maritime qui s'étendait de l'Islande à tous les points de l'archipel britannique, la Suède, que cette tendance plaçait dans une infériorité relative, se rejetait sur le monde slave dont le caractère prédominait chez elle, et dont l'alliance lui donnait les moyens de balancer ses deux rivales. Les aspirations contraires des deux mondes, sur la limite desquels elle se trouvait, fit donc manquer l'association scandinave, malgré tout ce qui devait la cimenter en apparence, et quand la Suède eut repris son indépendance en rompant les liens de l'union de Calmar, elle chercha à fortifier de plus en plus sa prépondérance soit en réunissant, sous Sigismond, sa couronne à celle de Pologne, soit en se mêlant aux débats religieux de l'Allemagne pour lui arracher la domination des provinces slaves de la Baltique depuis la Poméranie jusqu'à la Finlande.

La Suède, entrée dans le cercle d'action de l'Allemagne par l'adoption de la réforme de Luther, reçut dès lors une communication plus directe de ses idées. Appelée au sein de cette contrée pour prendre part aux combats de son indépendance politique, elle avait gagné, sous Gustave-Adolphe, des conquêtes, une grandeur nouvelle et inconnue et une civilisation dont elle se trouvait le missionnaire et l'interprète du côté du monde slave. Pendant les terribles agitations qui suivirent l'extinction de la maison de Rurik et les efforts faits par la liberté slave pour renaître en consacrant le principe électif dans la souveraineté impériale, elle tenta, par le Nord, la même invasion politique que la Pologne exécutait au centre. Dans leurs guerres fréquentes, les luttes entre les deux peuples avaient eu constamment ce caractère d'intimité originaire, tel qu'il est facile de le démêler dans l'histoire des relations de Novgorod avec la Suède. Déjà, bien avant Pierre-le-Grand les deux peuples s'étaient rencontrés sur les bords de la Néva et aux lieux où Charles XII transporta bientôt le théâtre de cette rivalité. La plupart des appréciations historiques n'ont vu que les accès de l'humeur fantasque et belliqueuse d'un homme, espèce de don Quichotte brutal, dans ce duel terrible commencé à Narva et qui de l'Oder et de la Vistule alla expirer dans les plaines de Pultawa : mais elles apparaissent dans toute leur insuffisance devant les immenses résultats qui en sont sortis par la force des attractions exercées par les races. Après avoir été sur le point de monter de nouveau sur le trône impérial de la Russie pendant les crises populaires provoquées par l'apparition des faux Démétrius, la Suède vit sa puissance militaire s'évanouir au souffle de sa rivale barbare, et reculer pied à pied devant les progrès incessants de sa domination. Toutes ses attaques avaient eu pour effet de l'attirer au nord en décidant l'action extérieure de la Russie, engagée jusque là dans une lutte obscure avec les races asiatiques ou perdue dans ses propres dissensions.

Les violentes agitations auxquelles la Russie fut en proie quand elle eut reconquis son indépendance du côté de l'Asie, étaient les derniers symptômes de sa vie slave expirant sous l'ascendant de la civilisation occidentale que lui apportait la domination allemande. Elle seule paraissait pouvoir la mettre à l'abri contre un retour des races asiatiques, maîtresses encore de la circonférence de la mer Noire, assises dans leur forteresse de la Tauride et toujours formidables tant qu'elles trôneraient à Constantinople et tiendraient par ce point l'Orient ouvert et prêt à se déverser en masse sur elle. Les événements récents avaient menacé la chrétienté tout entière d'une nouvelle invasion musulmane et rendu nécessaire une seconde Lépante dans l'incident qui appela Sobiesky à la délivrance de Vienne : tant de causes réunies firent avorter les tendances slaves dans leur effort pour se reconstituer en Hongrie, en Prusse et en Russie. La civilisation occidentale établissait partout l'ordre monarchique et la régularité administrative sur les débris de l'organisation naturelle; elle la trouvait trop affaiblie pour s'opposer à son invasion, qui se manifestait par l'extension de l'empire autrichien sur le Danube, par l'érection d'une nouvelle royauté au profit de la maison de Brandebourg, et par l'élection qui élevait sur le trône de l'autocratie russe la maison du Prussien Romanoff, événements dont la simultanéité tenait à la même cause agissant sur tous les points à la fois. Cette situation, qui commence au premier prince de cette maison, les a rendus dès lors les introducteurs des principes et des formes de la civilisation de l'Occident, en même temps que l'esprit slave, conservé dans toute son intégrité sous cette écorce d'emprunt, leur a fait une loi de réagir extérieurement contre ses intérêts. Ainsi, à peine initiée à ses principes, elle s'en fait une arme contre ceux qui la lui apportent, et la même nation qui offrait tout-à-l'heure sa couronne à la Suède, qui avait proclamé d'elle-même l'héritier de la Pologne dans Moskou, va faire sentir sa force intérieure en débordant sur les puissances qui l'opprimaient. Long-temps emprisonnée et refoulée dans sa masse continentale par la triple barrière que lui opposaient la Suède, la Pologne et la Turquie, la Russie se fit jour sur leurs débris et parut, à l'Occident surpris, triomphante et le pied posé sur ses trois rivales. Cette suite de succès aboutit à la création de Pétersbourg par laquelle Pierre-le-Grand, fidèle à la politique de ses prédécesseurs, transportait hardiment la tête de son vaste empire au cœur de la puissance qui lui avait fait courir le plus de dangers, bien assuré de faire d'une frontière momentanée le centre vivant et sympathique d'une nouvelle activité sociale.

L'espèce de révélation de la Russie à la suite de cette trouée opérée dans les intérêts constitués de l'Europe, et la direction maritime qu'elle prenait de ce côté en se donnant un port et une capitale sur une mer jusque là fermée pour elle, ne produisirent pas un effet moins direct sur le génie mobile de son peuple. On exagère généralement l'influence d'un homme sur les nations, et quoiqu'elle soit immense par la constitution des États modernes, on se trompe sur sa portée réelle; ainsi l'opinion qui rattache en quelque sorte la création de la Russie à l'action unique de son réformateur, risque d'être erronée; elle tient aux habitudes d'abstraction des esprits cultivés, qui trouvent plus court de résumer dans un homme ou dans une formule le travail continu des siècles et des générations; ici trop souvent cette pensée ne fit que revêtir d'une apparence superficielle un fond qu'elle ne changeait pas et qui échappait à son action. Aussi l'œuvre du réformateur est-elle restée durable et progressive dans ce qu'elle avait de conforme aux besoins du temps, et telle qu'elle était préparée par la marche des faits antérieurs; mais elle a été caduque dans ce qu'elle a eu de violent et de précipité contre l'esprit national; elle a mis en quelque sorte les souverains de la Russie dans une position anormale qui leur fait une loi du mouvement, sans repos ni trêve, et les tient comme leur puissance dans un érétisme continuel de conquêtes. En effet, devenus les représentants et les promoteurs d'une civilisation étrangère sur laquelle ils s'appuient, ils subissent d'une autre part la pression d'une masse de sentiments et d'intérêts qu'ils ne peuvent dominer, qu'à la condition de leur obéir toujours. De cette position excentrique prise par le gouvernement dans les faits et dans les idées par suite du choix de sa capitale, est résulté en quelque sorte le caractère d'antagonisme avec le mouvement de l'Europe que sa politique a développé jusqu'à nos jours.

La progression continue des choses qui avait amené l'introduction, dans toute la sphère slave, de la civilisation de l'Occident sous la forme allemande, la plus antipathique à sa nature, était parvenue à son plus haut période dans le cours du XVIII<sup>e</sup> siècle. Partout l'organisation slave était tombée sous son oppression, soit directement comme dans la Prusse et dans les États de l'Autriche, soit indirectement comme en Russie. Il ne restait plus qu'à la frapper dans son dernier représentant, celui dont la nature mobile et passionnée réfléchie dans une constitution originale, mais qui échappait à toute modification comme à tout progrès, entretenait la tradition de l'indépendance slave sous le régime lourd et écrasant de l'uniformité allemande. C'est alors que commence le drame lamentable de l'exécution de la Pologne, cet acte dont l'iniquité a été flétrie et cependant consacrée par ceux qui l'ont anathématisée avec le plus de force. Il importe de faire à chacun la part qui lui revient dans ce meurtre d'un peuple auquel, il faut le dire, tout le monde a concouru. Comme il n'est après tout que le dernier acte d'une suite d'usurpations sans lesquelles il ne s'expliquerait pas, il ne peut être infirmé que par la condamnation de tous les autres. Ainsi dans la Hongrie l'échafaud tenu en permanence pendant six mois, fumait encore du sang de l'aristocratie hongroise qui venait chaque jour courber la tête ou voir décimer ses rangs pour l'expiation de ses résistances au pouvoir étranger qui s'emparait de ses libertés. Ces atrocités n'avaient pas empêché, quelques années plus tard, cette même noblesse de se dévouer généreusement pour la fille abandonnée de l'empereur Charles VI, l'auteur de ce massacre juridique. Ailleurs la Bohême palpitait encore des dernières exécutions qui avaient consacré sa servitude à la maison qu'elle avait laissé grandir trop près d'elle, quand le tour de la Pologne arriva de périr par la même cause. Quoi qu'on ait prétendu dans cette question de la solidarité de la France qui l'associe à la victime, il serait plus exact de dire qu'elle fut du nombre de ceux qui l'immolèrent par cela même que cet acte était la conséquence d'une civilisation dont elle avait partout propagé les règles et l'exemple. Son élève, Frédéric-le-Grand, tout imbu de son esprit et de ses maximes, n'affichait pas moins le dédain collectif de l'humanité que le mépris particulier de son peuple qu'il méconnaissait et qu'il employait comme l'instrument servile de son despotisme. Il fut le premier à proposer le partage de la turbulente république de Pologne, livrée, comme un vaisseau sans lest, aux orages de ses propres divisions au milieu du calme des cabinets qui attendaient sa destruction pour se partager ses débris. Dans cette association machiavélique, la Russie fut évidemment la moins criminelle, car elle obéissait à sa nature slave qui continuait d'agir en elle avec ses intérêts, tout en obéissant aux maximes d'une politique étrangère dans les combinaisons de laquelle sa présence offre seule aujourd'hui, comme nous l'expliquerons, le moyen de revenir contre les excès de cette complicité.

Il y a cependant, dans toute prévention vaste et populaire, un côté qui touche à la réalité et que nous développerons en son lieu. Le préjugé qui associe l'intérêt de la France à celui de la Pologne, est fondé en ce sens qu'il ne s'applique pas à elle seule, mais au principe slave, et par conséquent à tous les peuples de cette race où ce principe se trouve opprimé. Nous verrons quelles immenses ressources il offre à la France pour le rétablissement de ses relations occidentales, et sous quelle forme elle doit se l'approprier pour le rendre solidaire de sa grandeur. Jusque là constatons seulement chez tous les peuples slaves sans distinction, une tendance générale, depuis deux siècles, à se modeler sur les mœurs et les idées de la France, tandis que les principes de ses gouvernements sont encore liés aux intérêts créés par l'invasion allemande. Après la destruction de la suprématie suédoise, Pierre-le-Grand qui avait, en vertu de la loi de proximité, subi, en la dirigeant, l'influence allemande acceptée par ses prédécesseurs, découvrit au-delà le foyer de cette civilisation qui lui arrivait de seconde main et par un intermédiaire exact, mais d'une intelligence secondaire, et la nature slave si souple et d'une conception si rapide une fois mise en contact direct avec elle, devait se passer promptement des leçons d'un maître. Il offrit à la France de remplacer dans son alliance la Suède, déchue d'une puissance trop disproportionnée avec ses forces réelles pour avoir été durable. Cette première aspiration de l'instinct russe se manifesta plus encore sous le régime éclatant de la grande Catherine, dont les prédilections de femme et les inspirations de souveraine ont établi sur la Néva la domination de l'esprit et des idées françaises. Les historiens vulgaires n'ont pas manqué de chercher dans des intrigues de cour le sens des grands mouvements de la société, dont l'impulsion est ailleurs : mais comme aucun prince n'a eu, sous la forme civilisée, un sentiment aussi juste des intérêts du pays et de leur satisfaction, il a entouré le nom de cette femme d'une vénération méritée dans le souvenir des peuples. Ainsi les guerres de Catherine contre la Turquie, l'extinction de la domination tartare dans la Crimée et sur les bords de la mer Noire, enfin les divers partages de la Pologne, montrent l'action persistante et de plus en plus impérieuse des tendances naturelles, quoiqu'elle se plie et s'accommode, au moins dans l'expression, aux convenances de la politique générale, et ne paraisse pas trop, dans la pratique, s'écarter de ses règles.

C'est pendant la grande période révolutionnaire de la France, et par suite de l'ébranlement qu'elle communique à l'Europe, que le sentiment des intérêts, également révolutionnaires et naturels de la Russie, se fait jour dans les masses et passe alternativement du gouvernement au peuple. A la politique expectante de Catherine, surprise dans sa vieillesse par l'explosion de la révolution française, succède la politique changeante de Paul, plus heureux dans son inimitié contre la France sous le directoire, que dans son retour significatif vers elle à l'époque du consulat. Mais cette alternative plus marquée sous l'empire, est devenue désormais la loi de la situation. Maître d'une révolution qui avait reporté tout le mouvement social vers la France, Napoléon passa également à la même fluctuation de sentiments qui était l'effet de l'identité de sa position, et qui l'armait au-dedans contre les tendances naturelles du pays, tandis qu'il leur donnait au-dehors une large mais inintelligente satisfaction. Rapproché à plusieurs reprises de la Russie, il semblait tantôt, comme à Tilsit, attiré par l'idée d'un partage d'influence avec elle, et tantôt, comme à Erfurt, dirigé dans sa politique par le dessein de former un contrepoids au développement de cette puissance. Aucun homme ne s'était trouvé mieux que lui en position de changer le système de l'Europe, s'il avait pu échapper à cette préoccupation du génie qui, plus il sent sa force et sa supériorité, plus il veut que tout procède de lui et n'admet de partage qu'à la manière du lion. En accordant les prétentions de la Russie sur l'Orient, il eut fait d'elle la complice obligée de son action sur l'Europe, et c'était en même temps le sûr moyen de venir à bout de l'Angleterre. Mais toutes ces concessions procédant des volontés changeantes des individus, finissent par soulever contre elles les sentiments des peuples et deviennent impossibles dans l'absence de garanties que comportent les relations actuelles des sociétés. Il préféra laisser ces questions en litige, et résolu d'obtenir par la force un assentiment qu'il n'avait pu gagner par toutes ses prévenances, il se laissa emporter contre cette puissance à un esprit d'hostilité dont l'Angleterre se servit à son tour d'une manière aussi heureuse pour elle que fatale pour nous.

La Russie, sortie des périls d'une invasion immense, et après le sacrifice de son antique capitale, semblait avoir affranchi l'Europe, et à ce titre l'ascendant sur elle devait lui revenir; mais elle avait à se reprocher de s'être laissé entraîner aux mêmes excès que l'adversaire qu'elle avait abattu, et qui, relevé un moment de sa chute, la trouva de nouveau armée contre lui. L'ambition de remplacer la France dans la direction morale de l'Europe l'emporta sur son véritable intérêt, et elle céda trop au désir de renverser le rival qu'elle avait ébranlé. En faisant descendre la France de son rang révolutionnaire, elle restait à découvert et elle s'enlevait à elle-même le moyen de justifier ses usurpations. En réduisant la France à la modération aux yeux des puissances envieuses qui l'en avait cru si long-temps incapable, elle devait les ameuter contre elle, lorsque les événements qui se pressaient dans l'Orient vinrent le livrer à sa discrétion; car l'avantage qu'elle tenait de sa position dans la Sainte-Alliance eut pour effet de la compromettre, en précipitant sa politique sur la Turquie; elle provoqua en même temps la révolution de Juillet qui détruisit l'œuvre des coalitions précédentes, et rendit à la France l'initiative de l'action continentale. Cette rupture, avec un passé que la Russie pouvait s'attribuer, et surtout le contre-coup qu'elle en ressentit dans la révolution polonaise, durent inévitablement la jeter dans une hostilité temporaire, qui devra se modifier sous l'influence des complications présentes et d'après des nécessités que nous expliquerons bientôt. Mais nous devons d'abord ouvrir un monde nouveau dont les intérêts et la nature distincts des autres servent à les distinguer eux-mêmes : c'est dans sa sphère que se développent à leur insu les causes de l'agitation des sociétés modernes, et c'est lui qui porte aujourd'hui dans son sein les éléments de leur conciliation future, comme il a porté autrefois les principes de leur civilisation.

# TROISIÈME PARTIE.

TABLEAU DE L'UNITÉ MÉRIDIONALE.

## CHAPITRE VIII.

L'Orient des temps antiques.

Il y a un mot qui retentit dans toutes les discussions avec la puissance et l'obscurité d'un symbole, un nom qui éveille dans la pensée toutes les idées du beau moral et du beau physique comme puisées à la source même de la lumière ; ce mot c'est l'Orient, berceau des peuples et des civilisations, d'où la science, d'accord avec la religion, fait descendre la famille humaine partie dès l'origine des temps pour l'exploration d'un monde inconnu. Aujourd'hui elle semble y revenir après un long pèlerinage de tant de siècles, comme pour y respirer la foi des premiers âges et y chercher le secret de cette destinée poursuivie à travers tant d'épreuves et de vicissitudes. Que de fois dans sa route ne s'est-elle pas tournée vers ce pôle mystérieux pour y voir lever la lumière qui doit éclairer les âmes, aux époques surtout où l'humanité livrée au doute s'est sentie faiblir dans le travail d'enfantement d'une nouvelle société. Ainsi l'Europe de nos jours, détachée peu à peu de ses croyances, articule ce grand nom toujours environné de mystères, mais doué du même charme attractif sur l'imagination. Frappée de l'immobilité mystique de ses races, elle interroge leur passé comme pour lui demander un nouveau dogme qui fasse cesser les doutes qui la travaillent et succéder à ses agitations la sérénité rayonnante de ces belles contrées. Et cependant, il faut le dire, c'est là une erreur, un de ces préjugés nés avec l'humanité et grandis avec elle, que l'ignorance enfanta et que la science a consacré en l'acceptant de siècle en siècle. Et d'abord, pressé d'exprimer toute notre pensée, en prenant l'Orient pour sujet de nos investigations, notre premier mot sera de nier son existence.

Oui, l'Orient n'existe pas pour l'Europe, ou du moins il n'est pas où on l'a mis. Expression imaginaire d'une erreur invétérée, fantôme qui recule quand on marche vers lui, horizon qui se déplace toujours, que les Romains voyaient dans leur *Orient*, les Grecs dans leur *Anatolie*, les Perses dans leur *Bactriane*, sa négation en géographie et en histoire est d'une haute importance, car elle seule peut établir l'unité de la race européenne, tandis que la confusion qu'on introduit à ce sujet ne va rien moins qu'à refuser à l'Europe toute spontanéité, toute individualité propre. Nous ne pouvons admettre cette obstination des historiens à déshériter la race blanche d'Europe, cette reine des races du monde, d'une faculté qu'ils accordent à toutes les autres moins favorisées de la nature ; nous voulons dire la faculté de procéder d'elle-même et de ne pas être le produit métis et équivoque d'une origine impossible à justifier. Tous les peuples, par une singulière vanité, ont tenu à constater leur humiliation à leur naissance, en vertu de cette loi de la force qui a présidé à leur formation ; et quoique de nos jours la révolte se soit relevée de l'anathème qui l'a frappée pendant tant de siècles, nous ressemblons encore à ces esclaves nouvellement émancipés qui ont peine à se croire libres, et qui gardent toute leur vie les habitudes de l'esclavage.

A nos yeux un continent ne commence pas à telle montagne, à tel fleuve, mais à telle race. Les divisions naturelles ne sont pas écrites sur la carte, mais sur le visage des hommes, dans leurs traits, dans leurs mœurs, dans leurs langues, dans tout ce qui constitue la différence d'homme à homme, l'originalité fondamentale qui les distingue. Aussi, loin de concentrer l'Europe dans les limites qu'on lui a données, contrairement aux saines notions de sa propre histoire, nous dirons, en consultant sa structure géologique autant que son ethnographie, qu'elle embrasse toute la partie de l'Asie qui tourne la mer Caspienne et va finir à l'Indus et aux Alpes tibétaines, véritables bornes de l'Europe en tant qu'on la considère comme le domaine de la race blanche. C'est au-delà seulement que commence la race asiatique et ses trois grandes familles indoue, chinoise et mongole au front bas et déprimé, aux lèvres épaisses, aux pommettes des joues saillantes, à la peau jaune, laquelle s'étend dans toutes les îles de l'Océanie, mêlée à la race nègre, et va jeter une de ses variétés sur le double continent de l'Amérique. En attribuant cette nouvelle circonscription à notre continent, nous l'observons également pour l'Afrique, dont nous rattachons à l'Europe tout le nord, à partir de l'Arabie, de l'Égypte et des contrées ceintes par l'Atlas. L'Afrique, c'est-à-dire le domaine de la race noire, la troisième dans l'ordre de l'intelligence et des facultés physiques, ne commence qu'à la Nubie et au-delà du désert de Sahara. Ainsi la Méditerranée baigne au nord comme au midi le berceau de la race blanche dans toutes ses nuances, comme si la nature avait voulu constater d'avance le droit de possession pour elle des trois continents, et sa souveraineté par le droit de l'intelligence sur toutes les autres races ses voisines.

Après avoir dessiné cette *Asia minor*, que les anciens distinguaient eux-mêmes dans l'Asie par un sentiment confus de la vérité, dirons-nous qu'elle a, comme l'Occident, sa race homogène, visible dans l'antiquité comme dans les temps modernes, par la similitude de mœurs et d'intérêts qui a dominé les divisions de ses différentes branches : Assyriens, Chaldéens, Mèdes, Phéniciens, Perses, Juifs, Égyptiens dans l'antiquité ; Arméniens, Persans, Arabes, Turcs, Cophtes, Maures chez les modernes. Plus on examinera de près le fait social que nous indiquons, plus on pénétrera dans l'analogie des langues et des institutions, plus on reconnaîtra à travers la dissolution que les vicissitudes d'une longue existence historique ont produite la parfaite unité qui sert de base à la race méridionale, laquelle se pose en regard de la race slave et de la race occidentale, et complète la triplicité originaire, cadre primitif de la famille européenne.

L'existence simultanée des trois grandes races dont les parties rapprochées constituent la personnalité de la race blanche ou européenne, se manifeste surtout dans la réaction perpétuelle qui les porte l'une vers l'autre. Nous avons signalé le passage partout sensible d'un double courant de barbarie et de civilisation qu'on peut prendre ici à sa naissance et suivre sur le terrain qui lui est propre. Toutes les traditions de l'histoire se rattachent à l'existence d'un premier empire iranien dont la civilisation se communique dans une direction opposée à l'Inde et à la Chine. Son éclat demi-fabuleux va se perdre dans les origines des peuples qui veulent tous en descendre, et qui reproduisent dans leurs allégories le souvenir éloigné de sa grandeur. Les constructions pélagiques et cyclopéennes qu'on rencontre au berceau des sociétés avec des générations contemporaines d'anges, de titans et de dieux, témoignent l'impression reçue par l'imagination de l'homme au spectacle d'un état nouveau qui lui révélait sa puissance en l'exagérant. N'est-ce pas son ombre qui se dessine à travers l'obscurité impénétrable des premiers temps, dans ces monuments aux proportions gigantesques, figurés par la Babel de la Bible, retrouvés plus tard dans la Babylone de l'histoire, et dont les images restent encore debout aux bords du Nil? Dans ce premier âge de la civilisation où les éléments de trois races se trouvent confondus, elle n'a pas encore dégagé son caractère humain et perfectible, et elle prouve son imperfection même par la disproportion des œuvres qu'elle enfante. Mais cette disposition de l'homme à créer des monstres avant d'arriver au sentiment de la régularité, est la source du merveilleux des premiers âges et atteste les efforts de l'esprit humain sous la pression de cette force qu'il divinise. Nous avons dit combien la forme resserrée des îles et des péninsules est favorable, indépendamment de toute autre circonstance, au développement de la civilisation qui s'éteint lorsqu'elle s'éparpille sur un terrain trop vaste. Ici, quoique née au centre d'un continent, elle ne déroge pas à cette loi, car la Mésopotamie et l'Égypte, qui furent son berceau, ne sont que deux îles; l'une formée par les bras de deux grands fleuves, l'autre emprisonnée entre les vagues sablonneuses de deux déserts. De plus, autour de ce foyer s'agitent déjà ces éternels ennemis de la vie sédentaire, qui vont la suivre dans chaque siècle, renversant tout ce qu'elle fonde aussitôt qu'elle s'arrête, et sans cesse la forçant à recommencer son œuvre. Autour d'elle fermentent ces tribus pastorales de Scythes, de Chaldéens, d'Arabes, qui la tiennent en haleine, toujours prêts à la surprendre dès qu'elle se ralentit, et à revendiquer pour l'homme les droits et l'indépendance de la vie primitive.

L'Assyrie avait donné à la civilisation, dès sa

naissance, le caractère qu'elle déploie aux plus brillantes époques de son perfectionnement : domination vaste, à la fois étendue et concentrée, supériorité par les armes et par l'intelligence, gouvernement monarchique avec la divinisation de la souveraineté dans l'homme par la théocratie, et pour trône à cette puissance une capitale géante aux édifices prodigieux et grandioses, personnification qui empêche d'apercevoir la faiblesse de l'homme derrière elle en le faisant paraître aux yeux revêtu de l'autorité morale et des attributs de la divinité. Il y avait là l'empreinte du génie asiatique dont l'influence était trop voisine pour ne pas se faire sentir, et l'humanité se serait immobilisée sous la double synthèse du despotisme et de l'esclavage, telle qu'elle s'est établie dans l'Inde et à la Chine, sans la protestation vivante des races libres qui venaient de temps en temps renverser l'idole de son autel et disperser au-dehors les trésors et les secrets du sanctuaire. Memphis et Thèbes, expression nouvelle de cette civilisation qu'elle reproduit dans son ensemble merveilleux d'unité, de grandeur et de mystère, quoiqu'elle ait encore comme elle sa langue sacrée, son pouvoir théocratique et son régime de castes, y ajoutent pourtant des traits nouveaux d'une sociabilité plus expansive. Les rivalités intérieures de domination modifient l'action abrutissante du despotisme perpétuée sans contestation : les entreprises maritimes, nées de sa situation, lui créent un mouvement d'activité au-dehors, et déterminent cette direction commerciale à laquelle la Phénicie, moins entravée au-dedans, va donner toute sa signification et son étendue. C'est par l'impulsion extérieure de ces deux États que commencent les premiers rapports de la civilisation méridionale avec les races celtique et slave. Les brillantes relations de leurs colonies attaquent et envahissent presque à la fois ces deux races par leur péninsule méridionale. A chaque nouveau pas qu'elle fait, à chaque nouvelle reproduction de son type primitif, elle se dégage du principe d'immobilité, elle perd de sa rigueur absolue et exclusive. Forcée de concilier le sentiment de l'ordre et de la régularité qu'elle apporte, avec les instincts des races libres qu'elle veut fixer sous sa domination, de cette transaction se forment les démocraties antiques, qui, dans leur éclatante et orageuse existence, présentent la lutte animée et féconde de ces deux instincts en rivalité. Avant de s'étendre et de se développer dans cette magnifique circonférence du rivage qui lui fait face, la civilisation méridionale complète sa sphère particulière. Elle occupe tout l'espace des profondeurs de l'Iran à l'extrémité occidentale de l'Afrique, et Tyr se reproduit dans Carthage avec son double esprit conquérant et commercial, retrouvant dans cette zone africaine les mêmes analogies de races qui ont fait d'elle à toutes les époques le prolongement de l'Asie-Mineure et l'ont entraînée dans son mouvement.

Tombée sous la pression des races libres, la civilisation méridionale se relève dans son premier séjour : elle réagit avec éclat sous les Perses contre la race slave qui l'attaquait à la fois par les peuplades libres de la Transoxiane et par l'inondation des colonies grecques sur toute la côte asiatique de la Méditerranée et de la mer Noire. Comme le feu éternel dont elle a fait l'âme et le principe du monde, la Perse, qui semble avoir désigné par là son symbole, située au point de jonction des races asiatiques et européennes, s'est réservée à toutes les époques pour maintenir sur le sol le plus mouvant et le plus bouleversé du globe la tradition permanente d'un état privilégié, depuis les temps fabuleux de Djemschid et de Rostam, jusqu'à l'époque historique de Cyrus. Emportant cette idée dans la retraite, ou la dérobant comme le feu sacré au sein de ses montagnes inaccessibles, pour revenir dans la plaine relever sa puissance sur les débris de toutes les dominations étrangères, elle reparaît avec les mêmes traits de grandeur despotique dans le souverain et de servitude dans les sujets, qui anéantit l'individualité des peuples dans celle du maître, caractère qui contraste avec le génie libre de ses deux races consanguines, mais qu'elle finira par leur communiquer avec le temps. Dans cette imitation forcée des systèmes qu'elle avait imposés primitivement aux populations asiatiques, et qu'elle en recevait à son tour, elle garde toujours sa supériorité morale, manifestée dans les institutions de Cyrus et de ses successeurs. La loi de toute réaction, pour être triomphante, c'est d'embrasser la sphère dans laquelle s'étaient déployés les causes et les obstacles qui l'ont provoquée. Ainsi la domination de la Perse, en rendant l'initiative à la civilisation méridionale, absorbe du même coup la Phénicie et l'Égypte : déchues de leur puissance initiatrice, elles l'avaient laissée passer à la civilisation grecque, qui, sortie de la fusion de leurs éléments réunis sur son sol, s'était développée en face de leurs rivages. La même absorption menace la Grèce pendant toute la durée de sa liberté politique : échouée dans deux premières tentatives, elle reste suspendue sur sa tête et y entretient le mouvement par la lutte ouverte ou cachée, mais toujours active, des deux principes sociaux personnifiés pour le reste du monde dans le grand roi et dans la démocratie grecque. Aussi n'est-ce qu'après avoir réussi à les concilier pour elle-même, en se soumettant à la suprématie macédonienne, que la civilisation grecque trouvera la force expansive nécessaire pour commencer la grande réaction des deux races septentrionales sur celle du Midi, attirées de nouveau par cette impulsion périodique qui porte les peuples, lorsque la civilisation a introduit ses idées parmi eux; à refluer vers le point d'où elles émanent.

Dans la réaction de la Perse, la civilisation méridionale s'était retrempée à sa source et elle y avait repris jusqu'à ses formes primitives ; dans la réaction grecque par Alexandre, elle perdit dès lors sa puissance d'initiative, et avec elle son individualité. L'immense conquête macédonienne avait fait passer la direction à une race étrangère, mais elle s'était opérée avec des éléments numériquement trop faibles pour que le fond en fût sensiblement altéré. Aussi la civilisation grecque sur la zone méridionale, continuée depuis lors sous des régimes divers, ne s'en est jamais détachée complétement, et cependant elle y est restée toujours superficielle. Au règne si court d'Alexandre, qui allait concilier dans sa personne le principe de la race conquise avec celui de la race conquérante, succède pour celle-ci un demi-triomphe de son indépendance dans la création des grandes monarchies nées du démembrement de l'unité méridionale. Tandis que l'influence naturelle reprenait l'avantage sur sa rivale, par un retour aux mœurs et aux formes despotiques, l'affaiblissement de la domination étrangère empêcha toute organisation nationale d'une puissance réelle et facilita pour Rome la conquête de la zone méridionale. Après l'avoir commencée habilement par l'Afrique et Carthage, pour retomber de tout son poids sur la Grèce et sur l'Orient, elle vint l'achever sur les bords du Nil, au moment où une révolution intérieure termina le pouvoir conquérant de la liberté romaine pour y substituer le pouvoir conservateur d'un seul. Rome, fondée par la civilisation méridionale au centre même de la sphère qu'elle avait déroulée en regard de la sienne, placée par sa position entre la péninsule ibérique et la péninsule hellénique, avait hérité de cette force dans son double domaine. En joignant à ses applications le principe occidental qu'elle portait en elle, elle devait étendre sur les deux autres fractions de l'unité européenne une nouvelle organisation empreinte de son caractère. Tant que la race méridionale est aux prises avec la civilisation grecque, Rome tourne son attention vers l'Occident et ne songe qu'à s'emparer des points qu'elle délaisse, ou que Carthage, livrée à elle-même, ne peut plus défendre, et elle ne revient à l'Orient que grandie du concours de tous les peuples rattachés à son empire par la puissance de leurs affinités avec elle. Mais dans cet échange continu que les races se font réciproquement de leurs idées et de leurs institutions, la race méridionale détrônée avait repris par les mœurs ce qu'elle avait perdu par les armes, et ses progrès dans la constitution romaine marquaient tous ceux que son influence y faisait dans les esprits. La même force d'attraction et d'imitation contagieuse qui avait renvoyé à Rome ses généraux, les Lucullus, les Sylla, les Pompée, changés en véritables despotes asiatiques, acheva de la soumettre à la domination impériale en se personnifiant dans César et dans Auguste. Dès lors, cette vaste création du monde romain se trouva complétée, embrassant dans sa puissante étreinte les deux zones parallèles éclairées par le passage des civilisations précédentes.

Le silence profond qui s'établit alors, troublé à peine par quelques faibles agressions aux extrémités ou quelques révoltes bruyantes, mais passagères, des insurrections militaires, cette immobilité du monde sous la compression de la force, succédant au mouvement qui avait été l'âme des sociétés antiques, anéantit-elle complétement toute individualité pour la race méridionale? Supérieure par son unité, comprise tout entière sous la domination romaine, tandis que celle-ci ne réunissait sous son influence directe que des fractions des deux autres races, son génie resta-t-il endormi comme son corps? Loin de là, la réaction, pour être sourde, n'en fut que plus puissante, car, au lieu de s'attaquer à l'ordre matériel, elle s'en prit aux mœurs et aux intelligences. Elles furent les premières à succomber dans la sévérité antique qui avait fait leur force, sous l'affluence des trésors, la révélation de magnificences inconnues et la contagion des jouissances naturelles aux climats chauds et à une civilisation plus raffinée. Pendant que la partie grossière du polythéisme avait étouffé sa partie spirituelle, comme dans toutes les religions éloignées de leur source, dans ce conflit de tant de superstitions d'origines diverses admises par la politique indifférente de Rome et décréditées par les doctrines philosophiques, l'Orient préparait en silence la révolution religieuse qui devait rétablir son action sur le monde.

Par une prévoyance calculée, sur ce sol où la civilisation prit naissance, la nature a, comme à dessein, réuni les contrastes les plus tranchés : les déserts arides succédant sans transition aux contrées les plus délicieuses, l'hiver éternel près des ardeurs brûlantes de l'été; le despotisme et l'esclavage, à côté de la liberté illimitée; la mollesse et le goût des voluptés sensuelles en face des macérations de l'ascétisme le plus exalté. Cette disposition du climat, qui se réfléchit dans l'esprit de ses habitants, ne l'était nulle part plus profondément que dans la race hébraïque, où le sentiment le plus énergique du spiritualisme primitif, antérieur à toutes les religions symboliques et maintenu dans son austérité au sein de toutes les idolâtries, avait grandi par les persécutions mêmes qu'il lui avait attirées. L'indépendance des esprits qui en étaient privés dans l'ordre politique, s'étant réfugiée dans la philosophie grecque, elle formait une espèce d'opposition spirituelle mais sans portée, presque à l'insu de Rome où sa langue peu répandue ne la rendait guère accessible qu'à son aristocratie, et celle-ci s'en amusait comme d'un jeu pour occuper son oisiveté ou comme d'une arme qu'elle aiguisait contre le despotisme des empereurs. Mais elle avait préparé le besoin d'un état nouveau pour les âmes fatiguées par la mort de toutes les croyances, et l'attente de son avénement était descendue jusque dans les masses. Le christianisme n'eut donc qu'à paraître pour rallier contre le polythéisme expirant les imaginations avides d'une foi nouvelle. Dans cette combinaison de l'idée religieuse qui se fait avec les pensées et les passions de tous, qui, entre mille systèmes avortés, demeurés sans écho, s'empare d'un nom qui devient aussitôt le point lumineux où se concentrent toutes les aspirations isolées et flottantes, tous les instincts vagues et non satisfaits, le christianisme sortit du judaïsme, insociable et antipathique, mais néanmoins puissant par la haine même qu'il inspirait, et il fit d'une réforme qui avait échoué contre cette doctrine la réforme triomphante du monde entier. Personnification populaire qui élevait pour la première fois le pauvre, l'opprimé et l'esclave jusqu'au ciel et le couronnait dans son humilité d'une origine royale remontant au-delà des temps, pour l'opposer à l'idole impériale du monde matériel qui recouvrait trop souvent sous la pourpre la bassesse de l'origine et l'ignominie des mœurs!

Rome ne s'y méprit pas et elle s'arma de toute sa puissance contre cette invasion qu'elle frappait dans les corps, ne pouvant l'atteindre dans les âmes. Tandis que le christianisme, arrivé rigide et fervent, réveillait en Occident ce spiritualisme grave et sévère qui avait toujours caractérisé les races celtiques, il s'affaiblissait en Orient dans les subtilités de l'esprit grec et les élans du mysticisme oriental. Il cédait peu à peu à l'action secrète de la portion sensuelle qu'il avait étouffée en lui, pendant l'époque du martyre et de la lutte, mais qui devait reparaître dans le triomphe et la jouissance du pouvoir. La race méridionale avait vaincu moralement Rome et l'Occident, elle réagit encore physiquement, en faisant du triomphe politique du christianisme une véritable invasion sociale. Par une suite de cette relation inévitable entre les faits et les causes, c'est le premier prince qui l'intronise dans l'empire qu'elle charge d'assurer sa conquête. Constantin, ce prince qu'elle fit à son image, quoique né dans l'Occident, substitue au gouvernement de l'ancienne Rome, encore tout empreint du vieil esprit républicain de sa constitution, un véritable gouvernement oriental avec sa hiérarchie de satrapes et de grands-officiers couvrant la majesté invisible du prince élevé dans une région supérieure où son action se renferme sous la direction des eunuques et des influences domestiques. A la simplicité du régime militaire succède la pompe officielle, le luxe d'une cour et les exactions d'un système fiscal puissamment organisé et destiné à l'entretenir; évolution qui rendait à l'Orient la domination générale dans laquelle Rome n'était plus rien et où l'Occident était tombé à l'état de peuple conquis. Aussi, quand Constantin transporta sa capitale sur le Bosphore, ce n'était plus que le dernier acte d'un système dont il complétait la signification.

L'effet de cette transposition fut ce qu'il devait être. L'Occident avait plié sous l'influence méridionale, déjà sensible dans Auguste, perfectionnée par Tibère au retour de son exil en Orient, enfin développée dans ces instincts de luxe monstrueux et de grandeur exagérée depuis Caligula et Néron jusqu'à Éliogabale, tant que cette influence se dissimulait et se personnifiait sous des formes et dans un ensemble de mœurs qui lui étaient propres. Mais lorsqu'il cessa d'y reconnaître sa nature, il reprit peu à peu le sentiment et le besoin de son indépendance sous une domination de plus en plus étrangère. Les deux dynasties qui offrent une succession de quelques règnes dans les princes de la même famille, celle de Constantin et de Théodose, luttèrent contre les mêmes obstacles qui les forcèrent bientôt à consommer une séparation qui était déjà effectuée dans les idées. Nous avons vu comment elle s'opéra dans l'Occident par le concours des éléments primitifs que les invasions barbares apportèrent aux races celtiques, et comment cet effet fut moins prononcé pour les races slaves, qui rencontraient d'ailleurs une organisation plus forte dans l'empire romain d'Orient et une relation plus ancienne des peuples helléniques avec la race méridionale, à laquelle ils se trouvaient liés par la conquête non moins que par la communauté de religion et de civilisation. Le grand travail d'infusion par les races septentrionales qui eut lieu dans l'Occident, et dont les résultats se développèrent pendant le moyen âge, n'agit pas au même degré dans l'Orient. A peine effleuré dans leur passage par les Goths et les Huns, resserré d'ailleurs dans sa capitale inaccessible sur le Bosphore, où la vie refluait comme dans le cœur, lorsqu'elle s'arrêtait aux extrémités, l'empire byzantin put subsister pendant dix siècles, entre le mouvement général de l'Europe et celui qui se manifesta bientôt dans la zone méridionale. Triomphant presque toujours, malgré sa faiblesse, quand il est aux prises avec les races septentrionales, il reprend sur les Goths plusieurs portions de l'Italie, et se complète de nouveau par l'Afrique en y détruisant la domination des Vandales. Il devait cette supériorité à la prédominance de la race méridionale dans la composition de l'empire byzantin et à l'énergie qu'elle prêtait à sa répulsion contre les races septentrionales. Mais il perdait cet avantage lorsqu'il trouvait contre lui la force qui l'avait soutenu dans cette lutte, comme il la rencontra dans la grande révolution du viie siècle, qui changea la face de la zone méridionale et lui donna sa dernière transformation, du moins celle qu'elle a conservée jusqu'à nos jours.

## CHAPITRE IX.

#### L'Orient dans les temps modernes.

Pour bien comprendre le prodigieux changement de rénovation politique et religieuse dont la zone méridionale devint le théâtre, il faut tenir compte de sa double nature spiritualiste et sensuelle qui la fait passer brusquement et sans transition aux dispositions morales les plus opposées. L'esprit de la civilisation grecque, qui n'avait pas cessé d'agir sur elle depuis la conquête d'Alexandre, s'était développé dans les grandes monarchies macédoniennes de l'Assyrie et de l'Égypte, dans la Pentapole de la Cyrénaïque, dans le mouvement des écoles philosophiques d'Alexandrie et d'Antioche : son influence se continua sous la domination romaine à laquelle il ne céda l'action matérielle que pour reprendre avec plus d'énergie la direction intellectuelle de la société. Le grand mouvement du christianisme, ce dernier effort qui triompha de l'unité romaine par la connivence de la race méridionale avec la civilisation grecque, apprit à celle-ci sa faiblesse, lorsque son alliée tendit à se séparer d'elle. Troublé par les hérésies de l'arianisme et du gnosticisme qui transportaient dans l'ordre religieux les dissentiments de l'ordre politique, le christianisme grec ne put jamais arriver à cette unité que lui imprima tout d'abord le catholicisme, héritier de l'esprit romain. La constitution de l'Église n'avait pas tardé à se dépouiller dans l'Occident de sa forme républicaine pour celle du gouvernement épiscopal et enfin pour la monarchie élective de l'empire. Malgré les efforts des empereurs grecs pour modifier l'Église d'Orient sur celle de Rome, elle se ressentit toujours du principe démocratique qu'elle avait reçu de l'esprit grec à l'origine.

Leur antagonisme devait s'entretenir de la rivalité sans cesse renaissante contre l'ascendant du siége de Rome et l'influence non moins récente du siége de Constantinople, en présence des prétentions de ces grands foyers du christianisme oriental, les siéges d'Antioche, de Jérusalem, d'Alexandrie et de Carthage, où les jalousies étaient soutenues par des populations nombreuses et ardentes aux controverses, ou bien des oppositions de caractères et de races accrues encore par la persistance des souvenirs religieux et historiques. Le pouvoir civil avait tendu à fondre toutes ces dissemblances dans l'unité religieuse qu'il touchait de près, c'est-à-dire le patriarchat de Constantinople, et quoique cette institution, dessinant de plus en plus sa rivalité avec Rome au point d'aboutir au schisme complet, donnât satisfaction au sentiment général et finît par prévaloir sur les oppositions individuelles des autres cités, la lutte intestine n'en subsistait pas moins, et la foi, déjà affaiblie et perdue dans les subtilités où se complaisait l'esprit grec, ne se retrempait pas comme en Occident dans des populations neuves et énergiques. Il restait à la surface du sol, circonscrit dans l'enceinte des villes dont il passionnait les populations molles et désœuvrées formées de races mélangées, sans pénétrer dans la masse; ou, s'il s'y introduisait, il en sortait bientôt corrompu par des hérésies d'un caractère étrange et sauvage qui s'armaient contre lui de toute la puissance des superstitions locales. Aussi, à côté de ce christianisme sans profondeur, comme la civilisation grecque, s'élevaient des croyances religieuses empreintes de la portion mystique et sévère du génie de la race méridionale : elles tendaient à séparer les classes populaires de la secte dominante en soulevant contre ce christianisme opulent et fastueux les mêmes haines de races, les mêmes griefs d'oppressions et de misères qu'il avait soulevés jadis contre le polythéisme. Ces dissensions passèrent de l'existence précaire et persécutée des donatistes de l'Afrique, des gnostiques de la Syrie et des manichéens de la Perse, à la constitution indépendante de l'église d'Arménie, de celle des Cophtes en Égypte et des Maronites du Liban. Cette division radicale de la population chrétienne laissait en dehors d'elle bien des éléments qu'elle n'atteignait pas, et que le mahométisme, à son apparition, vint rallier à lui avec un entraînement irrésistible.

On a vu qu'à toutes les époques la civilisation s'est établie dans la zone méridionale avec les traits prononcés d'un sensualisme organique développé par le climat et par la fécondité prodigieuse que présente cette terre aussitôt que des bras la cultivent. A leur action énervante la nature oppose, pour renouveler les races qu'elle abâtardit, le caractère des peuplades indépendantes qu'elle a semées dans les déserts qui découpent et séparent obstinément ces riches foyers de l'industrie, mais aussi de la servitude humaine. La configuration heurtée du sol et des mœurs ne manifeste nulle part sa double influence plus que dans la race arabe, jetée comme à dessein entre les deux empires de l'Euphrate et du Nil, pour former contre eux une éternelle protestation. Son génie se personnifiait dans la race hébraïque, qui avait emprunté aux Chaldéens et aux anciens peuples de l'Iran les traditions du monde primitif, et le système religieux qui sortit de leur mélange, en marquant d'une empreinte ineffaçable le peuple coulé tout entier dans ce moule inflexible, devint l'expression la plus parfaite du spiritualisme oriental conservé par lui intact à travers toutes les vicissitudes. Aussi, lorsque le polythéisme grec importé en Orient se fut affaibli, la révélation de cette doctrine, sortant tout-à-coup de ses obscurités, produisit l'ébranlement des imaginations qui créa le christianisme, traduction adoucie et civilisée du mosaïsme sauvage. Nous avons vu comment plusieurs sectes chrétiennes, tandis que la nouvelle loi portée à tous les peuples s'éloignait de sa source, avaient contracté avec les idées judaïques une communauté naturelle. La persistance de ces idées et de toutes celles qui s'y rattachaient de proche en proche, comme le sabéisme des Perses et des Arabes, résista à la réaction du christianisme, revenu en Orient avec la double puissance de la domination et du prosélytisme. Aussi quand Mahomet parut, parti du sabéisme idolâtre de l'Arabie pour s'initier à la connaissance du christianisme et du judaïsme, qui s'accusaient tous deux d'une dérogation à la loi divine de leur institution, il put juger leurs débats avec l'impartialité d'un tiers indifférent, et s'élever par elle à la pensée d'une conciliation d'abord applicable à son pays, et bientôt, par l'ivresse et l'enthousiasme du succès, grandie jusqu'aux proportions d'une doctrine universelle.

Le Coran, qui semble commenter à chaque page et presque à chaque ligne l'Évangile et le Pentateuque, exprime partout dans les idées cette disposition qu'il allait réaliser dans les faits. C'est par eux que le nouveau législateur s'élève à la conception de l'islamisme, cette religion primitive de l'Orient qui avait été celle d'Abraham, regardé par l'Arabe comme la tige de sa race. Tandis qu'il emprunte au mosaïsme ses formes particulières, la circoncision, les ablutions, ses principes d'hygiène locale, enfin l'idée d'un théisme pur, il prend au christianisme ses idées de rémunération, sa croyance d'une autre vie et de l'immortalité de l'âme, son horreur des sacrifices sanglants, enfin ses préceptes de charité universelle. Comme la zone méridionale que nous avons rattachée au monde européen, nous tenons à rattacher aussi à l'ordre des faits qui lui sont propres la création du mahométisme qu'on est habitué à regarder comme appartenant à l'Asie. Nous le répétons, aucun grand système religieux amenant ou provoquant un grand mouvement de civilisation, ne s'est développé dans l'histoire en dehors de la race blanche. Que placé à la limite de cette race et de celle de l'Asie et de l'Afrique, l'Arabie en soit la dernière expression et réfléchisse quelques uns des traits des peuples qui l'avoisinent, nul doute à cela, puisque son système est l'anneau qui va lier désormais le monde européen au véritable monde asiatique. Ce n'est pas que nous voyions cette influence aussi directe qu'on la suppose généralement dans les lois de Mahomet sur la polygamie, qu'il a plutôt réformée que prescrite. Ce point si capital, par lequel il diffère essentiellement du christianisme, il l'accepte comme une institution des temps primitifs suivie par les patriarches et consacrée par le mosaïsme. Mais il obéit évidemment à l'idée chrétienne dans ses dispositions à l'égard de la femme; loin d'avoir consacré sa servitude, il est allé plus loin que le christianisme, qui s'est contenté de prononcer d'une manière abstraite l'égalité de l'homme et de la femme, il l'a établie par des institutions formelles. La tendresse de cœur, la connaissance profonde du caractère de ce sexe et le touchant intérêt qu'il porte à sa faiblesse, apparaissent dans les moindres précautions pour garantir son indépendance. Le droit de répudiation est égal des deux côtés, et il se sert de l'intérêt privé comme du frein le plus assuré de la polygamie; enfin, l'épouse coupable n'a pas de juge plus miséricordieux. Le caractère sociable et humain de la nouvelle religion, avec les qualités perfectibles qu'elle tenait de la race blanche, se fit jour aussitôt qu'elle eut atteint à l'universalité, cette expression de toutes les grandes religions rénovatrices. En effet, tandis qu'en Asie, parmi les peuplades noires de l'Afrique, le mahométisme est resté à l'état de secte, sans influence générale et comme un élément étranger, à la race blanche seule il communique une vie et une activité nouvelles.

D'après la loi d'impulsion que nous avons décrite, c'est vers les contrées d'où il émane qu'il se porte d'abord : l'Assyrie, double berceau des deux religions qui l'ont précédé; la Perse, foyer du sabéisme dont il est issu et où la civilisation de l'antique Iran renaît plus splendide et plus merveilleuse dans la Babylone des califes, tandis que l'Égypte et toute la zone africaine vont rendre à la race méridionale son unité naturelle. La puissance d'expansion que l'Arabie, jusqu'alors confinée dans ses déserts, déploya tout-à-coup au commencement du VII$^e$ siècle, est un des plus étonnants spectacles de l'histoire. Elle est la manifestation la plus parfaite du génie de la race méridionale, privée de son initiative depuis la domination subie par elle, de la race slave et de la race occidentale. Malgré tout ce qu'elle avait prêté d'elle-même et de ses idées au mouvement du christianisme, si elle avait fourni le fonds et la matière, la mise en œuvre ne lui appartenait pas, et elle avait elle-même adopté cette doctrine sous sa forme étrangère dans la mesure de tout système qui ne répond qu'à une face de l'esprit ou à une portion exclusive des intérêts. Mais la race méridionale trouva dans l'islamisme la formule politique et religieuse qui satisfaisait tous les sentiments méconnus par l'autre, et de là la verve audacieuse et la jeunesse d'âme qui caractérisa l'élan des sectateurs de cette nouvelle doctrine. Plus en rapports avec des peuples sensuels dans la conception épurée de son spiritualisme, elle n'excluait pas les satisfactions présentes dans ses plus riches promesses pour l'avenir. Aussi, pendant que le christianisme s'offrait comme une doctrine d'oppression politique et morale dans cette vie et dans l'autre, l'islamisme ouvrait à l'imagination orientale les plus riantes perspectives à côté de ses prescriptions les plus sévères, et comme les idées prennent aussitôt une forme sensible dans toutes les manifestations humaines, la civilisation sortie de ce mouvement s'éleva aussitôt au plus merveilleux ensemble de richesse matérielle, d'art et de puissance intellectuelle, tel qu'il s'était déployé dans la Grèce avec des causes à peu près semblables sous l'action du polythéisme et de la liberté politique.

Le peuple, à la fois naïf et sentencieux, qui avait ainsi, dans son enthousiasme ignorant et inspiré, transformé ses passions en lois religieuses, se trouva subitement et sans préparation doué des plus étonnantes facultés qui changent tout-à-coup des pasteurs, des chameliers, de simples chefs de tribus en grands capitaines, en politiques profonds et consommés. Dans sa position intermédiaire entre l'Égypte et la Perse, l'Arabie n'avait paru mêlée à leur histoire que comme un élément de destruction, fournissant dans les temps de déclin de ces empires des bandes qui s'élançaient de leur retraite de sables et venaient, comme le vent du désert, balayer des civilisations décrépites pour faire la place libre à d'autres. Mais on n'avait pas vu encore cette puissance qui ne s'éveille dans les peuples qu'à son jour et à son heure, et qui concevait à la fois le système de conquête le plus vaste et les moyens les plus habiles de l'assurer. Ainsi, l'islamisme est à peine sorti de ses crises intérieures, qu'il s'attaque à la civilisation grecque et entreprend de se substituer à elle dans sa forme politique comme dans son action religieuse. Pendant que la péninsule reste le foyer mystérieux et le sanctuaire du nouveau culte, Damas devient le siége de l'influence politique, et une révolution fixe dans la famille des Ommiades le pouvoir modifié dans son action élective. De cette position avancée, l'islamisme conquérant déborde à la fois d'une part sur l'Égypte et de l'autre sur la Perse : une seule bataille lui livre cette contrée qui avait, sous les deux dynasties des Arsacides et des Sassanides, résisté pendant cinq siècles à tout l'effort de l'empire romain, et qui ne put tenir qu'un jour devant l'ardeur des nouveaux croyants. Cinq mille Arabes, sous Amrou, suffisent à transformer l'Égypte grecque et chrétienne en apparence, et après elle de proche en proche la Cyrénaïque, la Mauritanie et toute la côte de l'Afrique jusqu'à l'Océan, qui seul put arrêter l'essor et l'enthousiasme de ce peuple.

Devant l'épanouissement de cette jeune race qui franchit ses limites, déborde sur l'Espagne, dans les Gaules, en Italie et menace de s'installer à Rome, au cœur du catholicisme, comme plus tard elle s'installera à Constantinople, on se demande comment les Arabes qui suivirent Mahomet suffirent à former ces millions d'hommes qui se répandent, en quelques années, d'une extrémité à l'autre de la zone méridionale, et faillirent inonder le reste de l'Europe ? Ce phénomène, qui peut servir à expliquer tous les faits du même genre, nous l'avons réduit à sa vérité en montrant l'action d'un peuple et souvent d'un homme sur les masses préparées à la recevoir. Ce sont elles qui se trouvent aujourd'hui, comme à l'avénement de Mahomet et de sa loi, sur le sol dont elles ont conservé l'unité jusqu'à nous et qui se ralliaient alors au principe de son indépendance dans leur accession à l'islamisme. Le christianisme, affaibli par la destruction des grandes villes où il dominait, fut partout déraciné avec la civilisation grecque, dont la domination arabe ne tarda pas néanmoins à se rapprocher, et avec laquelle elle s'identifia promptement par sa littérature et sa philosophie. Elle serait devenue européenne, et avec elle la civilisation pleine d'éclat et de mouvement qu'elle avait semée autour de la Méditerranée, sans les divisions qui affaiblirent à la fois le califat et la doctrine religieuse sur laquelle il était fondé. Elles avaient éclaté dans la famille même du prophète et donné naissance à l'hérésie des schiites en créant le droit politique des descendants d'Ali. Aux califes syriens de la famille de Moavie succède la dynastie des Abassides par une révolution qui transporte à une famille et à une capitale nouvelles la puissance musulmane, élevée à son apogée, et s'installant à Bagdad sous Giafar Almansor. En s'éloignant de sa source religieuse, le califat relevait sur l'Euphrate la domination grandiose de l'Iran et de la Perse, et parvenait, sous Aroun-al-Raschid et Al-Mamoun à ce mélange merveilleux d'opulence et de force éclairée qui signale les grandes civilisations. Par la proximité du monde asiatique, il poussait les ramifications de l'islamisme dans l'Inde, chez les Mogols et jusque dans la Chine, et renouvelait l'action politique de Rome tenant sous sa loi des natures opposées. Mais n'ayant plus sa base réelle, il éprouva aussitôt l'inconvénient de sa situation. Pendant qu'à l'Occident un califat rival s'était élevé en Afrique et jusqu'en Espagne dans la personne d'un Ommiade fugitif et proscrit, le califat, affaissé sous sa propre grandeur, perdit successivement l'Afrique indépendante sous les Miramolins, et l'Égypte élevant à ses portes l'empire des Fatimites qui, par son union avec la Syrie, le menaçait également d'une rivalité de pouvoir et de religion. Étranger dans sa capitale, il sentait la Perse frémir sous sa loi propageant le schisme pour s'affranchir du joug politique; alors il appelait à son secours une force étrangère comme la sienne, et d'autant plus dangereuse qu'elle pouvait se tourner contre lui. C'était une milice recrutée des éléments turcs, circassiens et tartares dont les chefs, devenus des maires du palais sous le titre d'Émir-al-Omrah, se créaient des souverainetés indépendantes dans les vastes États des califes, réduits insensiblement à un pouvoir nominal semblable à la suzeraineté dérisoire des derniers carlovingiens. Cette dissolution générale du califat semblait entraîner celle de l'islamisme, lorsque l'intervention de l'Occident et du christianisme vint relever son unité par le sentiment du danger qui allait menacer son existence.

La réaction chrétienne se fit sentir pendant deux siècles, attaquant l'islamisme sur tous les points à la fois de son vaste développement, et le moment était bien choisi pour cette tentative. Le faible empire d'Orient, plus travaillé encore par ses divisions intérieures que par les continuelles agressions du dehors, se raffermissait sous l'habile dynastie des Comnène. Le mouvement populaire des croisades avait fait pénétrer dans les masses le sentiment de la solidarité chrétienne de l'Occident, et ces multitudes désordonnées s'annonçaient à l'Orient comme le débordement prochain qui devait rejeter l'islamisme dans les déserts d'où il était sorti. A côté de l'ébranlement des masses, l'action politique des ambitions prévoyantes se manifestait dans la création vigoureuse du royaume chrétien de Jérusalem et des États d'Antioche, d'Édesse et de Tripoli. L'Arménie, la Géorgie, qui s'étaient conservées chrétiennes au milieu de l'ascendant du prosélytisme musulman, renaissaient à l'indépendance par la foi. Plusieurs parties de la Perse et de la Syrie se ranimaient à la même impulsion, et les États musulmans d'origine arabe, offraient de s'unir aux chrétiens contre la race turcomane qui les opprimait; mais l'intolérance des croisés, l'ignorance grossière et le mépris des mœurs de l'Orient, enfin les principes de division du christianisme, firent manquer partout son entreprise. Le schisme grec et la politique des empereurs d'Orient s'accommodaient déjà mieux du voisinage et de l'alliance des États musulmans que de la présence des croisés et de l'ascendant de l'église latine. Le souvenir de la domination romaine réveillait l'hostilité de la race méridionale, et le mauvais concert des mesures prises par les princes de l'Occident en faisant manquer successivement leurs expéditions, laissèrent le temps à l'islamisme de se reconnaître et de se relever de ses défaites par un retour de son enthousiasme éteint dans la race arabe, mais ranimé dans celle qui héritait de sa puissance. L'Égypte attaquée trop tard par saint Louis, et où la foi chrétienne aurait trouvé un appui dans les masses, était devenue au contraire, sous le Curde Saladin, le centre et l'arsenal de l'islamisme. La révolution qui changea l'empire grec en empire latin, faite dès l'origine de ce mouvement, en aurait sans doute assuré le succès, et au lieu de prêter aux croisades un concours douteux et perfide, elle eût établi près d'elles un foyer d'action tout-puissant. La rapidité avec laquelle, malgré la double hostilité de race et de religion, l'empire d'Orient se fit latin et propagea la civilisation française en adoptant ses formes et son langage, surtout dans la partie de l'ancienne Hellénie moins dominée par les intérêts religieux et politiques qui agissaient dans la capitale, fait regretter que cette mesure indispensable dans sa violence n'eût pas été prise d'abord pour prévenir l'effet inévitable de la réaction musulmane.

La situation des États fondés sur les débris du califat par les dynasties turques des Bouides, des Gaznévides, et en dernier lieu des Seldjoucides, les ayant exposés à l'agression des premières croisades, les avait rendus défenseurs obligés de l'ordre politique et religieux de l'islamisme, auprès duquel ils légitimaient par là leurs usurpations. La race circassienne et turque, la plus extrême du monde méridional, était partie de la Caspienne et du Caucase dont les ramifications s'étendent, d'un côté par les montagnes de l'Arménie et de la Perse, et de l'autre se rattachent à la chaîne du Taurus et du Liban. Moins forte par le nombre que par sa position et son caractère, elle prenait l'ascendant sur les plaines, campant auprès des villes plutôt qu'à l'intérieur, et trouvant dans ses désastres un refuge qui manquait à sa rivale. Dans l'affaissement de la grande unité du califat, elle avait élevé les sultanies d'Iconium, d'Alep et de Damas, et les provinces des émirs ou atabeks de Syrie, unies dans leur fractionnement par un intérêt commun contre la résurrection du principe chrétien et celle des grandes dynasties arabes, dont ils semblaient être des esclaves révoltés. Mais ce titre, qu'ils ne craignaient pas d'afficher comme dans la création de la puissance des Mamelucks circassiens en Égypte, faisait leur force, en rattachant au maintien de leur pouvoir toutes ces populations de Curdes et de Druses vouées éternellement au brigandage. La race turcomane, devenue par sa nouveauté la partie active de l'islamisme, restait cependant secondaire par ses divisions lorsqu'elle rencontra son unité dans la race ottomane, la dernière venue dans la zone méridionale. Elle s'éleva tout-à-coup des quatre cents tentes d'Ortogul au développement irrésistible qui eut pour résultat d'ajouter à la reprise déjà effectuée de Jérusalem, la chute encore plus décisive de la capitale du monde chrétien en Orient.

La race ottomane, s'élevant par degrés comme les autres races turques précédentes de l'état de tribu à celui de nation, et même de race universelle à l'exemple des Arabes, dut son ascendant définitif à sa proximité de Constantinople, qui, en la mettant aux prises avec la race slave, lui apprit à se servir habilement de ses dissensions et de sa jalousie contre la domination latine, quoique déjà expulsée de la capitale par la dernière dynastie grecque des Paléologues. Venise avait puisé dans sa nature slave plus d'une tendance à se créer une puissance orientale, et après avoir eu sous quelques uns de ses doges l'idée de se transporter sur la Propontide, elle s'était ménagé un empire à Candie, sur les côtes de l'Adriatique et dans les îles de l'Archipel. Elle s'était saisie de toute la partie maritime de l'empire d'Orient pour prix de son association à l'usurpation des Francs, et elle menaçait encore de devenir l'héritière des fiefs de la Morée et de la Thessalie, pendant que la puissance ottomane, qui avait déjà franchi le détroit, établissait son siége à Andrinople et remontait jusqu'à la Hongrie. Un moment près de disparaître devant l'invasion mongole, qui avait effacé jusqu'au fantôme du califat à Bagdad, celle-ci ne parut anéantie sous les coups de Tamerlan à la bataille d'Ancyre que pour se relever de ce désastre avec un nouvel élan plus irrésistible. Installée enfin à Constantinople, elle fit tomber successivement l'Égypte sous Sélim, et sous le grand Soliman les dernières résistances chrétiennes de Rhodes et de Venise, en même temps qu'elle ralliait à son empire les États indépendants de l'Afrique musulmane. Cette région, le Maghreb, ou couchant des Arabes, essaya sous plusieurs régimes de fonder une domination à part, soit en s'appuyant sur l'Espagne, soit en débordant sur les îles de la Méditerranée et le midi de l'Italie, dans l'étendue tracée autrefois par Carthage, et tentée successivement par les Vandales, les Maures-Sarrasins et en dernier lieu par les régences barbaresques.

Le monde de l'Islamisme, rétabli dans son unité sous la domination des Turcs Ottomans, a fixé et immobilisé jusqu'à nos jours le mouvement de la société orientale où leur triomphe imprima le caractère d'austérité et de simplicité des peuples du Nord à la libre et brillante allure des races méridionales. Prise entre eux et les croisades, qui auraient fini par fondre les deux cultes ennemis et les deux races rivales si leur épuisement mutuel n'avait facilité les succès des Turcs, à sa place voici sur leurs pas l'unité conquérante qui s'établit avec une féodalité guerrière que les Turcs semblent avoir empruntée aux croisés et mêlé à la simple organisation des tribus nomades de l'Asie. Ce fut toujours le rôle de la race tartare, placée à l'avant-garde des races asiatiques, de venir, à plusieurs reprises, arrêter le mouvement de la civilisation au nord et au midi. Quoique fondues rapidement dans leurs rares excursions, ces bandes communiquaient aux éléments auxquels elles se mêlaient l'inflexibilité du principe asiatique. Par lui le mahométisme, jusque là progressif et civilisateur, partagé, comme le christianisme à sa naissance, par des hérésies sources d'une activité féconde et de ces transformations qui répondent toujours à un progrès des esprits, va s'immobiliser dans un monothéisme unitaire, sorte de catholicisme qui n'a pas encore trouvé comme l'autre sa réforme religieuse. Ce n'est pas sans dessein que nous rapprochons ces deux mots, car il y a entre les races un esprit d'imitation qui les domine à leur insu, et le rôle religieux des Turcs héritiers du califat Abasside et Fatimite parut être un rappel à l'unité de doctrine par l'extinction du schisme d'Ali. Il ne trouva plus d'asile et de représentation que dans l'intérêt politique de la Perse, appelée à former, sous la nouvelle dynastie des Sophis, une puissance rivale, dans le cadre de la domination des Parthes, luttant contre Rome sous les Arsacides, et des Perses opposés à Byzance sous les Sassanides. Dès lors l'unité religieuse et politique de l'Orient, fondée à peu près sur les mêmes principes que celle de l'Occident, sembla tracer entre eux une ligne de séparation profonde au lieu de leur donner des points de rapport par la ressemblance des institutions, car le mahométisme si conciliant, si rapproché de l'Europe avec les Arabes, prit sous cette forme un caractère d'exclusion plus tranché et une expression plus âpre et plus insociable, qui en sépara brusquement l'Orient pour plus de trois siècles.

Cependant, quoiqu'il se tînt à l'écart de l'Europe par ses mœurs et par ses croyances, il n'en fut jamais complétement détaché par ses intérêts, et il était même, à cette époque, plus avant dans le mouvement européen que la plupart des états de la race slave. Mêlé surtout aux luttes de la France contre la maison d'Autriche, il l'aida efficacement dans ses efforts pour entraver l'unité de l'Europe opérée par le principe monarchique féodal; quand elle était serrée de trop près ou trahie par ses forces, il venait prendre à revers son ennemi et faire une diversion puissante en pénétrant jusqu'au cœur des États rivaux. Son intervention de ce côté de l'Europe eut pour conséquence de réveiller les races slaves et de les appeler à la vie politique par cet enchaînement des choses qui, à chaque siècle, étend son cercle et fait entrer tous les peuples dans ses révolutions. Bientôt la Russie, née à la suite de cette impulsion et pendant que l'Europe s'occupait des démêlés de la France et de l'Angleterre, vint à son tour jeter dans la balance un nouvel ordre d'intérêts, en recomposant le monde slave qui allait se dessiner en face de l'Orient. Dès ce moment il entre de plus en plus dans le tourbillonnement de l'Europe; il ne cesse de compter directement ou indirectement dans les prévisions et les embarras de la politique, tour à tour cause et effet, quelquefois dissimulé, mais subsistant au fond avec une importance croissante jusqu'à nos jours, où il est devenu le pivot de la politique générale.

L'effet de cette attraction extérieure tantôt hâté, tantôt ralenti par un travail intérieur des États, fut tout-à-coup suspendu par l'explosion de la révolution française et les coalitions qu'elle souleva contre elle en Europe. Mais dès qu'elles sont brisées et que la France retrouve son action extérieure, après avoir de gré ou de force rétabli une situation normale en Europe, le mouvement, distrait quelque temps, reprend son cours, et de nouveau l'Orient devient le champ de bataille. Douée d'une force nouvelle et dans toute sa vigueur révolutionnaire, la France est sur le point de devenir la maîtresse de l'Orient par un de ces rapides coups de main, de ces merveilleux hasards par lesquels Napoléon s'est élancé sur toutes les routes pour y appeler le génie français. Sa prise de possession de l'Égypte, sa marche sur la Syrie, semblent marquer d'avance les stations qu'il devra parcourir. Cette brillante excursion, stérile en apparence, mais féconde en résultats qui deviendront tous les jours plus sensibles, eut du moins l'avantage de manifester l'Europe au monde oriental, qui l'avait oubliée depuis les croisades et qui restait encore à l'écart pendant toutes les perturbations qui amenèrent la chute de l'empire français. Mais l'Europe, replacée sur sa base, recommence à reprendre l'Orient où elle l'avait laissé, avec un degré d'intérêt de plus; les insurrections de la Servie et de la Valachie et l'explosion de la révolution grecque témoignaient de la vitalité renaissante des populations chrétiennes de l'Orient, pendant que les mouvements extérieurs des grands États européens, les guerres de la Russie contre la Porte, l'expédition de la France dans la Morée, et surtout la conquête de la régence d'Alger, montraient de plus en plus la solidarité de l'Europe dans ses destinées. Après la révolution de Juillet qui parut sur le point de l'en détacher encore, elle revint à ce sujet avec d'autant plus d'intensité et de force que la solution était devenue plus pressante; en effet, le temps était arrivé pour l'Orient de vivre des mêmes passions que l'Europe, de s'agiter pour les mêmes idées, en un mot de subir les mêmes transformations pour entrer tout entier dans la sphère de son activité. Là comme partout, c'est la décadence de l'ancienne société qui provoque sa régénération.

La vicieuse constitution des États de l'Europe, tous fondés par la violence et l'oppression des races, est surtout visible dans l'empire turc où la conquête a gardé son caractère en présence des peuples vaincus. Là, ils sont séparés par toute la différence que pouvaient établir fondamentalement les mœurs, l'origine, la langue, les souvenirs et surtout la religion. La direction du siècle qui rend la vie à tout ce qui était annulé jusqu'ici, a porté, plus que partout ailleurs, un coup mortel à l'empire turc ; celui qui offrait le plus d'anomalies dans sa constitution. Cet empire, qui pesait sur les trois continents avec l'uniformité du despotisme régnant par le sabre, tout-à-coup il nous apparut chancelant, lézardé, prêt à fondre en ruines, pendant que la race dominatrice, appauvrie et dévorée par le sol qu'elle avait couvert de débris, se resserrait de plus en plus vers son centre, comme la vie qui se retire des extrémités vers le cœur, avec son organisation monacale, vainement luttant contre le principe de mort qu'elle porte dans son sein, et achevant de s'anéantir par l'effort qu'elle fait pour se réformer. Mais à mesure que ces flots se retiraient, le sol reparaissait, et avec lui vingt peuples que l'invasion avait effacés, qu'on avait oubliés et qu'on croyait perdus. Les voilà qui reviennent secouant la poussière des siècles, conservés dans leur originalité native par la conquête même, se reproduisant au jour avec la diversité de leurs intérêts, se comptant, retrouvant leurs antiques affinités, se reconnaissant, et en attendant qu'ils puissent faire valoir leurs droits à une existence individuelle unis dans un intérêt commun contre la domination qui les a nivelés pendant tant de siècles. Dans ce mouvement de rénovation, ils sont arrêtés par un obstacle extérieur ; ce n'est plus cette autorité décrépite, ce pouvoir qui s'est usé par ses propres excès; c'est une influence étrangère, les intérêts de l'Europe contrariés par cette résurrection de peuples, qu'elle n'était plus habituée à compter, qui entrave leur mouvement et qui voudrait pouvoir l'empêcher par le trouble que leur réaction exerce sur elle-même.

Ce n'est pas que nous adoptions, dans le sens vulgairement reçu, l'opinion ou plutôt le préjugé répandu sur l'incapacité politique des races de l'Orient ; le dépérissement où elles sont tombées n'est pas l'effet des institutions, puisque celles-ci ont eu en d'autres temps une vigueur et une puissance marquées dans la grandeur des peuples qu'elles ont formés, et que, sans avoir éprouvé de changement notable, elles sont devenues pour eux et pour leurs sujets des causes de décadence et de mort. Il est également indépendant de leur principe, car, manifesté sous les régimes les plus contraires, il n'a pas été moins fatal aux démocraties qu'aux États despotiques; et sans qu'on puisse l'attribuer à l'action religieuse, il s'est fait sentir aux populations régies par la loi musulmane comme à celles qui suivaient la loi chrétienne. Aussi, loin de s'appliquer exclusivement à la race méridionale, cette maladie a d'abord attaqué les parties correspondantes des deux autres races : elle a **commencé** par la décadence de l'Italie et de l'Espagne, celle de la Turquie, d'où elle semble avoir gagné la zone méridionale tout entière, autant par la loi de proximité, que par l'éternelle relation historique qui leur a rendu communes les mêmes vicissitudes. Elle a détruit du même coup la prospérité des républiques de Florence, de Gênes et de Venise, comme elle a frappé au cœur la grande monarchie espagnole; s'affaissant sur elle-même par un déclin qui correspond à celui de la grande domination ottomane, après avoir brillé simultanément d'une splendeur et d'une puissance rivales sous Charles-Quint et Soliman. C'est toujours cette évolution des races, qu'il faut rapporter aux vues de la Providence, qui a donné à l'islamisme la force de rejeter l'Occident dans ses limites pour concentrer au Nord l'activité de ses populations, tant que l'Occident, qui avait l'Amérique à découvrir et à peupler, tournerait ses forces de ce côté; puis a retiré peu à peu la vie à cette domination si énergique du Midi, et abaissé insensiblement le niveau qui incline et porte vers ces contrées tous les flots débordés de leur activité sociale. En replaçant l'Orient dans la même situation qu'à la fin du xv$^e$ siècle au moment de la chute de Constantinople, elle a fait aujourd'hui de la résurrection du principe chrétien la loi suprême de l'avenir et de la civilisation de la race méridionale.

# CONCLUSION.

### UNITÉ GÉNÉRALE DE L'EUROPE.

## CHAPITRE X.

#### Rapports des trois parties avec l'ensemble.

Nous avons rétabli dans ce qui précède le passé de l'Europe et découvert les trois éléments constitutifs de son organisation naturelle, si longtemps mêlée et confondue dans l'action uniforme de la civilisation. Ce cadre fondamental peut en suivant la même observation s'appliquer également à l'Asie, où se développe la race qui reproduit le plus directement la race blanche, et il se retrouverait peut-être dans les races inférieures avec des traits plus confus et plus grossièrement altérés. On voit par là, que loin de nous être abandonné à une généralité trop vaste, notre sujet s'est trouvé circonscrit naturellement en dégageant la personnalité de l'Europe du vaste tout de l'humanité, où on l'absorbe trop souvent. Si, par une faculté qui fait sa puissance, la pensée peut dès le premier élan atteindre au terme de toute proposition, comme elle arrive à l'idée de Dieu en partant de l'homme, et à la conception de l'univers en partant du monde terrestre, cette vue nécessairement vague, puisqu'elle franchit tous les degrés intermédiaires, ne lui suffit plus lorsqu'elle commence à les discerner dans l'ombre du premier éblouissement que laisse une lumière trop éclatante. C'est après les longs tâtonnements de l'expérience, qui, en lui rendant le sentiment de la proportion des choses et de ses relations avec elles, a raffermi peu à peu l'organe troublé par cette première et sublime intuition, qu'elle pourra recommencer son essor et parvenir à l'œuvre de conciliation par l'humanité, quand elle l'aura d'abord réalisée partiellement par les races. Cette personnification en est la condition essentielle et absolue, puisqu'elle seule peut rétablir les degrés intermédiaires dont l'échelle marquée dans la nature physique et morale maintient la communication entre elle et l'homme, en plaçant l'ensemble des choses à l'optique de ses sens et de ses organes.

La cité antique et la tribu sauvage, placées à l'autre bout de l'unité de race, dans le sein de laquelle elles se réalisent, laissent à créer d'autres points intermédiaires, tels que la province ou l'état secondaire, le royaume ou la nation. Ce dernier degré, atteint de nos jours, sent s'agiter dans son enceinte circonscrite les deux termes sur la négation desquels il est fondé; d'une part la cité et la province, de l'autre l'unité qui le touche d'abord et qu'il représente imparfaitement, puis par-delà l'humanité qui l'appelle de toute sa puissance d'attraction. Centre inerte dans son utilité relative et secondaire, l'État deviendra le lien fécond et générateur de l'ensemble quand il se sera coordonné avec les éléments qu'il nie ou qu'il annule, et qu'il aura repris son rang intermédiaire dans le sein de l'unité qu'il entrave. C'est donc le travail de notre temps, cette œuvre d'organisation rationnelle qui est venue à toutes les époques, après la dispersion spontanée dirigée en tous sens par l'instinct et l'imitation, des forces de la civilisation livrée à elle-même et à l'audace de ses inspirations personnelles. C'est elle que nous avons voulu examiner et proposer à notre époque, pendant que la conciliation générale de l'humanité se prépare ailleurs pour l'avenir dans ces mille courants qui s'échappent depuis plusieurs siècles du sein de l'Europe, et vont se déverser dans les vastes solitudes de l'Amérique et sur les plages lointaines de l'Océanie. Après avoir développé de nouveaux foyers de sa race intelligente et supérieure, elle reviendra avec leur secours prendre à revers ces continents de l'Afrique et de l'Asie où dorment dans leur vie végétative et inerte les races qui les couvrent. L'Europe, qui s'avance pour les attaquer de face, a pour suffire à cette œuvre et rester à la hauteur de sa mission, à se constituer elle-même sur ses bases primitives rendues sensibles par le développement de l'intelligence universelle, en recouvrant par là sa personnalité tout entière, non plus avec l'impulsion irrégulière de l'individu, comme elle l'a fait jusqu'à présent, mais avec la puissance concentrée de la masse.

Dans cette revue que nous avons faite des formes successives que la civilisation a prises dans le cours des siècles sous l'action de la pensée, nous avons constaté la perpétuité du sentiment naturel prouvant invinciblement l'état indigène des races et leur permanence à toutes les époques et sous toutes les formes que lui imprime la civilisation. Ce degré, où peuvent atteindre toutes les races, même les plus inférieures, constitue une manière d'être passive et simple qui par là est immuable de sa nature. Comme c'est un type reçu qui vient de Dieu et de la force créatrice première, l'état de société qu'il produit est immortel et inaltérable dans son principe. Du moment où ce degré est franchi, où il y a changement dans la constitution primitive, il y a civilisation, c'est-à-dire faculté progressive; et comme l'œuvre de l'homme a commencé avec elle, il y a aussi déclin, mort et tous les accidents qui caractérisent la vie. Mais dès que le fait accidentel s'affaiblit ou vient à disparaître, il y a aussitôt retour à son principe plus ou moins complet, selon les causes qui le déterminent. C'est exactement dans l'ordre des idées la répétition du mouvement qui a lieu dans l'ordre physique où la nature a admis pour l'homme le pouvoir de se reproduire d'une manière indéfinie entre des races différentes, et de créer des êtres intermédiaires qui participent des deux types qu'ils combinent, à proportion du mélange des éléments qu'ils en ont reçus. Mais dès que l'un des éléments devient supérieur il annule l'autre, et au bout de quelques générations, il se trouve revenu au point de départ du mélange; alors la pureté du type primitif se rétablit d'elle-même par la seule puissance de sa nature. L'état naturel étant aujourd'hui ce qu'il était au premier jour, il reste toujours possible de l'étudier dans ses traits, car vous feriez vivre des milliers de générations frappées au type primitif, que la dernière présentera les mêmes phénomènes que la plus ascendante. C'est ce qui explique pourquoi les grandes sociétés, même les plus perfectionnées, se trouvent toujours en présence du fait qui les a constituées à l'origine.

L'histoire nous a reconduits insensiblement à cette impulsion originaire dont nous avons simplement constaté l'existence sans chercher à l'approfondir. Ramenés à sa source comme l'humanité elle-même, après avoir établi deux termes parallèles qui nous ont servi à fixer les principes de notre nature, cet ensemble était encore incomplet, et il y manquait cette troisième expression qui les juge et les concilie, et sans laquelle l'humanité comme la nature physique serait livrée à un antagonisme éternel. Aussi, de tous les problèmes historiques que nous avons évoqués, il est sorti une même conclusion, c'est que tout est venu de l'Orient et que tout y retourne aujourd'hui. Sciences, commerce, politique, c'est désormais le seul champ où il est donné à l'activité humaine de se déployer. A peu près closes du côté de l'Occident, les sociétés se rejettent vers lui et semblent même se détourner des contrées transatlantiques pour s'emparer d'un monde plus à leur portée, d'un monde lié avec le nôtre par mille points secrets, mille rapports d'affection et d'origine long-temps oubliés, mais qui reparaissent de nos jours avec le charme du souvenir et l'intérêt de la nouveauté. A cet élan magnétique, l'Orient s'émeut à son tour; il sort de son immobilité, et il participe de ce mouvement d'inquiétude, de ces besoins vagues et inconnus aux âges précédents qui caractérisent les sociétés modernes. Mœurs, usages, religions, tout est emporté à la fois jusqu'à cette pompe extérieure dont il avait revêtu la gravité solennelle de ses peuples; et à la suite de cette irruption de nos idées, les doutes, les souffrances morales, les révoltes inquiètes de l'esprit remplacent la résignation systématique qui éternisait l'esclavage en tenant l'homme courbé sans murmure sous la main de fer de la fatalité. Le réveil d'une similitude qui avait existé dans le passé et qui n'était qu'affaiblie aux regards distraits du présent, a révélé pour nous la communauté avec le nôtre de ce monde oriental si long-temps séparé, et elle a rétabli la distinction que la nature a tracée si profondément dans les races générales. En restituant à l'Europe sa personnalité réelle, nous avons découvert du même coup celle des autres continents où se reproduit une démarcation correspondante, du moins pour ce qui concerne la race jaune, laquelle déploie, comme nous l'avons dit, dans un développement parallèle et avec des relations semblables de caractère et d'intelligence, ses deux grandes divisions mongole et chinoise, complétées au midi par le groupe des races indoues.

Cette nouvelle configuration de l'Europe a seule expliqué pour nous la réaction constante qui se manifeste dans l'histoire de ce monde méridional sur l'Occident. Si ses éléments n'eussent pas été les mêmes, son mouvement d'expansion n'aurait-il pas eu lieu sur l'Inde, sur les races noires dont la proximité les livrait à son action intellectuelle, comme elle les livra plus d'une fois à l'action physique de la conquête? Mais non; rayon qui cherche son centre attractif, toutes ses relations morales, toutes ses tendances sont vers l'Europe; prosélytisme religieux, émigrations, expéditions guerrières ou commerciales, toujours c'est l'Europe inconnue qui l'attire avec ses peuplades aussi sauvages que son sol; tandis que l'Asie, malgré ses merveilles et ses splendeurs, reste un champ fermé pour lui, ou si elle vient à recevoir quelques essaims égarés de ces races étrangères, elle les voit passer avec indifférence, prouvant par sa résignation encore mieux que par sa résistance la profonde individualité qui les sépare. Aussi que l'on parte de notre point de vue, en plaçant nettement la race blanche sur le sol des trois continents, au cœur des deux races avec lesquelles elle tranche par ses facultés essentielles non moins que par la couleur, et on découvre que cette distinction résout en effet toutes les difficultés capitales de l'histoire, éclairée par ce nouveau jour dans ses profondeurs les plus obscures. Par là nous avons pu restituer à la race blanche la civilisation comme son œuvre spéciale, puisqu'en dehors d'elle, s'il y a encore des sociétés, il n'y a plus de civilisation, et qu'on ne rencontre nulle part les faits qui servent à la manifester. Prise en masse, l'humanité n'a que des instincts qu'elle fixe et traduit en magnifiques genèses, en cosmogonies riantes ou terribles par lesquelles elle explique les idées simples et élémentaires. C'est à cette synthèse que les autres races se sont élevées par l'élan de l'esprit spéculatif et admiratif, puis elles y sont restées pétrifiées sans pouvoir rompre depuis ce temps le type inflexible où elles ont été moulées à l'origine.

Circonscrites dans le petit nombre d'idées qui marquent les bornes de leur intelligence, elles présentent aujourd'hui le singulier phénomène de l'enfance unie à la décrépitude, et on sent en elles l'absence de cet âge intermédiaire dans lequel les sociétés, aussi bien que l'homme, trempent leur caractère par le développement énergique des passions de la virilité. Frappées d'une déchéance morale dont elles ne peuvent se relever par elle-mêmes, elles manquent, pour se régénérer, du principe particulier à la race blanche, de l'esprit critique, l'arme par laquelle l'homme décompose et analyse la nature pour arriver à la connaissance de lui-même. C'est par lui qu'elle a pris possession du monde comme de son domaine, chassant devant soi les autres races ou les pliant avec le reste de la nature brute à l'exploitation de son intelligence. L'activité dissolvante que les races civilisantes portent en elles les destine presque toutes à périr par l'épuisement de leur principe et par l'effet même de leur action ; tout au contraire des races stationnaires dont la pérennité persistante à côté de la rapide croissance et de l'extinction presque aussi prompte des races civilisatrices, a sa raison dans la force des choses. On sent que leur immobilité comparative était nécessaire, puisqu'il pouvait arriver à la race blanche de perdre ou de laisser tomber le flambeau qu'elle devait transmettre de peuple en peuple. Il fallait qu'il pût se rallumer et que le germe d'opposition subsistât toujours entre elle et les races conservatrices d'un petit nombre d'idées fondamentales, jusqu'au moment où la race blanche ayant triomphé de tous les obstacles, transformerait les autres races ou les absorberait lorsqu'elles seraient devenues inutiles et que leur rôle serait joué sur la terre. Aussi, remarque-t-on que chaque fois que la civilisation pâlit et s'obscurcit à l'Occident, elle revient, comme à sa source, puiser à l'Orient un nouveau dogme religieux ou politique qui lui serve à refondre la société.

Il y a dans la régularité périodique de ce mouvement, aussi bien que dans la puissance d'émanation de cette terre, une de ces causes surnaturelles qu'il n'est pas plus donné à l'homme de contester que d'éclairer complétement. Pour découvrir la loi d'impulsion qui a produit cette tendance, on arrive au fait culminant qui domine toute l'histoire écrite ou traditionnelle, celui d'une catastrophe diluvienne qui bouleversa la face du globe. Sans entrer dans la distinction que la géologie a établie entre des événements de cette nature, arrivés à un âge du globe où l'homme ne faisait pas encore partie des êtres animés qui l'habitent, et celui beaucoup plus récent au milieu duquel toutes les traditions profanes et sacrées le représentent comme victime et acteur dans cette grande tragédie, il est difficile de se soustraire à l'examen d'un fait hypothétique par lui-même, et néanmoins présent dans la génération de l'histoire, qui ne saurait s'expliquer sans lui. En le dégageant des interprétations religieuses, on est autorisé à nier son universalité, contre laquelle s'élèvent trop d'objections, et que démentent surtout les diversités des races qui ne peuvent être physiquement sorties de la même souche. Si l'on considère leurs rapports avec les continents qu'elles habitent, on peut présumer que la subversion n'alla pas jusqu'à altérer la distribution primordiale des familles humaines sur le globe, et qu'elle opéra seulement une suspension momentanée dans leur relation générale.

Quant à l'Europe, lorsqu'on la compare avec les autres continents, il est visible qu'elle représentait comme eux une masse compacte, ou du moins qu'elle n'en était séparée que par un lac ou une mer intérieure beaucoup moins étendue que la Méditerranée actuelle. Cette union fut rompue violemment par l'irruption de l'Océan dans le bassin qu'elle occupe, conjecture qui peut s'appuyer de l'opinion de l'antiquité, vivante encore dans les idées de Platon sur l'Atlantide, et dans celles de Diodore de Sicile sur l'accident qui mit le Pont-Euxin, autrefois lac fermé et sans issue, en communication avec elle. En cherchant à expliquer la curieuse tradition transmise à Solon par les prêtres de l'Égypte, on a trop perdu de vue les termes dans lesquels elle lui fut rapportée. Comme ils font suivre à ce peuple pour ses conquêtes une route directe dans les lieux devenus la Grèce et l'Égypte, ils indiquent la contiguïté ou le rapprochement qui existait alors entre ces parties séparées aujourd'hui, tandis que le nom même de cette contrée la fixe dans le voisinage de l'Atlas.

La Méditerranée, dont le fond semble pavé de volcans, présente toutes les apparences d'une pertubation organique qui continue d'agir sur le sol mouvant de l'Italie exposé à des convulsions fréquentes. Tout l'espace circonscrit entre l'Italie, la Gaule et l'Espagne, marqué par ces parties détachées d'elles qui forment la Sicile, le groupe de la Corse et de la Sardaigne, et celui des îles Baléares, atteste une dépression du sol primitif qui a pu rompre le niveau avec l'Océan et causer cette inégalité des races méridionales que nous avons observée dans la constitution historique de l'Occident; quant aux preuves physiques elles éclatent à chaque point d'introduction de la masse des eaux, d'un côté dans l'effet causé par le choc extérieur ou la commotion interne qui, pour leur ouvrir un passage, fendit dans toute sa longueur le rocher de Gibraltar, et de l'autre à la jonction de la Méditerranée à la mer Noire, communiquant avec elle par un canal étroit, et couverte à la surface d'un archipel d'îles déchiquetées comme les débris d'un continent. En suivant la trace de l'élément, soulevé de son lit par une cause inconnue que peut expliquer soit la pression d'une comète, soit la théorie récente admise par la science du soulèvement des montagnes, on voit que les flots coururent dans une route qui aboutit à l'océan Pacifique, semée, dans l'intervalle, de mers et de lacs intérieurs dont plusieurs ont disparu et dont les autres achèvent de s'épuiser chaque jour par le reflux des eaux, qui a récemment séparé en deux bassins la Caspienne et l'Aral et laissé à découvert un grand nombre des lieux occupés antérieurement par elles.

Tout semble indiquer que le poids de cette catastrophe tomba plus particulièrement sur la race blanche qui, abîmée sur plusieurs points, réduite ou isolée sur d'autres, ne périt cependant pas tout entière, comme le prouve son développement actuel, et conserva même les traces de son unité primitive. Quelque étendus qu'on suppose ses ravages, des exemples récents d'invasions partielles de la mer, comme celle qui forma vers la fin du XII$^e$ siècle la mer du Zuyderzée, prouvent qu'elles peuvent se produire sans causer une perturbation bien sensible dans les rapports des sociétés. En proportionnant ici l'effet avec la cause, on comprend que la race méridionale qui se trouvait la première sur son passage, dût être la plus maltraitée, et concevoir l'idée de l'universalité de cette catastrophe, rapportée presque dans les mêmes termes par Moïse et Sanchoniathon, et dont la tradition passa des Phéniciens aux Grecs et aux Latins. Chez les Slaves et les Celtes, où son souvenir s'est conservé distinctement, elle assombrit tous les cultes nés de la terreur qu'elle avait laissée dans les âmes : elle donna naissance à ces superstitions sanguinaires, inspirées par l'idée d'une puissance malfaisante et la crainte d'une destruction toujours imminente du globe, qui ressort de toutes leurs fictions allégoriques et domine particulièrement les fables de l'Edda. Quant à l'opinion qui, par suite de la catastrophe du déluge, rassemble le genre humain tout entier, avec ses grandes divisions radicales, sur le plateau de l'Asie centrale que symbolise dans les systèmes religieux la figure de l'arche conservatrice, elle est soutenue encore par la communauté qu'on a entrevue entre les cosmogonies de presque tous les peuples, les calculs de leurs chronologies les plus fabuleuses qu'on peut ramener à un même chiffre, et par l'universalité qui fait qu'on la retrouve dans l'Inde et jusque chez des peuplades barbares. Mais ce n'est plus là que l'écho d'une rumeur lointaine transportée dans un système religieux établi par la conquête, et venant des points occupés par la race blanche dont la portion rejetée sur l'Asie et isolée des autre parties dut se croire long-temps restée seule de sa couleur épargnée dans cette catastrophe. En effet, les traditions de la Chine viennent particulièrement à l'appui de notre explication; située à l'extrémité de la route suivie par le débordement dévastateur pour aller s'abîmer dans l'océan qui la baigne, cette contrée le vit presque effacer sa civilisation naissante sans lui enlever cependant sa population. Le récit du livre de Confutzée nous transporte avec bien plus de vraisemblance au milieu des conséquences de ses ravages. L'écoulement des eaux débordées dura pendant plusieurs dynasties, et les réparations de ce désastre forment les titres de gloire des souverains. Un ministre détaille ainsi les travaux qu'il entreprit : « Avec Y, je fis des provisions de grains et de » chairs d'animaux pour faire subsister les peu- » ples. Dans les neuf parties du monde je ména- » geai des lits pour les rivières et je les fis couler » vers les quatre mers. »

Revenue de sa terreur, l'humanité, par ce sentiment qu'elle apporte à réparer ses ruines et qui n'est jamais plus vif qu'après les grandes catastrophes, reprit son œuvre, et c'est dès ce moment, dans la fraction séparée de la masse, au confluent des deux autres races, que la race blanche aux prises avec elles et resserrée sur un littoral étroit, a dû grandir sous l'influence d'un antagonisme perpétuel. Toute idée chez l'homme est le produit d'une comparaison et d'une réaction contre la force; aussi est-ce dans sa lutte avec les peuples asiatiques sur l'Euphrate et l'Indus, avec les races noires sur le Nil, qu'elle a dû reconquérir peu à peu le sentiment de sa personnalité ; mais une fois reconnue, une fois l'étincelle jaillie du choc, ce n'est pas sur l'Asie qu'elle tombe ou cherche à se propager, et cette impulsion qui commence pour ne plus s'arrêter, cet élan donné une fois à l'esprit humain comme l'oscillation du pendule, démontrera lui-même sa nature par la direction qu'il va prendre. En recouvrant son individualité, la race blanche d'Orient sentit renaître en elle, avec ses instincts, une attraction puissante vers ses races consanguines, séparées d'elle par de nouvelles mers, et conservant néanmoins dans les souvenirs, dans les traits et dans le langage de ses populations, les analogies d'une identité primitive. Dès ce moment la civilisation est en marche pour établir entre elles une communication directe. Elle tourne le dos à l'Asie, à l'Inde, restée depuis ce temps sous le régime immuable des castes théocratiques et guerrières, tandis que le nouveau principe imprimait partout sur son passage le mouvement, et avec lui l'instabilité qui place la mort près de la vie et fait d'une reproduction plus rapide la condition essentielle du progrès.

Cette explication nous paraît plus plausible que celle qui a cours généralement. Si la physiologie donne un démenti aux systèmes religieux qui font procéder toutes les races d'un seul homme dans le besoin de les rattacher à une source commune, la science n'est pas plus concluante, lorsqu'elle veut prouver le rapport originaire des peuples par l'émigration de petites bandes qui auraient donné naissance aux grandes races. C'est d'après cette idée qu'on a imaginé une marche des peuples se succédant l'un l'autre d'Orient en Occident, qu'on a fait venir d'abord les Ibères, formant l'avant-garde des Celtes qui les suivent, puis les Germains arrivant sur leurs pas, et enfin les Slaves qui les poussent pour se faire place, pressés qu'ils sont eux-mêmes par les Tartares qui ferment la marche de cette armée envahissante. Et cela sans qu'on puisse indiquer où se trouvait cette féconde officine de nations dont l'activité se serait éteinte, pour faire place à la stérilité la plus complète, ni par quelle raison la nature se serait écartée, à l'égard de la race blanche, des lois qu'elle a observées envers toutes les autres. Quel naturaliste, en considérant la race noire et sa parfaite conformité avec le sol où elle se déploie, n'en conclut avec raison que le sol et la race, dans le plan de la nature, ont été créés l'un pour l'autre ? Et cette conséquence si rationnelle, on hésite à la tirer pour la race blanche, sans qu'on se rende compte à son égard de l'idée immense que ce mot em porte avec lui ; car c'est vainement qu'on chercherait dans une succession de peuplades isolées la cause de cette profonde et fondamentale unité par laquelle toutes les fractions des peuples se rattachent aux trois groupes généraux qui partagent également le sol primitif de l'Europe.

Encore moins sera-t-il possible de l'attribuer à de grandes migrations qui, libres de se rejeter vers l'Asie, se seraient dirigées vers l'Europe, qu'on représente alors comme inculte et inhabitable, en les faisant passer par des chemins impraticables à des masses d'hommes, et où, de nos jours, elles ne pourraient s'engager sans périr par la famine, soit qu'elles descendissent les versants de l'Oural, soit qu'elles tournassent seulement la mer Noire. Erreur invétérée des historiens, semblable à celle qui leur avait fait placer ce qu'ils ont appelé les ateliers où se forgeait l'espèce humaine dans les climats les moins favorables à sa propagation et où elle a été de tout temps le plus rare, contredite du reste par toutes les migrations dont l'histoire a conservé la trace. Nulle part vous ne trouvez des masses en mouvement, car les masses ne pourraient se déplacer sans périr, et c'est ce qui est arrivé à toutes les émigrations qui avaient cette apparence ; c'est au contraire partout une infiltration lente des hommes et des choses, introduite de proche en proche dans des sociétés étrangères établies d'après des lois antérieures. Que l'on remonte à la fondation des villes ou des empires, on y verra les mêmes faits engendrer les mêmes conséquences. C'est toujours un chef entreprenant parlant au nom de l'intérêt politique ou religieux, distinct de la masse, revêtu selon la nature de cet intérêt, du caractère théocratique et divin, ou simplement de celui de législateur ou de conquérant, puis obéissant à ses lois, un ramas d'hommes venus de divers points, mais ralliés par un esprit supérieur, unis et fondus par la vigueur de l'institution, au point de former un tout homogène. Tant que les hommes et les idées agissent dans la même direction, elle suffit à imprimer par eux une impulsion générale à cette masse passive qui constitue les races indigènes ; mais le principe perd-il sa domination, le mouvement est-il épuisé dans ce sens, ils disparaissent, et se fondent dans cette société préexistante dont les traits se montrent à la surface légèrement modifiés, mais toujours reconnaissables à travers cette altération.

Quelquefois, et c'est l'un des phénomènes les plus singuliers de l'histoire, certains peuples, par une extension subite, arrivent à l'universalité avant la fin même d'une génération ; puis de cette fécondité prodigieuse passent à une stérilité soudaine, et disparaissent comme des ruisseaux perdus dans les sables. C'est qu'il faut toujours en histoire mettre en présence le petit nombre des races actives, causes perpétuelles et pourtant minimes de grandes révolutions, faisant toujours illusion par leur mouvement et leur turbulence, avec l'état passif des grandes races recevant cette impulsion momentanément supérieure à leur force, mais qu'elle finissent toujours par rejeter quand elles ne l'absorbent pas complétement. Les migrations ou invasions partielles agissant dans de petites proportions et finissant par se substituer à un système général très étendu, arrivent à ce résultat par un effet de leur position qui les fait émaner d'un système contraire qu'elles semblent associer à leur action. Ainsi quelques tribus de Francs suffisent à transformer la Gaule, parce qu'elles avaient derrière elle la Germanie tout entière dont l'image saisissant les esprits affaiblissait les résistances et les fortifiait de cette puissance morale plus encore que des auxiliaires qu'elle leur envoyait, et il en était de même des Saxons à l'égard de la Bretagne. Ainsi, plus tard, les Normands suffisent à ébranler l'empire carlovingien en lui opposant l'unité slave dont ils semblaient les éclaireurs hardis et infatigables, et quand ils eurent pris pied sur le sol de la Gaule ils réagirent sur l'Angleterre en s'appuyant de l'unité française naissante contre le fractionnement de l'heptarchie saxonne. Ainsi, l'empire sarrasin des Arabes et celui des Turcs ajoutent à l'élan ou à la continuité d'efforts dirigés vers un but, l'idée d'une réserve puissante qui désorganise tous les efforts opposés et rallie à leur action tout ce qui aurait pu se tourner contre elle. Mais de cette combinaison qui s'était également formée dans l'antiquité pour la Grèce pendant sa migration de colonies et pour Rome pendant sa conquête universelle, ressort toujours l'antériorité des grandes races sur lesquelles elles viennent se greffer. D'après la même loi de pression lointaine et extérieure d'un vaste ensemble représenté au dehors par l'effort continu des activités individuelles qui s'y rattachent, l'Europe a pu dans quatre siècles répandre sa race sur le double continent de l'Amérique en nombre suffisant pour le soumettre à son principe et enfermer les races brutes et passives dans un réseau étendu et mobile de colonies actives qui les resserrent de jour en jour dans leurs dernières retraites.

Les preuves que l'on a voulu tirer de l'analogie des langues pour une confusion originaire des races qui n'a jamais dû exister, pèchent également par ce vice du point de départ qui a faussé le sens général de l'histoire. Ce système imaginé, comme toujours, en France à la fin du dernier siècle, puis oublié par la frivolité scientifique ou ignorante, a été retrouvé de nos jours comme une nouveauté par les philologues de l'Allemagne qui l'ont porté à sa plus haute expression. Il n'est que la répétition, sous les formes et avec la sanction de la science, de la donnée introduite par l'idée religieuse. En établissant un parallèle entre les langues de l'Europe avec celles du centre et du midi de l'Asie, on est arrivé à les considérer comme les dialectes d'une langue primitive parlée autrefois par l'espèce humaine tout entière. Mais d'abord il ne paraît pas nécessaire à l'existence comme à la démonstration de cette universalité, de supposer la rencontre fortuite sur le même point des races, représentées par quelques individus chargés de les reproduire plus tard dans leur immensité générale, et dans les variétés infinies de leurs types particuliers. L'espèce humaine, malgré ses différences, étant douée généralement d'aptitudes pareilles et pouvant, par la similitude de ses organes physiques et intellectuels, arriver partout à la création d'un système de langage, souvent plus riche, plus fécond en complications savantes que l'intelligence est moins éclairée et la société moins parfaite, il est tout naturel que des formes similaires soient nées d'idées semblables, et que, sous des latitudes différentes, le système entier des langues réfléchisse dans leurs moindres variétés l'unité générale de l'espèce, pourvue des mêmes sens, agitée des mêmes passions et des mêmes désirs, obéissant aux mêmes besoins dont l'impression doit se trouver égale dans la ressemblance de leurs radicaux.

Il y a d'ailleurs une distinction à observer dans les langues, comme dans tout ce qui constitue la personnalité des races. Ainsi que leur type développé sur une vaste échelle, destinée d'après la loi naturelle à le perpétuer invinciblement, admet cependant des variétés infinies qui semblent contredire cette loi, les langues primitives sont toutes contemporaines et ne sont pas plus sorties l'une de l'autre que les races qui les parlent. Mais, à côté du fond commun et immuable qui leur est propre, il y a une portion variable qu'elles reçoivent du dehors et qu'elles s'assimilent par des emprunts. Le sentiment de l'imitation par lequel l'homme se modifie incessamment et se rapproche des points les plus éloignés pour se rencontrer dans une direction commune, a fait reconnaître à toutes les époques, même celles en apparence les plus indifférentes et les plus barbares, une supériorité attribuée à certains peuples, dans les lois, dans les mœurs et dans les arts, qui les rendait, par le consentement tacite et unanime des autres peuples, les représentants de la civilisation de leur siècle. De là partout chez les contemporains une invasion de leurs idées et de leurs langues, qui empreint fortement l'idiome des peuples, même chez ceux où ils n'ont point agi directement par l'invasion des armes; elle forme cette portion variable du langage qui garde la trace du passage successif des civilisations diverses, et change avec les influences qui la produisent. Mais, en la distinguant du fonds sur lequel elle a pris racine, et en cherchant la date de son introduction dans les faits qui l'ont occasionnée, on ne sera plus étonné qu'en passant de l'Orient en Europe, la civilisation ait fait voyager certains mots avec les idées nouvelles qui la représentaient et qui n'avaient point ailleurs d'équivalents. Ainsi qu'on trouve entre le celtique et la langue sacrée des Indiens une analogie de mots et de formes presque identiques; que l'allemand révèle dans sa syntaxe une parenté directe avec le persan moderne, nous n'en conclurons pas, comme on l'a fait, la cohabitation de ces peuples dans le voisinage l'un de l'autre, mais nous attribuerons cette ressemblance d'abord à l'analogie radicale de tous les idiomes formés partout d'après les mêmes principes, puis à l'importation des idées, provenant soit des invasions soit des civilisations, deux mots qui rendent le même fait sous des faces différentes.

C'est toujours par la confusion que l'on établit

entre leur mouvement qu'on explique, en sens inverse de l'effet et de la cause, la génération des sociétés, au lieu de conclure de la mobilité même des peuples qui ont servi à sa diffusion, l'immobilité du sol et des races où la civilisation s'est implantée. Il est facile cependant de reconnaître aux fruits qu'elle a portés sa nature et son origine, et dans les similitudes qu'on a observées entre elles, de décider qui, de la race blanche ou de la race asiatique, a emprunté à l'autre ses langues, ses systèmes religieux et philosophiques, enfin sa civilisation. En vain la nature avait mis ici le sceau ineffaçable de la race qui, rendant impossible toute filiation par le sang, devait l'exclure également par les idées ; en vain l'histoire montrait dans l'Assyrie et dans l'Égypte la conquête portant Sémiramis et Sésostris dans l'Inde, tous deux y précédant Alexandre et la Grèce, et elle restait muette sur la marche d'aucun de ces peuples, vers quelque partie de l'Europe. En dépit de l'impossibilité prouvée par la répugnance invincible des mœurs, on n'en a pas moins établi une identité que tout rejette, et ces dénominations pour l'Europe de langues et de races indo-européennes qui forment une contradiction monstrueuse. Loin de faire procéder toutes les langues du sanscrit, il y aurait à examiner si cette langue n'est pas exactement dans la même relation que le basque ou les idiomes kimrique et gallique en Occident. Le sanscrit avec ses deux dérivés, le pracrit et le pali, a toutes les apparences d'une langue d'importation, prouvée par sa qualité de langue sacrée, parlée par une caste privilégiée et n'ayant d'autres rapports avec les idiomes vulgaires que l'ascendant que l'imitation exerce sur les classes inférieures. Il s'est perpétué et maintenu précisément dans la position gardée par la langue latine dans le moyen-âge, et ce caractère artificiel lié aux institutions religieuses démontre autant que leurs analogies qu'il est parti du même foyer central d'où sortirent les premiers législateurs venus dans la Chine par l'Occident, pendant que Brama et sa secte descendaient au Midi vers les races indoues. Ce fait ressort clairement des livres chinois qui nous montrent la race primitive dans l'état où elle se trouve encore dans les îles voisines de l'Océanie, dispersée en peuplades la tête rasée et se tatouant le corps; et ce qu'on entrevoit dans les livres indiens, au milieu de leurs allégories sans nombre et de leurs transformations symboliques, c'est qu'un peuple conquérant étranger, venu du Nord, établit dans l'Inde la domination religieuse qui pèse sur elle depuis quatre mille ans. L'analogie de la doctrine de Brama avec les idées que les livres de Zoroastre reproduisent pour la Perse, explique naturellement l'origine du législateur, celle de ses compagnons distincte dans les castes guerrière et religieuse, et enfin celle de la langue sacrée, restée étrangère au peuple conquis. Cette organisation introduite toute d'une pièce et dans laquelle la race asiatique s'est pétrifiée, car elle n'a pas varié depuis le premier jour de la conquête, a produit pour elle un semblant de civilisation qui a imposé par son antiquité aux philosophes de la Grèce. En effet, les importations du même genre appliquées à l'Europe y ont introduit au contraire un germe d'activité et de fermentation qui est le caractère de la véritable civilisation. C'est ainsi que nous l'avons vue sortir des diverses transformations par lesquelles elle est arrivée jusqu'à nous du foyer où elle s'est élaborée aux confins des trois races, en prouvant, pour les parties de notre hémisphère où elle s'est développée, la réciprocité historique qui a existé entre elles à toutes les époques.

Nous pourrions suivre cette démonstration dans la comparaison des mœurs, des institutions, des coutumes spéciales, et montrer qu'elles découlent toutes ou se rattachent au principe que nous avons posé. Mais ici notre sujet serait infini, et nous l'avons à peu près indiqué dans la revue que nous avons faite en dessinant l'esprit des races, qui se compose précisément d'une relation des mœurs et de toutes les nuances qu'elles font naître. Nous ne pouvons rentrer dans cette discussion, et d'ailleurs, le principe admis, tous les détails s'éclairent d'eux-mêmes et viennent se ranger dans la direction signalée à la pensée. Quant aux lois qui à elles seules formeraient la matière de plusieurs volumes, il y aurait à distinguer celles qui proviennent d'un système importé par la conquête et destinées à le maintenir, et celles qui, produites naturellement, appartiennent au génie des races. L'influence de ces deux causes a dû ressortir partout de la marche des événements qui ont servi à les manifester. Dans la classe des lois écrites, il y aurait à démêler la portion qui répond aux coutumes traditionnelles des peuples et celle qui tient à l'expérience et à la généralisation de l'esprit du législateur. Nous ne citerons qu'un exemple parce qu'il est le plus frappant, c'est le code des lois romaines, qui a régi pendant des siècles les trois quarts de la race blanche. Ce code dont les lois ont été faites par les Romains et pour eux, n'est pourtant pas le patrimoine exclusif de ce peuple, et quoique recueilli à Constantinople, il reste essentiellement l'œuvre du génie occidental, comme on en voit la preuve dans l'action qu'il a exercée. Ainsi, après avoir gouverné l'Orient tout entier, une portion considérable de la race slave, il s'y trouve complétement aboli parce qu'il n'était pas dans la nature de ces peuples ; au contraire, comme il était inhérent aux mœurs de l'Occident, il forme toute la législation moderne et se trouve établi chez les peuples mêmes en dehors desquels il a été composé, mais dont il réfléchit également l'esprit et les dispositions. C'est ainsi que l'Allemagne, où il n'était point en vigueur à l'époque de sa domination, semble aujourd'hui devenue en quelque sorte la patrie du droit romain.

Parmi les manifestations qui expriment le caractère des races, il en est une qui les comprend toutes et qui donne, sous la forme sensible du langage, ce qu'il y a de plus intime et de plus insaisissable dans la pensée ; nous voulons parler des littératures. Quoique la critique affecte de ne considérer sous ce nom que des époques limitées en dehors desquelles elle ne reconnaît plus rien, nous ne saurions admettre ces démarcations arbitraires d'un goût plus dédaigneux qu'éclairé. Le plus beau chef-d'œuvre de l'esprit humain, séparé de l'humanité, ne saurait nous toucher, et les admirations exclusives au lieu d'augmenter sa valeur la diminuent en l'isolant de l'inspiration qui l'a dicté. Dans la nature, au contraire, ces époques et ces œuvres sortent de l'enchaînement des choses et reproduisent un mouvement plus parfait et plus complet du génie des peuples dans un certain développement. D'ordinaire ces périodes brillantes sont encadrées dans une ère plus inculte, plus barbare si on veut, mais plus originale qui la précède, et dans une autre moins pure, plus hasardée, et cherchant à ressaisir l'originalité qui lui manque mais dont elle sent le besoin par des efforts qui prouvent sa décadence. Quoi qu'il en soit, cette constitution des littératures répond à celle des sociétés : les périodes classiques sont celles d'une civilisation étrangère qui corrige par la comparaison des modèles déjà éprouvés ce que le génie naissant d'un peuple a de rude et de défectueux : ce fut l'effet de la littérature grecque à Rome et de ces deux littératures dans la France du XVIIe siècle. Mais en les considérant comme une pléiade en dehors du mouvement général des choses, ce qui n'est vrai qu'à demi, il reste une série de productions méprisées, peu connues, qui, par leurs défauts et leurs qualités, rentrent dans le niveau général des idées des masses. Par elles ces trois cycles s'enchâssent dans deux époques où le génie des races éclate et contraste avec l'inspiration étrangère qui domine dans la période civilisée. Moins distinguées par leur valeur littéraire que fécondes en révélations historiques, elles réfléchissent plus directement l'esprit naturel des peuples que les littératures d'imitation et d'emprunt.

A prendre la littérature latine dans son expression occidentale, on trouve, avant le siècle d'Auguste, la période étrusque ou barbare, et après lui la période de la décadence qui répondent exactement à l'esprit de l'Occident. Le même fait se retrouve également à l'aurore et au couchant des littératures modernes. Dans les limites d'appréciation qui arrêtent les idées de la critique négative, toute sa hardiesse s'élève à reconnaître la démarcation d'un génie septentrional en opposition au goût et au génie méridional. Mais cette distinction est arbitraire et radicalement fausse. Le génie occidental est un et se manifeste tel dans ses œuvres même les plus empreintes d'un goût étranger. Ce qui le distingue à toutes les époques du génie oriental et slave, c'est un idéalisme, moins mêlé en effet dans les nations teutoniques plus rebelles à tout alliage, mais qui fait, chez tous les peuples de l'Occident, le fonds exclusif des conceptions littéraires. Ainsi à Rome, en passant des œuvres transparentes et lucides de la Grèce, mais sans profondeur, aux ouvrages de Lucrèce, de Virgile lui-même, de Tacite, vous sentez une autre nature qui persistera avec un caractère semblable chez les modernes. Loin que le Midi diffère avec le Nord, la même nature éclate, toujours sévère de ton, subtile et forcée quand elle cherche à couvrir l'austérité de la pensée par l'agrément de la forme. Dante est aussi occidental que Shakespeare, et les créations fantastiques de ce dernier sont aussi méridionales que celles de Caldéron. Sénèque et Lucain au second siècle, réfléchissent l'esprit espagnol aussi pompeux, aussi amoureux des subtilités qu'il se retrouvera dans Corneille ou Gongora. Cette direction métaphysique qui caractérise les écrivains *précieux* formés à l'imitation de l'Espagne et de l'Italie, que Molière continuait encore après les avoir décriés et dont Racine reproduit la tendance en l'épurant, est de la même nature que l'esprit germanique se plaisant à se perdre dans le nuage de ses abstractions. Mais ces qualités qui restent des défauts quand elles sont seules, arrivent à une excellence particulière, qui fait les grands écrivains, quand elles se trouvent jointes à l'esprit pratique comme dans Cervantès, Machiavel, et surtout les écrivains français des deux derniers siècles, depuis Pascal et Bossuet jusqu'à Voltaire et Montesquieu.

Comme les littératures indigènes dans la race slave sont nées de l'impulsion de l'Occident, elles sont toutes d'emprunt et elles ne se distinguent par aucun caractère d'originalité; elles dérivent soit de l'imitation de la France et de l'Angleterre ou s'imprègnent plus ou moins des formes et des idées de l'Allemagne. Une seule partie qui a sa source dans l'inspiration primitive est celle des chants populaires qui depuis les sagas de la Scandinavie, les chants russes, polonais et bohêmes, jusqu'aux chants des Serviens et des Morlaques, et ceux des Klephtes modernes de la Grèce, présentent un ensemble complet dont tous les traits accusent une ressemblance pareille, une nature égale et une inspiration identique. Le fonds des idées, le mouvement, l'accent de la pensée est le même. Cependant, par suite de cette identité symétrique au fond quoique variée dans la forme, observée par la nature dans l'ensemble de ses grandes créations, on pourrait retrouver dans chaque partie du monde slave un parallèle poétique avec les peuples correspondants de l'Occident. La Scandinavie aux mœurs maritimes, aux émotions aventureuses du pirate et de l'homme de mer, lui forme au Nord une Grande-Bretagne au triple royaume; la partie de la Baltique qui joint la Lithuanie, la Pologne et la Poméranie, lui présente une Germanie rêveuse, aux impressions tristes et désespérées, mêlées des vagues aspirations de la nature : toute la partie slave de la Bohême, de la Moravie et de la Hongrie qui se lie aux provinces du Danube, éclairée du coloris méridional, offre la même réunion de petits peuples complets, au caractère tranché et pourtant semblable que présente l'Espagne avec les mêmes ardeurs passionnées, le même mélange d'expression chevaleresque et guerrière, superstitieuse et galante de sa poésie. Toute cette chaîne sympathique d'états enlace le milieu que la Russie représente comme la France avec son esprit négatif, empruntant à toutes les sources et habile à les reproduire, qui excelle surtout par le sentiment critique; car ses meilleures poésies populaires et ses œuvres les plus originales sont des fables remarquables par une expression comique et où une verve heureuse se fait sentir : enfin, au Midi dans la péninsule hellénique, formée au contact oriental, elle trouve son Italie, mêlée comme l'autre de molles inspirations, de rayonnantes hymnes d'enthousiasme et de sauvages accents de liberté et de despotisme, avec la tradition et le souvenir de l'antiquité.

La littérature grecque antique est incontestablement l'expression du génie slave marié au génie oriental, comme la littérature latine avait uni le sentiment du génie grec à l'inspiration de la nature occidentale. C'est la même surface limpide et transparente, mais sans profondeur; la même souplesse atteignant sans effort à la limite du beau, mais ne la dépassant pas, caractère qui se retrouve dans les formes pures, mais étroites et un peu froides de son architecture. Elle n'a pas les sources ardentes et passionnées du génie oriental ni le ton grave et profond du génie occidental, et le riche et inépuisable développement de caprices, d'arabesques, de fantaisies que leur imagination sait découvrir ; c'est comme la nature de ces climats et les hommes qu'elle a marqués à son type ; élégance, tons simples et jamais heurtés, perspective de plaines sans accidents ; dans les deux autres on sent la présence des déserts, des sombres forêts, des révolutions sociales, des douleurs profondes ; dans la première, ces impressions ne s'y retrouvent qu'arrivant du dehors comme dans les autres ; la régularité, l'harmonie sont des qualités étrangères et presque antipathiques avec leurs organes et leurs idiomes. Le génie oriental ne peut s'offrir qu'imparfaitement à notre appréciation ; car la Bible presque seule le représente dans l'antiquité, et dans les temps modernes le splendide et merveilleux domaine de l'imagination arabe et persane. Nous n'avons rien de ces grandes sociétés de l'Assyrie et de la Perse ; l'Égypte a caché dans ses hiéroglyphes les secrets de sa pensée, et la forme bizarre mais d'une originalité inépuisable de son inspiration ; aucun fragment n'est resté autre que celui qui les résume tous et dont la profonde et sublime intonation semble montée à la hauteur des temps primitifs, depuis Moïse, législateur et patriarche par son langage, les hymnes de David et les brûlantes aspirations des prophètes, jusqu'à la parole simple et divine du Christ, pour arriver par elle à l'expression enthousiaste et colorée du Coran et au riche épanouissement de l'invention des Arabes ; ensemble dont une des faces réfléchit avec ses propriétés le double génie slave et celtique, tandis que de l'autre il s'empreint déjà des teintes éclatantes de la nature africaine et asiatique.

Dans cette suite de peuples que la civilisation de l'Europe envahit successivement dans sa marche, il en est que la nature tient éloignés d'elle par une loi d'infériorité morale et une différence physique qui n'établit plus d'autres liens que la domination de la force, d'autres au contraire, en qui elle reconnaît son image et qu'elle appelle à la puissance d'une vie commune et sympathique. Alors cette reconnaissance fraternelle a lieu sous la loi qui fait revenir l'humanité au sentiment du type primitif qu'elle retrace et dont elle cherche à s'approcher en remontant à la source de ses idées par les phénomènes nouveaux qu'elles ont dû provoquer. Mais cette perspective offerte à l'homme pour entretenir son activité, est encore trop vaste et trop lointaine pour le détacher de l'œuvre qui est à sa portée et qui doit faire son occupation présente. Nous entendons souvent de nos jours des plaintes éloquentes sur l'affaissement moral de la société, sur sa décadence au milieu d'une activité matérielle sans égale; nous voyons les plus nobles intelligences désespérer de l'avenir devant un présent énervé et caduc, condamné au souvenir par la vieillesse et destitué de l'espérance par la jeunesse qui lui manque. D'autres saluent avec transport, et comme un phare lumineux vers lequel ils se dirigent dans la nuit profonde qui menace de tout envelopper, le berceau de peuples naissants qu'ils vont chercher en dehors du sein fécond de la vieille Europe. C'est dans l'Amérique anglaise, séparée de nous par l'Océan, dans la Russie slave qu'ils reculent dans les déserts créés par leur imagination, qu'ils retrouvent les peuples prédestinés qui tiennent le droit de tout espérer de l'avantage problématique d'avoir tout à inventer. Mais ces esprits inconséquents, qui prennent leur déception et leur propre décadence pour celle de l'homme même, oublient l'éternelle jeunesse de l'humanité à travers les décrépitudes de toutes les formes partielles et transitoires. Si la civilisation a déserté les lieux qu'elle a d'abord éclairés, si elle a laissé couchés dans la poussière les peuples qu'elle avait d'abord animés de son souffle créateur dans ses brillantes stations de l'Orient, de la Grèce et de l'Italie, nous avons montré qu'elle n'avait jamais abandonné notre hémisphère, en vertu du principe régénérateur qu'elle doit à la race qui l'habite, et qu'elle n'a jamais sacrifié des formes devenues incomplètes et fausses que pour les reproduire dans un type plus large et plus généreux. Nous répudions donc cette supposition outrageante qui fait de la priorité de l'ancien monde et de sa supériorité dans la civilisation, une cause d'impuissance radicale et définitive, tandis qu'elle accorde libéralement à des sociétés qui ne vivent que par lui ou qui ne sont pas encore nées, une supériorité douteuse et démentie par les faits.

Certes, la question ne ferait pas de doute si l'Europe devait éternellement rester dans les liens qui la retiennent, et si ces États se condamnaient à l'immobilité par une exclusion perpétuelle pendant que les nouvelles sociétés sont libres de ces entraves dans des continents sauvages ou peuplés de races inférieures et barbares. Comme cette inégalité intellectuelle produit le même effet à côté des États civilisés que les déserts et les solitudes qui attendent encore la main destinée à les défricher, qu'elle leur permet de se développer de jour en jour sous une loi d'unité et dans les proportions de la race primitive, elles réagiraient sur l'Europe, dans un temps plus ou moins prochain, de toute la puissance d'impulsion de leur masse quand l'équilibre sera changé. Mais cette même loi de configuration harmonieuse entre le sol et les mœurs existe pour l'Europe avec une puissance de relations rattachées dans le passé aux plus beaux fastes de l'esprit humain, et liées dans notre temps au plus magnifique développement qui soit résulté de ses progrès. Son principe, long-temps méconnu par les causes que nous avons définies et qui l'ont absorbé jusqu'ici dans la civilisation, commence à devenir sensible par l'extension même qu'elle a prise, par les personnalités contraires qu'elle a suscitées et qui lui donnent à leur tour le sentiment de la sienne. Nous l'avons montré subsistant au fond de toutes les révolutions qu'il dirige lors même qu'elles lui paraissent le plus étrangères, et on a vu comment elles sont provenues de la dérogation des sociétés à leur loi constitutive. Cette cause, qui agit pour leur décadence, agit aussi pour leur rénovation; elles ont toujours la faculté de s'y retremper en reproduisant un ordre plus parfait, parce qu'il est plus rapproché du type d'institution divine; et la permanence de cette forme supérieure rendant leur changement toujours possible, fait ressortir tout ce qu'elles ont de défectueux dans leur configuration actuelle. Après avoir signalé son influence indirecte dans les combinaisons du passé, nous essayerons de la déterminer dans celles que nous offre le présent et nous aurons à prouver qu'elles tendent nécessairement ou aboutissent comme une conséquence inévitable, à l'harmonie naturelle dont les relations se dessinent et deviennent de plus en plus apparentes au sein de la division sociale.

**FIN DE LA PREMIÈRE PARTIE.**

# I

**NOTE SUR LA PREMIÈRE PARTIE.**

La partie bibliographique de cet ouvrage ou indication des sources et discussion des points de détail qui pourraient appuyer ou contredire nos idées, demanderait autant d'espace que leur exposition. Nous ne voulons donner ici que les éclaircissements indispensables à l'intelligence de quelques passages.

Les monuments écrits relatifs aux Celtes ressemblent à ceux de leur architecture; quelques pierres symboliques, dont la forme bizarre prête à toutes les conjectures, mais qui restent muettes par elles-mêmes : ainsi les glossaires qu'on a recueillis en France et en Angleterre, sont dans cet ordre ce que les *dolmen* de la plaine de Carnac sont dans l'autre. Cependant l'antiquité a laissé des données assez étendues pour avoir fourni matière à un grand nombre de dissertations et de systèmes savants. La longue liste des écrivains qui ont traité des origines et de l'histoire des Celtes, ne comprend pas moins de trente pages in-folio du catalogue de la Bibliothèque de l'histoire de France, par le Père Lelong. Elle commence aux rêveries érudites de Bochart et de Rudbek, pour arriver aux travaux plus sérieux de Cluvier, de Leibnitz, de Pelloutier et de Schœpflin. Elle s'est encore augmentée des recherches plus modernes de Court de Gebelin, et enfin des travaux des membres de l'Académie celtique, fondée à Paris sous l'Empire.

Tous ces ouvrages, auxquels on ne peut refuser souvent de l'imagination et de la sagacité à travers beaucoup de conjectures hasardées, ont le mérite d'avoir éveillé le sens d'une nature et d'une société défigurées par les anciens; mais ils ont, en général, le tort de procéder par des mots et noms propres, la plus défectueuse des méthodes historiques. Aussi, tous ces systèmes flottent sans base réelle et ne reposent que sur des fictions puériles. On y voit les Celtes dériver tantôt de Gomer, fils de Japhet, tantôt le mot Gal signifier le déluge ; les Celtes se trouver les mêmes que les Titans de la fable, et enfin désigner pour l'Europe une race unique qui comprend les Scythes comme les Hébreux ; et ils sont continuellement entre l'exagération qui fait tout procéder d'un individu, et celle qui fait tout disparaître dans le vague d'une généralité sans bornes.

Parmi les historiens de notre temps, M. Amédée Thierry et M. Michelet ont profité des travaux des philologues modernes de l'Allemagne pour rectifier les assertions conjecturales hasardées par leurs devanciers. M. Michelet, dans le premier volume de son *Histoire de France*, a fait un travail aussi complet que possible sur les origines de l'Occident, et donné tous les documents auxquels nous renvoyons pour les détails du sujet. M. Amédée Thierry, dans son *Histoire des Gaulois*, a mis particulièrement en relief la fraction gauloise des Kimris, et nettement dessiné tout ce qui s'y rapporte. Dans cette partie, la plus neuve de son travail, à laquelle nous faisons allusion, la conclusion de l'auteur nous paraît en contradiction complète avec ses prémisses, car, après avoir établi toutes les preuves du rapport des traditions et de la consanguinité de la race des Kimris du nord de la Gaule avec la famille gallique, il conclut en lui attribuant une origine asiatique. Nous croyons avoir rétabli la seule déduction logique qui manque à l'exposition solide et lumineuse de l'historien.

## II

#### NOTE SUR LA DEUXIÈME PARTIE.

Platon rapporte dans le *Timée* la méthode historique des Grecs au sujet des noms propres des peuples barbares. Instruits qu'ils avaient une signification, ils en exprimaient le sens dans leur langue et leur appliquaient ensuite ces mots devenus grecs. C'est ce qui explique comment on ne retrouve presque aucune des désignations d'Hérodote et de Ptolémée qui l'a suivi dans la nomenclature qu'il donne de ces contrées, car les mots de Sarmates, de Bastarnes, etc., sont des traductions grecques. On retrouve au contraire la plupart des indications géographiques de Strabon, de Pomponius-Mélas et de Pline, qui les rapportent sans les traduire dans les langues des Slaves, quoique le nom de ces peuples ne soit mentionné par aucun d'eux. Ce n'est qu'après le v<sup>e</sup> siècle qu'on le rencontre incidemment dans un passage de Procope, comme celui auquel nous faisons allusion : *Sclarorum longo ordine continuos populos...* (PROCOPH, *Gottic. histor*, lib. II) ; le passage du livre III, où Procope parle plus au long des mœurs et du culte des Slaves, nous paraît s'appliquer plutôt à quelqu'une des peuplades asiatiques. Quant à Jornandès, qui fournit aussi quelques renseignements, le plus expressif est dans ce passage indiqué dans notre texte : *Ermanaricus..... quem merito nonnulli Alexandro magno comparavere.... in Venetos arma commovit qui quamvis armis dispeviti sed numerositate pollentes, ab una stirpe exorti, tria nunc nomina reddidere, id est, Veneti, Antes, Sclavi...* (JORNANDÈS, *De Rebus geticis*, chap. 25.)

Telles sont à peu près les seules données de l'histoire sur les Slaves proprement dits, avant le xi<sup>e</sup> siècle. A cette époque, la précieuse chronique de Nestor, en signalant les commencements de la Russie, jette quelque lumière sur leur état antérieur, et les prend dans le moment de leurs rapports avec l'empire d'Orient et le christianisme, cette nouvelle ère historique des nations barbares. L'histoire byzantine confirme, sur plusieurs points, la relation du moine de Petchersky, et sert à établir l'histoire des premiers Bulgares, et quelques mentions sur les Serviens et les autres peuples slaves se rencontrent dans Théophane, Cedrenus, Chalcondyle et Constantin-Porphyrogenète. Les chroniques franques de l'Occident, comme celles d'Aimon, de Frédégaire et de Réginon, donnent les rapports des Slaves avec les Mérovingiens et ceux qu'ils eurent avec Charlemagne et ses successeurs. Quelques chroniques très postérieures, comme celles de Saxo et d'Adam de Brême pour le Dannemark, de Snorron pour la Suède, de Cosme pour la Bohême, de Martin Gallus, d'Helmold, de Dlugoss pour la Pologne et la Hongrie, ne fixent les autres parties de l'histoire des Slaves qu'à l'état de traditions sans certitude ; et les poésies populaires, à l'exception des deux Edda et de quelques sagas pour les Scandinaves, paraissent des versions plus modernes, des chants primitifs altérés dans leur transmission orale. Malgré cette disette de monuments, il en est un qui peut suppléer à tous les autres, c'est la langue slave qui, se trouvant au XI⁰ siècle dans Nestor avec un ensemble d'idées et de mots à peu près semblable à celui que présente son état actuel, peut faire aussi bien reporter son existence, avec celle des peuples qu'elle démontre, à un nombre illimité de siècles antérieurs.

Xénophon, Ovide et Diodore de Sicile ont remarqué la conformité du langage des Grecs avec celui des Thraces et des Scythes, indiquée surtout par le mot si curieux que nous citons, et que rapporte saint Clément d'Alexandrie sans qu'il puisse se douter de toute sa portée... Ει τις την φωνην διαβαλλει την Βαρβαρον, εμοι δε, φησι Αναχαρσις, παντες Ελληνες σκυθιζουσι (STROMATES, liv, II).

On peut consulter, pour ces rapports, l'*Histoire de la littérature et des dialectes slaves*, de Shaffarik ; le traité de Dobrowsky *sur l'affinité de la langue grecque avec la langue slave*, la *Bibliotheca slavica*, de Durich ; l'*Origine des peuples slaves*, de Surowiesky, etc. En général, les Slaves manquent du talent de déduction, et quoiqu'ayant à leur disposition une mine abondante de découvertes, elle reste à peu près stérile par leur inexpérience de la critique et leur servile déférence pour les opinions reçues ailleurs sans moyen de contrôle. L'admission de notre point de vue et des recherches suivies dans la direction que nous avons indiquée, amèneraient, nous en sommes sûr, une confirmation complète de toutes les idées que nous n'avons pu que faire pressentir, à l'état où elles sont pour nous-même.

Nous trouvons, au second volume des *Mémoires de l'Académie celtique*, une dissertation curieuse d'un savant *esclavon*, le comte Sorgo de Raguse, à laquelle nous empruntons quelques renseignements de linguistique.

Voici ce qu'il dit sur les langues slavonnes : « Les Slaves du centre, par la suppression des voyelles, ont rendu le dialecte extrêmement dur et difficile ; tels sont le polonais, le bohème, le morave, le carinthien, le carniole : ils admettent une prononciation gutturale inconnue aux autres Slaves et semblable à celle des peuples de l'Orient. Les Russes, les Cosaques, les Bosniaks ont au contraire multiplié les voyelles, ce qui rend leur dialecte musical et sonore. »

» Un caractère saillant et universel, c'est la constitution de la propriété, qui est la même chez tous les peuples slaves. La propriété, dont le seigneur est le maître et le serf le cultivateur, ne dérive pas du droit féodal, qui était une institution guerrière ; son type est purement agricole et la réciprocité du maître et de l'esclave, quoiqu'elle ait pu s'altérer et devenir odieuse dans l'une des parties, rappelle des relations de famille et de domesticité plutôt que d'esclave et de tyrannie. Le serf n'est ni l'esclave, ni le client de son seigneur, qui en est bien plus qu'un protecteur et suzerain, car il en est vraiment le père et le patriarche. On ne citerait pas une révolte occasionnée par la dureté des maîtres et le mécontentement des serfs, excepté celle des Clocka et Oria, en Bohême, mais produite par d'autres causes. »

Dans l'examen qu'il fait du gothique d'Ulphilas et de la similitude de la langue méso-gétique avec le grec, il signale également de nombreux rapports avec l'allemand et les autres idiomes germaniques ; mais ici il ne faut pas perdre de vue la distinction que nous avons faite des ressemblances accidentelles de mots entre les langues et de la relation fondamentale, la seule sérieuse et réelle, qui résulte d'un fonds commun et d'une identité de caractère entre les races. Nous n'indiquons ici que les mots dont nous avons tiré, pour notre discussion, des inductions particulières.

Le nom d'Uranus vient du gothique *uruns*, orient, et du slave *uranit*, se lever avant le soleil ; Vesta, sa femme, du mot *Viesta*, femme sage et respectable ; Saturne ou Sadorne, de *sadit*, semer...

Dodone veut dire vallée inférieure, et se forme de deux mots : *do*, vallée, et *dona*, inférieure.....

L'un des vingt-cinq châteaux que Mithridate Eupator fit construire dans la Colchide, est nommé par Strabon *Bosgiedariza*, ce qui signifie présent des dieux. Nous ne pouvons répéter ici toutes les dénominations slaves de lieux et de villes qu'il signale dans Strabon et dans Pline.

Le nom générique Scythe vient du mot slave *skytha*, nomade ; les Thraces et les Gètes, mots slaves qui dérivent, l'un de *tarciat*, courir, allusion à la cavalerie thrace ; l'autre de *gietichi*, jeunes garçons.

La tradition sur saint Jérôme est rapportée par Biondo et Sabellicus. Ajoutons qu'elle est universellement admise par l'église grecque.

## III

#### NOTE SUR LA TROISIÈME PARTIE ET LA CONCLUSION.

Les mots *Oriens*, *Anatoli*, *Bactriane*, ont, suivant Freret, la même signification. La disparition des monuments orientaux a contribué à donner une grande originalité à tous ceux de la Grèce qui n'en sont cependant que des copies ou reproductions de seconde main. Les livres grecs sont exactement du côté de l'Orient dans la même relation qu'avec l'Occident, altérant ce qu'ils répètent sans le comprendre, mais offrant de précieuses indications que les langues orientales aident à interpréter. Les écrivains orientaux modernes, arabes et persans, offrent surtout une heureuse continuité des impressions naturelles sans préoccupation des idées étrangères et des systèmes de la science. Sous ce rapport le *Shah Nâmeh* ou *Livre des Rois*, de Ferdoucy, pour la Perse ; l'histoire de Moïse de Khoren, pour l'Arménie ; celle d'Aboulghazi-Bahadour pour les Tartares, et les écrits d'Aboulféda, de Mirkhond, de Ferichtah, etc., pour les autres points de l'Orient, forment une contre-partie et une source de rectifications et de comparaisons avec les écrivains grecs de l'antiquité, et les historiens byzantins.

Quant à la distinction générale extérieure à tracer avec l'Asie, on nous dispensera de citer les immenses travaux et les milliers de systèmes auxquels l'Asie a donné lieu, depuis les ouvrages des missionnaires jusqu'aux recherches plus modernes consignées dans les *Transactions* de la Société de Calcutta et les Mémoires des Sociétés asiatiques de Londres et de Paris. Le sens général s'est échappé pour nous du rapprochement et de la comparaison de ces systèmes, et nous croyons que l'idée que nous y ajoutons pourrait ouvrir une direction féconde et nouvelle aux rapports fournis par la connaissance des langues de l'Asie, qu'on cherche à expliquer entre le zend, le sanscrit et le chinois, et ceux que présentent, pour les systèmes religieux et historiques, le Zendavesta des Persans et le Koran des Arabes, avec les Védas des Indiens et le Chou-King des Chinois.

Nous avons rapporté le passage de ce dernier livre, relatif

au déluge, et indiqué l'événement dont parle Diodore de Sicile au sujet de l'île de Samothrace et des autres îles de la Propontide, dans le v⁰ livre de son histoire ; quant au récit du Chou-King, il peut confirmer sur un point opposé le fait que Platon vient éclairer sur l'autre, et au sujet duquel nous entrerons dans quelques observations détaillées.

Platon développe dans deux de ses dialogues, le *Timée* et le *Critias*, la tradition recueillie par Solon à Saïs, ancienne métropole d'Athènes, en Égypte. Quoiqu'on l'ait rangée légèrement parmi les fables, nous la regardons comme la plus précieuse indication laissée par l'antiquité. Il est facile d'annuler ainsi tous les témoignages, mais on peut dire de celui-ci qu'il n'est ni plus ni moins fondé que ceux que l'on admet, et qu'il a un degré de vraisemblance de plus. La manière dont cette confidence est faite à Solon ; la comparaison entre la civilisation de l'Égypte et celle de la Grèce ; l'antiquité de l'une et la jeunesse de l'autre, si bien caractérisée par cette exclamation : « O Solon ! Solon ! vous autres Grecs, vous serez toujours enfants ; il n'y a pas de vieillards parmi vous... » le sentiment du monde antérieur à l'histoire qui nous arrive comme par une échappée, tout nous invite à nous arrêter sur elle pour faire ressortir la conformité de ses détails avec l'opinion que nous exprimons.

Platon établit l'authenticité de son récit avec un soin minutieux, et en s'appuyant des écrits de Solon alors connus de ses contemporains ; il tend à prouver l'existence de la civilisation grecque dans ses rapports avec l'Égypte bien antérieurement à l'époque où on en marque le commencement. L'Athène dont il fait la description avait la même division, commune aux deux pays, de classes de prêtres, de guerriers, d'artisans et de bergers ; il atteste qu'elle excellait dans les arts et dans la guerre, qu'elle était renommée par la perfection de ses lois. D'après son témoignage la population n'a péri que partiellement puisqu'elle tire son origine d'un germe de cette race échappée au commun désastre. Dans le *Critias*, où il fait une description plus circonstanciée du pays, il remarque l'effet de cet événement sur sa configuration qu'il rétrécit, et changea en un simple promontoire aride et dépouillé par les eaux, au lieu d'une plaine étendue et fertile qu'il présentait autrefois.

Quoiqu'il place l'Atlantide en dehors des Colonnes d'Hercule, on sent que cette idée tient à celle de l'existence antérieure de la Méditerranée, qui l'empêche de la supposer au dedans. La comparaison de son étendue avec l'Asie et l'Afrique a fait croire qu'il s'agissait d'un continent et qu'il désignait l'Amérique. Mais on sait que par l'Asie, les anciens entendaient l'Asie-Mineure, jusqu'à l'Indus; et par l'Afrique, la côte méditerranéenne. En parlant des points qui l'avoisinent, il semble que l'Espagne, qui aurait dû se trouver entre elle et les autres contrées, n'existe pas, tandis qu'elle confine à la Tyrrhénie, et que de cette île on passait facilement aux autres, et même à la Lybie et à l'Égypte; en sorte qu'on peut se représenter tout cet espace comme un archipel.

La catastrophe qui a fait disparaître l'Atlantide *en un seul jour et en une nuit fatale*, est reportée à neuf mille ans avant Solon; ce qui s'accorde avec l'époque diluvienne des autres peuples. Le feu et l'eau y jouent tous deux un rôle : la fable de Phaëton, rappelée très à propos au début du récit, donne l'idée d'une comète. D'après cette allégorie, Phaëton va tomber dans l'Éridan, le point près duquel nous plaçons cette catastrophe, dont la cause pourrait s'attribuer aussi bien au soulèvement de l'Etna, qui a dû être suivi d'un abaissement correspondant des terres attenantes, soit îles, soit continent. On remarquera que les traditions voisines de l'Asie ne parlent que d'inondations, tandis que celles de l'Europe proprement dite y mêlent l'action du feu. Les Scandinaves, les Celtes et les Slaves mettent aux prises ces deux éléments, dont le passage est attesté par les vestiges des volcans éteints, dans l'Auvergne et dans plusieurs parties de l'Europe septentrionale. Quoi qu'il en soit, la Méditerranée se trouvant à un niveau inférieur de la mer Noire, de la mer Rouge et de l'océan Atlantique, elle a dû recevoir, par cette secousse, l'écoulement violent de ces mers et peut-être d'autres encore, comme celle qui occupait vraisemblablement une partie du continent actuel de la Russie, et qui forme un immense marais et une suite de lacs séparés, semblables à ceux qui occupent l'Asie centrale. Voyez, pour les révolutions géologiques de cette partie du globe, l'ouvrage de M. de Levchine, qui a pour titre: *Description des hordes et des steppes des Kirghiz-Kaïssacks*, dont j'ai publié l'année passée la traduction du russe, faite par M. Ferry de Pigny.

# TABLE.

Préface........................................... 1

    Introduction. — Principes et observations générales.

I. Définition et méthode de la politique de l'histoire..... 1
II. Principes et éléments de la politique de l'histoire.... 19
III. De leur action dans les choses................... 42
IV. De leur action dans les idées.................... 54

    Livre premier. — Histoire.

    Première partie. — Tableau de l'Unité occidentale.

Chapitre I$^{er}$. — Le monde celtique..................... 73
Chapitre II. — Le monde romain...................... 95
Chapitre III. — Le monde barbare.................... 118
Chapitre IV. — Le monde féodal..................... 143
Chapitre V. — Le monde moderne.................... 176

    Deuxième partie. — Tableau de l'Unité orientale.

Chapitre VI. — Le monde slave primitif............... 217
Chapitre VII. — Le monde slave actuel................ 252

    Troisième partie. — Tableau de l'Unité méridionale.

Chapitre VIII. — L'Orient dans les temps antiques....... 301
Chapitre IX. — L'Orient dans les temps modernes....... 321

    Conclusion. — Unité générale de l'Europe.

Chapitre X. — Rapport des trois parties avec l'ensemble.. 347
Notes............................................ 387

# ERRATA.

Page 81, autochtome, *lisez :* autochthone.
    145, pour être libre de sa personne, *lisez :* pour avoir la liberté...
    157, il devait arriver... *lisez :* ils devaient...
    187, dans un lieu commun... *lisez :* lieu.
    285, *nimioski*, lisez : *Niemetz.*

www.ingramcontent.com/pod-product-compliance
Lightning Source LLC
Chambersburg PA
CBHW071944220426
43662CB00009B/994